复旦大学义乌研究院《共产党宣言》首译精神研究中心资助项目。

何为义乌

HEWEI
YIWU
YIWU
HEWEI

义乌何为

王鹏善　　姚　洁◎副主编　　张殿元◎主　编

光明日报出版社

图书在版编目（CIP）数据

何为义乌　义乌何为 / 张殿元主编；王鹏善，姚洁
副主编 . -- 北京：光明日报出版社，2024. 12.

ISBN 978 - 7 - 5194 - 7879 - 7

Ⅰ. F299. 277. 553

中国国家版本馆 CIP 数据核字第 2024C5P598 号

何为义乌　义乌何为

HEWEI YIWU　YIWU HEWEI

主　　编：张殿元	副 主 编：王鹏善　姚洁
责任编辑：杨　茹	责任校对：杨　娜　贾　丹
封面设计：中联华文	责任印制：曹　净

出版发行：光明日报出版社

地　　址：北京市西城区永安路 106 号，100050

电　　话：010-63169890（咨询），010-63131930（邮购）

传　　真：010-63131930

网　　址：http：// book. gmw. cn

E － mail：gmrbcbs@ gmw. cn

法律顾问：北京市兰台律师事务所龚柳方律师

印　　刷：三河市华东印刷有限公司

装　　订：三河市华东印刷有限公司

本书如有破损、缺页、装订错误，请与本社联系调换，电话：010-63131930

开　　本：170mm×240mm			
字　　数：314 千字		印　　张：17. 5	
版　　次：2025 年 5 月第 1 版		印　　次：2025 年 5 月第 1 次印刷	
书　　号：ISBN 978 - 7 - 5194 - 7879 - 7			

定　　价：98. 00 元

序　言

世界义乌：中国式现代化的典范

复旦大学全球传播全媒体研究院院长、
复旦大学新闻学院院长　张涛甫

义乌拥有深厚的历史底蕴和独特的发展轨迹，从一个传统的农业小县，逐步转变为全球闻名的小商品集散地，创造了从地方走向全球的奇迹。义乌的故事始于民间，始于那些带着梦想和勇气的商贩。他们在简陋的市场摊位上，经营着日常所需的小商品，凭借灵活的商业头脑和不懈的努力，逐渐形成了今日的繁荣景象。从地方市场到全国市场，再到全球市场，义乌在世界贸易网络中占据了一席之地。这一过程，不仅是经济发展的奇迹，更是社会变迁和文化交流的生动实践。通过本书，我们得以窥见义乌这一特殊地理空间的多样性和复杂性，了解在中国式现代化进程中，这座城市如何走出了一条独特的道路。

义乌的历史是一段从乡土走向世界的叙事，实现了从传统农业社会向全球化商品市场的转型。义乌曾经在中国的历史版图中平淡无奇，但凭借其独特的市场经济模式，逐步从地方走向全球，成为世界小商品贸易的重要枢纽。

20世纪70年代末至20世纪80年代初，中国开始实施改革开放政策，义乌作为一个具有特殊地理和经济背景的小城，迅速抓住了这一历史性的机遇。发展初期，义乌并未具备丰富的资源和资本积累，当地居民凭借勤劳和智慧，逐步建立起以小商品为核心的市场，这些市场最初的形成具有自发性，主要是为了满足地方性消费需求。随着时间的推移，这些初具规模的小商品市场逐渐壮大，并吸引了越来越多的商人参与交易。

义乌的市场模式以高度的灵活性和适应性为特征，这种模式在全球化进程中展现了强大的生命力与竞争优势。自20世纪90年代起，义乌开始向全国乃至全球开放市场，吸引了大量国内外商人前来采购。在此过程中，义乌市场从一个地方性的小商品集散地，逐步演变为一个具有全球影响力的贸易中心。义乌的成功不仅体现在市场规模的扩大和覆盖面的拓展，更重要的是其在全球市场动态中表现出的灵活应对能力及其持续的创新和调整能力。

义乌的发展历程不仅是地方经济崛起的一个典型案例，更是一个地方在全球化背景下成功找到自身定位的实践范例。通过这一发展过程，义乌展示了其独特的市场智慧和韧性，这些经验对于其他地区在全球化进程中寻求发展路径提供了重要的参考价值。

进入21世纪，义乌的市场活力更为彰显。在全球化和数字化的浪潮下，义乌不仅是一个物理市场，更是数字经济的前沿。来自世界各地的商人汇聚于此，形成了一个多元文化交融的商贸中心。电商经济的发展，使得义乌的小商品不仅流通全国，而且走向世界。

依靠灵活的市场机制和高度开放的商业环境，如今的义乌市场，不仅是全球商品的集散地，更是一个充满活力和创新的全球商业平台。在这里，世界各地的商人、商品和文化交织在一起，形成了一个独特的全球贸易生态系统。义乌市场的运行逻辑体现了全球互联的特点。从传统的集市贸易到如今的电商平台，义乌在市场规则中灵活应变，不断探索新的商业模式，通过创新的信用体系建设、智能化的物流系统以及全球范围内的贸易联系，展示了现代市场经济的活力与韧性。

义乌的成功经验表明，地方市场在全球化进程中可以发挥重要作用，通过灵活的市场机制和开放的商业环境，地方市场可以在全球经济中找到自己的位置，并在全球贸易网络中发挥关键作用。义乌的案例，也为其他地方市场提供了借鉴，展示了地方经济如何在全球化背景下实现快速发展。

在全球化进程中，义乌不仅是参与者，更是引领者。作为全球小商品贸易的重要节点，义乌在全球化进程中扮演的角色日益重要。如何在保持地方特色的同时，更好地融入全球经济，成为义乌未来发展的关键课题。

义乌在全球产业链中的定位，是其持续发展的核心问题。面对新的挑战和机遇，义乌必须在保持市场活力的基础上，积极寻找新的增长点，探索在全球产业链中更为有利的定位。未来，义乌需要进一步发挥其在全球化进程中的优势，通过持续的创新和战略调整，增强与国际市场的联系，拓展更多的贸易渠道，推动技术创新，提高市场的竞争力和服务水平。同时，义乌还应着眼于高附加值产业的发展，提升市场的附加值和品牌影响力，确保其在全球市场中的领先地位。

义乌的未来不仅关乎地方经济的持续繁荣，更涉及其如何在全球经济体系中找到独特而有效的定位。为此，义乌需要在地方与全球之间不断寻求突破与平衡，通过地方实践为全球经济的发展提供新的动力。义乌的成功不仅体现在其经济的增长，更在于其多元文化的包容性和社会的稳定性，这些因素都为义乌在全球化背景下的进一步发展提供了坚实的基础。此外，义乌可以通过加强与其他地方市场的合作，共同应对全球化带来的挑战。通过区域合作和国际合作，义乌能够进一步扩大其影响力，并在全球市场中占据更为重要的地位。这种合作不仅有助于义乌自身的发展，还能够为全球贸易网络的稳定和繁荣做出贡献。

展望未来，义乌将继续在全球化的浪潮中探索新的发展路径。义乌的未来注定是在全球化进程中不断前行，需要在不断变化的全球市场中，找到新的发展路径和增长点。义乌将进一步强化其作为世界小商品之都的地位，不仅是经济领域的探索，同时也将在跨文化交流和交融、社会治理等方面，贡献更多的实践经验，为全球化背景下的地方发展树立典范。

义乌的故事，是一个充满创新与奋斗的故事。这座城市不仅在中国县域经济发展中树立了标杆，更在全球化背景下，展示了地方经济如何在全球网络中蓬勃发展，义乌的每一步，都折射出中国式现代化的独特道路。

本书共包括3部分，上篇主要探讨了义乌在跨文化交往中的社会融入与治理问题，重点关注了阿拉伯商人在义乌的社会融入、社区组织在外国人居民化进程中的作用以及如何通过文明交流互鉴促进中外民间交往。中篇聚焦义乌作为全球小商品贸易中心的市场实践，分析了在全球化背景下，义乌市场的运行逻辑、商业规制和电商经济中的产业格局，不仅探讨了义乌市场的活力与秩序如何得到平衡，还深入剖析了电商经济中的空间分布与消费不平等等问题。下篇从全球化与在地化的视角，探讨了义乌作为一个典型案例在学术生产中的意义与价值。作者从非虚构写作、族裔经济、家庭传续等多个角度，分析了义乌在全球化进程中的地方特色及其对全球化理论的贡献。

义乌的发展，不仅是中国县域经济发展的典范，更是全球化背景下地方实践的缩影。通过这本书，我们得以深入了解义乌这一特殊地理空间中的多样性和复杂性，探讨在新时代背景下，如何通过文化交流、市场实践和社会治理，实现义乌的持续发展。在加快推进新时代文化义乌建设的过程中，我们需要以"新思想"带动"大研究"，通过"写在义乌大地上的研究"反哺义乌经济社会的发展，讲述好义乌故事，传播好义乌声音，宣传好"义乌发展经验"，谱写义乌世界小商品之都建设的新篇章。义乌的未来，依然充满着无限的可能，我们期待见证这座城市在全球化背景下的持续崛起，为中国式现代化县域典范建设贡献智慧和力量。

目 录
CONTENTS

上篇

01

多元互嵌：跨文化交往中的
社会融入与治理

义乌阿拉伯商人的社会融入探究*

何俊芳　　石欣博**

一、前言

随着中国改革开放的不断深入和全球化进程的不断推进，越来越多的外籍人口来华学习、工作、经商、居住等，对我国的经济、社会、文化的发展产生了越来越重要的影响，因此对该群体的研究也越来越受到我国各界人士的重视。①

目前，从学科上看，管理学、法学、语言学、地理学、人口学、社会学等都对外籍人口有一定的涉及，涉及最多的是与外籍人口相关的法律和政策研究。从地域上看，对外籍人口的研究多集中于北京、上海、广州等大城市，而对中小城市的外籍人口关注较少。从社会学角度看，学界仅有少量对外籍人口生活现状、社会适应、社会融入的研究以及个别对社会分层、社会交往和社会支持的研究。研究对象主要有两种：一种是特定人群，如留学生等；另一种是外籍人口聚居的社区，如北京望京地区、上海古北国际社区和广州的"巧克力城"等。鉴于国际上已有比较完善且成熟的相关理论体系，目前国内学者研究外籍人口基本沿袭了国际上的理论体系、概念内涵、操作指标等，通过小规模的问卷调查和半结构式访谈，从经济、社会、文化和心理等层面对我国外籍人口社会融入的影响因素做出一定的解释。总体而言，与国内学界对流动人口社会融

＊ 本文原刊于《西北民族研究》2020 年第 3 期。本文系 2017 年度国家社会科学基金项目"外国来华居住、学习和就业人员的社会交往与融合研究"（编号：17BSH106）的阶段性成果。

＊＊ 何俊芳：中央民族大学民族学与社会学学院教授；石欣博：中央民族大学民族学与社会学学院硕士研究生。

① 丁宏，良警宇. 城市民族学的学科定位与学科建设［J］. 西北民族研究，2019（4）：25-29.

入的深入研究相比，外籍人口社会融入的研究数量还很少，尚处于初步探索阶段。

正是鉴于国内研究外籍人口的欠缺，我们以我国中小城市中国际化程度最高的浙江省义乌市为例开展了调研。根据义乌市政府公布的信息，截至2017年，义乌市的外籍人口近30万，常住外商超过2万人。① 其中，中东、北非的阿拉伯商人群体以众多的人数和巨大的交易额在义乌外商中占据重要地位，且该群体在文化同质性上相对较强，因此本研究以该群体为例进行相关探讨。希望本研究可以丰富我国常住外籍人口的第一手调查资料，为相关研究提供新的探究思路，为有关部门了解国际移民群体的融入意愿和融入模式提供参考个案，并且希望通过对研究中发现的问题和结论的呈现，促进调研地外国人相关管理规范的制定与完善。

二、研究对象、研究方法及样本的基本信息与特征

（一）研究对象——义乌阿拉伯商人

义乌阿拉伯商人是来华外籍人口中的一个类型，对其界定的前提是明确"来华外籍人口"的相关定义。目前国际上对移民的界定没有比较统一的标准，相较而言，中国2010年第六次全国人口普查时确定的国际移民（外籍人口）的定义更加具体：把中国作为目的地，由其祖籍国移居到中国至少三个月的人群，不包括以旅游、拜访亲友、商业洽谈以及出差、医疗或朝圣为目的的人群。② 考虑到本文所研究的外籍人口需要在中国居住一段时间以度过移民初期的"蜜月期"，并初步建立社会网络，因此，本文中的外籍人口指在中国境内工作或生活至少一年以上且具有外国国籍的人，不包含我国港澳台地区的同胞。义乌阿拉伯商人，主要指在义乌市境内从事商业贸易活动且来自阿拉伯国家的外籍人口。该群体虽来自多个国家，但他们基本以阿拉伯语为母语（有方言的差别），普遍信仰伊斯兰教，有相似的文化和价值观念，因此我们可以将其看作一个群体来研究。

（二）研究方法及样本信息

1. 研究方法

本研究以义乌为研究地点，采用社会学研究方法，在资料收集阶段通过问卷法、半结构式访谈法以及文献法等研究方法收集资料。在资料分析阶段，采

---

① 数据来自义乌市人民政府网站。

② 王春辉. 在华国际移民的相关语言问题研究 [J]. 江汉学术，2016，35（1）：113-120.

用定量和定性相结合的方法对资料进行归纳分析。在资料收集阶段，研究者分别于 2018 年 1 月、7 月和 11 月 3 次前往义乌进行实地调查，主要在义乌外籍人口较为集中的场所，包括义乌出入境接待大厅、国际商贸城四区以及福田社区、银海社区附近，根据偶遇抽样、滚雪球抽样等非概率抽样方法和自填问卷的调查方法发放问卷。共发放问卷 120 份，回收有效问卷 103 份，有效回收率为 85.8%。同时选择比较典型或具有代表性的个案做访谈，共有 31 位阿拉伯商人参与访谈。

2. 样本的基本信息与特征

表 1 样本基本信息表

题目	特征	比例（%）	题目	特征	比例（%）
性别	男性	94.2	婚姻状态	不在婚	33.0
	女性	5.8		在婚	67.0
年龄结构	20 岁及以下	5.8	是否为中国伴侣	不在婚	33.0
	21～30 岁	50.5		是	4.9
	31～40 岁	31.1		不是	62.1
	41～50 岁	9.7	是否在中国学习过	是	17.5
	51～60 岁	1.9		否	82.5
	61 岁及以上	1.0	未来计划在义乌的时间	少于 1 年	1.9
受教育程度	小学及以下	3.9		1～2 年	9.7
	初级中学	23.3		3～4 年	23.3
	高级中学	44.6		5 年及以上	42.7
	大学	19.4		不知道	22.4
	硕士研究生	7.8	在义乌的平均时间（年）	4.72	
	博士研究生	1.0	样本总数（个）	103	

从表 1 可见：样本中，男性占绝对多数；受过高等教育者的比例相对较低[①]；已婚者居多，与中国人结婚者较少；在义乌的平均时间有 4.72 年，且有将近一半的人选择将继续在义乌生活 5 年以上。

---

① 黄荣清．在京外国人调查研究［M］．北京：中国书籍出版社，2013：25；梁玉成．广州外国人研究报告［M］．北京：中国社会科学出版社，2019：6.

三、义乌阿拉伯商人社会融入的总体状况

(一) 经济融入

移民的社会融入一般要经历就职和经济报酬的获得、社会交往的展开、生活方式和价值观念等文化的接纳以及身份认同的建立等诸多阶段。这几个阶段由低及高,代表融入广度和深度的不断增加。可见,经济融入是外籍人口社会融入的起点和基础。① 本研究通过对义乌阿拉伯商人的具体职业、找工作的方式、来义乌前后收入水平的对比以及现有生活状态的调查,对其经济融入情况进行分析(见表2)。

表 2 义乌阿拉伯商人经济融入状况表

题目	特征	比例 (%)	题目	特征	比例 (%)
具体职业	自由商贸	64.1	找工作的方式	国家派遣	3.9
	个体经营	9.7		跨国公司派遣	7.8
	外贸公司员工	18.4		自己寻找	60.2
	学生(兼职商人)	3.9		亲朋介绍	26.2
	其他	3.9		中介公司介绍	1.9
相比来义乌之前的收入水平	比以前好很多	66.0	出行条件	开自己的汽车	23.3
	比以前好一些	30.1		乘出租车	13.6
	与以前持平	3.9		乘公共汽车	12.6
	比以前差一些	0.0		骑自己的自行车	2.9
	比以前差很多	0.0		骑自己的电动车	15.5
住宿条件	住自己的房子	9.7		骑自己的摩托车	28.2
	住租借的房子	59.2		步行	3.9
	住员工宿舍	13.6		其他	0.0
	住亲友家中	16.5	合计		103 (人)
	住酒店	1.0			100%

义乌阿拉伯商人的具体职业主要分为两种。一半以上的人从事以家庭和个人为单位的自由贸易,即直接从中国商户手中订货、验货并将货物运输到目的地销售;还有一部分人是外贸公司员工。一般来说,在外贸公司工作的员工贸

① 马忠才,郝苏民. 少数民族流动人口的居留与落户意愿及其影响因素研究 [J]. 西北民族研究,2019 (4): 30-40.

易的货物种类更多，规模也相对较大。从事这两种职业的阿拉伯商人与中国人的接触比较多。另外，还有少部分阿拉伯商人经营与阿拉伯文化相关的餐饮娱乐、生活服务类店铺，服务的对象多为阿拉伯商人。这类商人由于没有与中国人接触的硬性需求，认识的中国人相对较少。

从找工作的方式来看，国家、公司派遣以及中介公司介绍都只占很小的比例，大部分人自己或通过亲友找到工作。一方面，这反映出义乌阿拉伯商人职业的准入门槛相对较低，阿拉伯商人来到义乌后，不用借助中介等途径就可以比较容易地找到商业伙伴，这对于提升其对中国的好感、促进经济融入起到了相当大的作用；另一方面，也反映出亲友关系在阿拉伯商人就业中的重要作用，亲友为寻找工作的阿拉伯商人提供了就业信息和相关支持。

通过与来义乌之前的收入水平对比可以发现，义乌阿拉伯商人对其在义乌的收入相当满意。在来到义乌经商之后，没有人收入水平低于迁移之前，而且，96.1%的样本表示，他们的收入水平优于迁移之前，这说明他们在义乌的商业活动给其带来了相当大的收获，也侧面印证了其计划长期留在义乌的想法。同时，样本中有69.9%的人有方便出行的交通工具，还有13.6%的人经常乘坐出租车，步行和乘坐公共汽车的人仅占少数；另一方面，60%以上的人有固定住所，虽然其中绝大部分的住所是租赁的，但考虑到中国房产市场的价位和开放性，这一情况也在意料之中。

总体而言，义乌阿拉伯商人职业的受众决定了他们有比较多的机会与中国人交往，他们通过自己的努力也可以较容易地在义乌这个城市立足扎根。从经济融入结果上也可以看出，他们的收入都相当理想，生活水平与迁入前相比有明显提高。因此，在经济方面，义乌阿拉伯商人的社会融入状况比较理想。

（二）行为融入

生活习惯的改变和行为联系的产生是短期流动人口和长期迁移人口的直接区别之一。① 阿拉伯商人长期在义乌生活，从事商业活动，不可避免地要与各种社会角色联系，甚至参与到相关活动中去，并有可能从中感受到与本地人的行为差异。本研究将对其行为方面的社会融入情况进行分析（见表3、表4、表5）。

---

① 周大鸣. 从地域社会到移民社会的转变：中国城市转型研究［J］. 社会学评论，2017，5（6）：3-10.

表3 义乌阿拉伯商人的行为差异感知

题目	特征	比例（%）
阿拉伯商人与本地人的行为差异	差异非常大	34.0
	有一些差异	29.1
	有一点点差异	20.4
	没有差异	2.9
	说不清	13.6
阿拉伯商人是否会模仿本地人	会模仿	76.7
	不会模仿	23.3

从表3中可以看到，83.5%的样本认为自己和义乌本地人有行为上的差异，甚至有34.0%的人认为差异非常大。这也是可以预见的，毕竟处于伊斯兰文化圈的阿拉伯国家与处于东亚文化圈的中国在社会环境的各方面都有一定的差异，因此，能够感知到双方行为上的差异是很正常的。重要的是，在感知到差异之后，有76.7%的样本表示会模仿本地人的行为，这从融入层面看是一种非常积极的行为，因为这说明在义乌的阿拉伯商人有兴趣观察和了解中国人的行为方式，并愿意通过改变自己的行为方式来缩小双方的差异。

然而，只是理念上的接纳和认可是不够的，义乌阿拉伯商人在实践上能否践行迁入地的行为规范也是行为融入的重点，在这一维度下，人际交往、社会网络、生活习惯、社区参与等都是衡量其行为融入程度的重点。[1] 通过调查来看，在参与度方面（见表4），义乌阿拉伯商人参与本国社会组织的比例是最大的，其次是参与社会活动和中国社会组织的比例，而参与阿拉伯商会的比例相对较低。一方面，参与本国社会组织的比例最高，体现了义乌阿拉伯商人对于原生社会的依赖性；另一方面，有将近40%的样本参加过中国社会组织和社区活动，显示出义乌阿拉伯商人对于集体力量的认可和全面参与中国社会的行动力，也为阿拉伯商人全面融入中国社会提供了较大的可能性。

---

[1] 杨菊华. 从隔离、选择融入到融合：流动人口社会融入问题的理论思考［J］. 人口研究，2009，33（1）：17-29.

表4 义乌阿拉伯商人参与社会组织的情况

题目	特征	比例（%）
是否参加阿拉伯商会	参加了	17.5
	未参加	82.5
是否参加本国社会组织	参加了	59.2
	未参加	40.8
是否参加中国社会组织	参加了	36.9
	未参加	63.1
是否参加社会活动	参加了	39.8
	未参加	60.2

在具体社会关系方面（见表5），本国亲人和非中国朋友的重要性依然十分明显。虽然中国朋友、商业伙伴、代办以及政府人员等中国社会关系的比例低于前者，但从总体分布来看，基本上每个样本都能建立一定的社会关系，形成与中国社会的联系。尤其是中国朋友数量与本国亲人和非中国朋友数量方面的各选项占比相差不大，也显示了他们在当地拓展社会网络的情况。

表5 义乌阿拉伯商人社会关系统计表

题目	特征	比例（%）	题目	特征	比例（%）
本国亲人和非中国朋友的数量	没有	1.0	中国朋友的数量	没有	2.9
	1~4个	34.0		1~4个	42.7
	5~9个	35.9		5~9个	31.1
	10个或以上	29.1		10个或以上	23.3
认识的产品供应商数量	没有	20.7	认识的产品生产商的数量	没有	35.9
	1~4个	32.0		1~4个	45.6
	5~9个	41.8		5~9个	17.5
	10个或以上	15.5		10个或以上	1.0
认识的代办的数量	没有	11.7	认识的政府人员的数量	没有	43.7
	1~4个	75.7		1~4个	38.8
	5~9个	12.6		5~9个	13.6
	10个或以上	0.0		10个或以上	3.9

总体来看，阿拉伯商人能够对义乌的社会生活形成自己的认知，并且多数人会采取积极措施消除自己与本地人之间的行为差距，还力图在多方面向义乌

人的行为模式靠拢。同时他们积极建立与中国人的社会关系，并加入各种社会组织，不断增加自己在义乌社会中的存在感和渗透度。从这一角度来看，义乌阿拉伯商人在行为方面的社会融入比较积极。

（三）文化融入

目前，国际移民的文化融入研究主要有三种理论导向，即"同化论""多元文化论"和"区隔融合论"。无论是哪种理论，都普遍认为文化融入是移民社会融入至关重要的一环。因此，了解义乌阿拉伯商人是否有兴趣学习中国的语言和文化，是否了解中国饮食、节庆、禁忌和利益背后的价值观念和传统道德，是判断其文化融入程度的重要环节。本研究将对义乌阿拉伯商人在文化方面的社会融入情况进行分析（见表6）。

表6 义乌阿拉伯商人文化融入状况表

题目	选项	比例（%）	题目	选项	比例（%）
饮食文化融入情况	知道并适应	44.7	阿拉伯语水平	完全不会	0
	知道但有一些不适应	43.7		简单口语交流	0
	知道但完全不适应	9.7		熟练对话	1.9
	不知道	1.9		沟通阅读	3.9
礼仪文化融入情况	知道并适应	68.9		听说读写均可	94.2
	知道但有一些不适应	13.6	英语水平	完全不会	2.9
	知道但完全不适应	2.9		简单口语交流	27.2
	不知道	14.6		熟练对话	25.3
禁忌文化融入情况	知道并适应	67.0		沟通阅读	8.7
	知道但有一些不适应	12.6		听说读写均可	35.9
	知道但完全不适应	2.9	汉语水平	完全不会	6.8
	不知道	17.5		简单口语交流	17.5
节庆文化融入情况	知道并适应	79.6		熟练对话	33.0
	知道但有一些不适应	14.6		沟通阅读	9.7
	知道但完全不适应	2.9		听说读写均可	33.0
	不知道	2.9	总计		100.0

从表6中可以看出，阿拉伯人对母语——阿拉伯语的使用非常熟练。在英语和汉语水平的对比中，多数人能较熟练地使用两种语言中的一种，在义乌阿拉伯语使用率相当低的情况下，这是他们在义乌进行商业贸易的必备技能。这些语言能力，除了在义乌经商时自学获得之外，主要还有两种习得途径：一是

在上学过程中系统学习过；二是与中国的深刻关联所致。这种关联主要体现在曾经在中国学习、有中国妻子或在中国生活的时间比较长。这也从侧面体现出与中国社会接触越多，其语言能力越强，文化方面的社会融入越好。

在各种文化形式的融入情况当中，义乌阿拉伯商人在节庆文化融入方面最好，对饮食文化了解最多，而对礼仪文化和禁忌文化的融入则处于中间程度。在以上四种文化形式中，节庆文化融入的表现是最明显和突出的，阿拉伯商人更容易在生活中感知节庆的氛围。另外中国的节庆文化一向讲究普天同庆，这也在一定程度上降低了阿拉伯商人了解和适应节庆文化的难度。由于宗教和文化的关系，阿拉伯商人有饮食方面的禁忌，但他们在做生意时又不可避免地要与中国人一起用餐，在这一过程中他们了解了很多中国的饮食文化，同时也有很多不适应的地方。相较于以上两种文化形式，阿拉伯商人对礼仪文化和禁忌文化融入的表现并不明显，很多人并没有在生活中遇到这两方面的困难，因此他们对这两方面文化的了解和适应情况处于中间程度。

总的来说，义乌阿拉伯商人的文化融入有一定的工具性。虽然随着他们与中国的牵绊逐渐增多，他们了解中国文化的程度在加深，但在饮食文化等张力比较明显的文化方面，更多人保留自己原来的文化。从这个层面来说，他们在文化方面的融入程度略低于经济和行为方面的融入程度。

（四）心理融入

在关于国际移民的研究中，国际移民心理方面的融入程度，是判断他们是否真正深层次融入迁入社会的关键依据。实证研究表明，很多流动者虽然已到迁入地多年，在其他方面具有较高的融入程度，但是依然有较强的"过客心理"，认为自己只是由于种种因素暂居于此，这便是缺乏心理认同的表现。迁入者只有对新的社会环境和社会文化产生认同，理解差异、接受差异时，才能缩短与迁入地群体之间的心理距离，也只有认为自己是当地人时，才能真正融入迁入地的主流社会中。[①] 因此，本研究将通过研究对象的一系列态度自评来对其心理方面的社会融入进行分析（见表7）。

从表7中看，31%的样本认为自己是为了做生意和中国人交往的，51.5%的样本更喜欢和自己国家的人待在一起。相当一部分人表示自己因为喜欢中国文化而与中国人交往，且大部分人对于中国人可以帮助自己适应在义乌的生活没有反对意见。虽然他们与中国人进行商业贸易，模仿适应中国人的行为方式，

---

① 郭星华，杨杰丽. 城市民工群体的自愿性隔离 [J]. 江苏行政学院学报，2005（1）：57-62.

熟悉中国的各种文化要素，但是他们中的大部分人并不想永远生活在这里，他们心理认同的天平依然更倾向于本国人，在这里经商的主要目的是追求经济利益或者美好生活。

表7　义乌阿拉伯商人心理融入测量表

题目	选项	比例（%）
我是为了做生意才和中国人交往的	非常同意	1.9
	同意	29.1
	说不清	13.6
	不同意	34.0
	非常不同意	21.4
我用一样的方式对待中国朋友和本国朋友	非常同意	1.0
	同意	3.9
	说不清	13.6
	不同意	47.5
	非常不同意	34.0
我更喜欢和自己国家的人待在一起	非常同意	10.7
	同意	40.8
	说不清	22.3
	不同意	16.5
	非常不同意	9.7
我是因为喜欢中国文化才和中国人交往	非常同意	3.9
	同意	34.0
	说不清	34.0
	不同意	25.2
	非常不同意	2.9
我认识的中国人能帮助我适应在义乌的生活	非常同意	18.4
	同意	31.3
	说不清	26.1
	不同意	19.4
	非常不同意	4.8

　　通过对调查对象基本特征以及经济、行为、文化、心理方面社会融入情况的展示，我们可以看到，目前义乌阿拉伯商人在经济和行为等方面的社会融入

状况比较好，且融入态度比较积极，而其在文化和心理方面的社会融入处于初级阶段。

四、义乌阿拉伯商人的社会融入类型及原因分析

在社会融入的分类上，以往学者大多从融入结构上分类，如杨菊华根据流动人口在经济、文化、行为、身份等方面的适应程度，将其在流入地的社会融入结果总结为隔离型、多元型、融入型、选择型、融合型五种①；而廖静则根据从1852年法兰西第二帝国成立至今北非穆斯林融入法国社会的情况，将其融入类型概括为移民殖民同化型、双向互动融合型、移民更改国籍归化型、具有多样性的分化型四种。② 可以看出，融入的方面和程度是这些分类标准的重要指标。也有一些学者借助主观性因素对移民的社会融入做分类，如郭星华和杨杰丽根据城市流动人口的融入意愿将其融入分为自愿性隔离和非自愿性隔离③，以此来关注移民的心理因素和社会距离感对其社会融入的影响；帕特南则在《独自打保龄：美国社区的衰落与复兴》一书中根据社会资本的不同构成讨论社区居民的融入和参与意愿，他将社会资本划分为黏合性社会资本和连接性社会资本。黏合性社会资本是一种连接同质群体的内向网络，而连接性社会资本则是连接各种异质群体关系的外向网络。④ 这两者所塑造和联系的社会网络具有不同的作用和结果：黏合性社会资本重在强化排外和群体内部认同，从而加强互惠关系和团结意识的形成；连接性社会资本则会推动新的群体的生存发展，从而促进社会融入和利益增长。义乌阿拉伯商人的社会融入既有结构上的差异，也有主观意愿的驱使。追根溯源，不同阿拉伯商人对待不同的社会关系，尤其是社会资本的态度大相径庭，这种态度的差别最终导致了其融入结构上的巨大差异。

探究符合我国国情的本土化移民社会融入模式是本文的重要目标之一。基于此，本研究试图将中西方研究依据有机结合，既与国内流动人口研究联系和

① 杨菊华. 从隔离、选择融入到融合：流动人口社会融入问题的理论思考 [J]. 人口研究，2009，33（1）：17-29.
② 廖静. 北非穆斯林移民融入法国社会的类型分析 [J]. 阿拉伯世界研究，2017（6）：104-116，119.
③ 郭星华，杨杰丽. 城市民工群体的自愿性隔离 [J]. 江苏行政学院学报，2005（1）：57-62.
④ 周晨虹. 城中村居民的"城市融入"：基于社区社会资本的类型分析 [J]. 农林经济管理学报，2015，14（5）：531-537.

对接，又合理吸收国外社会融入研究的相关成果。因此在这一部分，作者试图通过三个典型案例呈现出不同个体对待不同社会关系的态度和方式，并分析这对其社会网络结构和社会融入程度的影响，从而在此基础上总结出义乌阿拉伯商人社会融入的三种主要类型。

（一）阿拉伯商人的融入类型

1. 隔离型：黏合性社会资本的绝对主导

在义乌经商的一部分阿拉伯商人，学历相对较低，在来到义乌之前没有其他海外经历，来到义乌之后主要从事个体经营工作，且受众主要为阿拉伯商人群体，如理发师、阿拉伯服饰经销商、阿拉伯风格休闲馆老板等。他们接触中国社会的机会十分有限，对汉语和中国文化了解不多，生活和经济来源主要依靠本族裔群体，这对其融入意愿和态度有较大的影响。本研究选择一个比较典型的案例。访谈对象4，叙利亚人，男，28岁，高中学历，理发师，2015年来到义乌，开办主要为阿拉伯人服务的理发馆。在此之前没有在中国其他城市生活过，有本国亲人和朋友在义乌共同生活。可以用英语交流，汉语水平较差。在访谈对象4的社会网络中，从原生社会基础上发展出来的社会关系占据了其社会关系的大多数，与其朝夕相处的是自己的亲人，工作中面对的也是同族群体，娱乐时也有相对固定的本族团体，黏合性社会资本能给他提供全面的社会支持。和中国人接触的方式仅剩下偶遇这一条途径。在偶遇过程中，中国人并不会和他产生长久、深入的社会关系，这导致其在中国社会背景下的社会资本非常单薄，同时源源不断的客流又让其与阿拉伯群体之间的纽带更加牢固。这些都对他的社会融入产生了直接、深刻的影响——他对中国人的行为、文化了解不多。总体来说，以访谈对象4为代表的一些阿拉伯人沉浸于在原生社会基础上建立的社会网络之中。虽然他们身处中国社会，在这里获得物质资源，但他们无论在行为上还是在文化和心理上，都依赖于黏合性社会资本的扶持，仍遵循其原生社会的相关社会规则，从而形成了只有经济融入，而未进行其他方面融入的割裂状态。本研究将这种黏合性社会资本绝对主导的融入类型称为"隔离型融入"。

2. 选择型：内外分明的双重结构

在义乌的很大一部分阿拉伯商人，从事与中国人交易的商业活动，对于中国人的行为逻辑和思维方式已相当熟悉，可以用汉语或英语熟练地与当地人交流，并且一些人有在中国留学和生活的经历，对于中国的认可度比较高。同时，他们在义乌的时间较长，也积累了许多本族人脉关系。可以说，他们是具有双重优势的外籍群体，这对于其社会融入状态的形成产生了深刻影响。如访谈对象5，男性，也门水烟器具商人，29岁，大学学历，曾在杭州交换学习，用汉语和英语都可以流利交谈，没有本国亲人在义乌。

在访谈对象5的社会网络中，原生社会基础上的社会关系和中国社会基础上的社会关系相对平衡，他经常用中国化的行为方式与商业伙伴交往，懂得中国的节日风俗，会熟练使用便利的手机软件，汉语不错，中国朋友很多，经常参加各种组织的社会活动。此外，他也与在义乌的本族群体有密切联系，互相交换信息，共同度过娱乐时间。从这个维度来看，他的社会融入相当不错，但深入分析访谈发现，他对于两种社会网络的态度并不相同。他改变自己的行为，试图理解中国文化，是希望可以通过这种连接性社会资本获得更多的经济利益；一旦从有中国人的场域中脱离出来，他还是把原生文化作为自己的社会规范。相较于隔离型，以访谈对象5为代表的一批阿拉伯商人对中国的了解更加深入，对中国价值观念的理解更加明显，但这并不意味着他们对黏合性社会资本的放弃。在他们身上，阿拉伯文化和中国文化被以一种界限分明的形式拼接在一起，在需要表现出中国式社会行为的时候，他们可以践行中国式社会规范，但更多的时候他们还是用原生社会规范生活。用一种形象的说法来形容，他们的社会融入就像是汤圆，看起来以连接性社会资本为主，但切开表皮，还是以黏合性社会资本为馅。本研究将这种以黏合性社会资本为本质，在利益驱动下利用连接性社会资本的混合状态称为"选择型融入"。

3. 开放型：两种社会资本的微妙平衡

义乌作为一个国际化趋势明显的城市，吸引了许多具有开放视野和经历的阿拉伯商人，这类商人或由于公司派遣，或由于行商习惯，长年游走在世界各地，对于各种文化和价值呈现出包容心态，并对了解和学习迁入地的文化抱有极大的兴趣。由于长年在外，他们的本族社会资源相对固定单一，反而善于经营当地人脉，从而形成具有自身特色的社会融入特征。如访谈对象10，男性，31岁，摩洛哥商贸公司经理，研究生学历。2015年被跨国公司外派到义乌从事商业交易，以前有到阿尔及利亚和法国工作的经历。英语和法语非常流利，汉语相对较差。和妻子一起来到义乌，在工作之余兼职法语口语老师。

在访谈对象10的社会网络中，其原生社会基础上的社会关系相对较少，仅有妻子和少量本国同事，而在中国社会背景下建立起来的社会关系则丰富多样，不仅有商业合作伙伴，还有同事和学生群体，这使他有广泛地了解中国社会的途径，而且这些途径被他充分利用起来。相较于隔离型融入和选择型融入对于黏合性社会资本根深蒂固的推崇，长期在外求学和工作的经历并没有使他的国家和民族观念非常浓厚，他对各种文化和观念的接受程度很高，接受的标准以自我为中心，建立起一套非常个性化和独特的融入方式。虽然其融入方式的个性化程度相当高，但这并非个例，在研究者调查的阿拉伯商人群体中，不乏有海外求学、工作和经商经历者，他们对于文化差异有很强的包容性，能够理解出现的各种不便和差异并以轻松积极的心态解决它们。以访谈对象10为代表的一批阿拉伯商人在面对融入问题时相当包容和开放，特殊的经历造就了他们身上杂糅的思维和观念。他们没有融入的界限要求，而是把融入看作和兴趣爱好一样的一种私人取向，并不掺杂国家、民族、地域、宗教上的束缚。在他们的融入过程中，黏合性社会资本对他们没有特殊的象征意义，它与连接性社会资本一样作为社会网络组成部分对其社会融入产生了巨大影响。本研究将这种自由运用连接性社会资本和黏合性社会资本，以自我为中心的相对个性和自由的融入状态称为"开放型融入"。

以上我们根据义乌阿拉伯商人对待不同社会关系，尤其是社会资本的态度和方式，将其社会融入划分为隔离型、选择型和开放型三种类型。需要说明的是，大量已有研究表明，无论是国际移民还是国内流动人口，群体本身属性千差万别，融入意愿也各不相同，因此很难对其融入过程和类型进行完全一致、确定的归类。外籍人口的融入是一个动态的发展过程，本文仅是从单一类型化差异视角，对调查对象的融入类型做归纳总结。

（二）原因分析

在以上对个案做融入类型归纳的基础上，需要更深层次挖掘的问题是哪些原因导致不同个体在中国社会采取不同的融入态度和方式？我们认为，主要可以从主客观因素两方面讨论。

1. 主观原因

许茨在《社会世界的意义建构：理解的社会学引论》一书中提出"手头知识库"的概念，认为人们将从过去的经历中总结的现实经验组成了他们的知识库，这种知识库给人们一种理所当然的感觉，使社会系统的运转不言而喻，同时，人们还会想当然地假定其他人和自己拥有共同的知识库，从而通过类型化过程处理各种关系。① 在义乌阿拉伯商人的融入过程中，可以增加手头知识库存的主要有两种途径。第一，个人经历和他人经历的获悉。丰富多彩的现实经验使他们拥有比其他人更多样的知识积累，当他们面对一些拥有普通知识库的人无法理解的现象时，他们的理解能力和处理方式可能更加成熟。第二，各类社

---

① 许茨. 社会世界的意义建构：理解的社会学引论 ［M］. 霍桂恒，译. 北京：北京师范大学出版社，2017：120-170.

会网络可以使他们了解别人的知识库存并学习。因此，在中国社会背景下建立的社会关系的丰富程度对其能否融入中国社会有深刻的影响。具有较多连接性社会资本的阿拉伯商人更容易建立起相对完整的中国社会网络，对中国的语言、社会规范、文化有一定的了解，从而在面对相关情景时可以使用相关知识加以应对，更好地融入中国社会。

义乌阿拉伯商人所从事的具体职业对其社会融入也会产生影响。相比自由贸易商人和大型商贸公司的员工，个体经营者和小型商贸公司的员工所面对的客户和同事基本上来自本国、本地区，他们的工作限制他们接触更多中国人，同时他们也对与中国人建立社会关系没有充分的兴趣——他们的商人身份要求他们最大限度地追求经济利益，商人不太可能因为兴趣和娱乐而花费大量的时间学习中国文化，大部分阿拉伯商人对中国社会生活的了解都只集中在如何与自己的中国客户相处之上，他们不希望因为文化障碍而产生经济方面的损失。很多阿拉伯商人的选择型融入就是因此形成的。对他们来说，经济动机是促进他们进行一定程度的社会融入的主要动机，如果不是处在相应的经济活动中，他们完全是阿拉伯社会规范的践行者。

2. 客观原因

身份主要指个体社会成员在社会生活中的标识、社会属性以及社会位置。大多数中国人内心都有身份意识，也就是以身份为重的思想情感和行为导向。①对义乌阿拉伯商人来说，"外国人"是义乌本地人赋予他们的一个重要身份，在这一身份下，他们偶尔会得到一些好处，得到中国人的包容和接纳，从本地人那里学到一些中国社会的相关知识。但是更多的时候，这种身份意味着疏远。在这样的社会氛围下，义乌阿拉伯商人深知，由于义乌本地人与他们天然的社会距离，他们不管做出怎样的努力，都很难被当作中国人，"外国人"是他们在中国人面前的一个标签，这样的身份区隔也成为义乌阿拉伯商人深层次社会融入的障碍之一。

国际移民到达迁入地之前首先面临的就是跨越国界的制度性要求，主要表现为自身条件能否符合迁入地的入境要求，进入迁入地境内的签证办理以及在迁入国工作生活所享有的包括就业、医疗、子女教育和社会保障等方面众多的制度体系。在目前中国的外国人管理体系中，只有高学历的精英人才才有可能获得永久居留许可，虽然有一些中介承诺可以拿到永久居留许可，但需要付出巨大的物力和财力，大多数阿拉伯商人并没有这样优越的条件，这使他们在中

---

① 陆学艺. 社会学［M］. 北京：知识出版社，1996：86-99.

国的居留生活比较困难。一些免签国家的阿拉伯商人，也不得不面对几个月就要出境一次的困扰，而其他大多数需要签证的阿拉伯商人，则只能借助中介来延长自己的停留期限。同时，其他相关配套制度也并没有为他们带来和中国居民一样的权利和福利，很多义乌阿拉伯商人表现出对于医疗、子女教育方面的苦恼，认为这是影响其身心健康的一大因素，因此缩短了在义乌停留的时间。在流动人口融入研究中，政策一直是一个重要的影响因素。从国内来看，城乡户籍二元政策一直是外来人口社会融入的一大障碍。从国际视野来看，目前中国的外籍人口居留和服务政策，也对其社会融入产生了一些制约作用：如果进入中国这一市场的成本过高，很多商人就会放弃这一市场转而寻找替代者；如果进入市场后生意中断的风险很大，也将降低外籍商人的安全感，还可能影响投资规模，甚至一些因亲属、婚姻等具有居留需求的阿拉伯商人也只能因客观条件限制望而却步。可以预见的是，如果一位商人赖以为生的收入来源被严重影响，这位商人对于发布政策的国家及其社会的归属感和融入积极性将大幅降低。

概括地讲，导致不同移民群体社会融入的因素可能不尽相同，但正如联合国秘书长在《国际迁徙与发展》报告中所指出的："移徙的成功在于移徙者和东道国社会的相互适应。……融入社会取决于多种因素，包括有能力用当地语言进行交流、准入劳工市场和就业、熟悉风俗习惯、接受东道国的社会价值、有可能与直系亲属相伴或团聚和有可能入籍。如果迁徙者有权享受社会服务以及他们作为工人的权利得到保护，就可普遍促进他们融入社会。"这说明，外来移民在迁入地社会的融入，不仅需要移民自身具有较为强烈的融入意愿和融入行为，还需要迁入地社会的包容、接纳和平等对待。

结语

从以上分析可见，无论是阿拉伯商人的融入程度、机制还是策略，都与中国社会息息相关。格兰诺维特论述"嵌入"一词，认为人类的各种活动会嵌入社会制度和社会关系中。① 义乌阿拉伯商人也不例外，他们虽在义乌从事商业活动，但实际上在经济、行为、文化和心理等多方面都与中国社会有一些差异。从宏观上来说，阿拉伯商人来到义乌的行程，一直受中国对外开放和外交关系等方面国家政策的影响，这是他们能否移动的首要条件。从微观上看，义乌阿拉伯商人通过观察和模仿等策略对义乌人的文化和行为加以理解和应用。如果

---

① 许涛. 在华非洲商人的社会适应研究 [M]. 杭州：浙江人民出版社，2013：8-17.

没有嵌入中国社会，他们不会顺利完成这些行动。但义乌阿拉伯商人的嵌入并不是全盘沉浸式的，他们还保留了原有的文化和心理认同。虽然他们与中国人接触时可以毫不犹豫地采用中国式的行为方式和思考方法，但日常生活中他们依然沿用母国的社会规范和文化。从形态上看，义乌阿拉伯商人群体虽然被纳入中国社会文化的影响范围，但他们中的相当一部分人以一种悬浮的方式飘在中国社会之中，他们与中国主流社会有明显的界限。各种中国元素以分子的方式渗入他们的群体，这使其心理和行为有一定的改变。

因此，审视义乌阿拉伯商人的社会融入就会发现，他们似乎处于一种既嵌入又悬浮的状态之中。他们在一定程度上接受中国元素的进入，但原生文化的内聚力以及流入地的政策推力等，使其难以融入，暂时无法与流入地社会全面融合。

总之，目前包括阿拉伯商人在内的来华国际移民群体不仅面临巨大的文化、价值观方面的差异，还面临政策限制，这无疑给国际移民融入中国社会增加了难度。就阿拉伯商人的融入而言，我们的目标不应是如何让其定居中国，而应是合理构建阿拉伯商人在义乌社会经济发展中的位置，最大程度上实现中阿双方的互利共赢。在这一目标下，就需要我们思考如何使义乌阿拉伯商人的本土特征与中国社会的特征、全球化意识融会贯通。笔者认为，这不仅有赖于阿拉伯商人的努力，更需要国家在国际移民社会融入的总体战略设计、营商环境的改善等方面有所体现，这样才能展示出我国对于吸纳国际人才及发展国际贸易的真诚态度。其实为了改善义乌的营商环境，给外籍人口提供更便利的生活条件和交往环境，义乌市政府已采取了较多有效措施，包括外国人审批手续集中化、医疗保险共同化、多语言道路指示、英文公众号开发等。如果想更有针对性地解决义乌阿拉伯商人在文化和心理方面的社会融入问题，义乌市相关部门还可以对以下政策进行改进和完善。

首先，尽快解决外籍人口子女的入学问题。根据义乌外籍人口的数量，开办一定数量的涉外学校，或在公立学校中设置外国班，这可以缓解目前外籍人口对教育资源的需求，也可以减轻外籍人口的牵挂和负担，体现出我国对于外籍人口的人文关怀和情感照顾。教育是增加社会认同感、促进文化融入的一剂良药，让外籍人口的子女在中国接受教育，可以使其学习中国文化的途径更加正规，也能使其接触更多样的中国群体，不仅促进其个人的文化与心理融入，还能带动其所在的家庭的社会融入，甚至还可以使其将自己积累的各种社会资源应用于社会活动中，一举多得。

其次，针对外籍人口开展的活动要更多地从形式转向内容。多鼓励居委会等基层组织举办活动，通过政府、公益组织、社区的联动最大程度地将外籍人口纳入政府的管理宣传体系中去，根据社区外籍人口的国籍、性别和年龄举办有针对性的活动，可能取得更好的效果。在内容上，不仅要重视活动的时效性，还要重视活动内容的实用性和创新性，如果在组织活动时充分考虑外籍人口的需求，其参与的积极性或将提升。另外，也可将本地居民纳入活动中去，增加中外人士的接触渠道和沟通方式，提高双方的认同感和接纳度，以社交促进双方互相了解。

最后，有关部门应根据现实情况，制定更加符合现状的出入境管理条例。于涛在论述俄罗斯华商时提到，俄罗斯的外籍人口政策使华商很难把控自己的未来，从而严重影响了华商商业信心的建立。① 这表明，政策直接影响国外商人的心理融入。抛开定居或永居不谈，仅从合理构建外籍人口的社会位置来说，也应该做一些政策上的调整。对于在华贸易多年且无不良记录的外籍商人，可以给予一些便利和待遇，如在享受社会福利以及财务流通方面的一些权利可以适当放开，从而简化其在中国商务活动中的复杂流程，增加其对中国市场的信任度。值得高兴的是，我国政府已经开始行动。2018 年 4 月，国家成立了移民管理局来加强对移民和出入境管理的统筹协调，这标志着我国在逐渐重视移民管理工作。相信国家以后会根据我国的实际情况出台更多有利于外籍人口在华发展的法规、制度和政策。

---

① 于涛 . 莫斯科华商：一个跨国迁移群体的适应行动 [D]. 北京：中央民族大学，2013：77-80.

来华外国人"居民化"融入：社区组织的角色担当及行动策略

——以义乌市 L 社区为例[*]

陈建胜[**]

一、问题的提出与相关研究的文献简述

（一）问题的提出与"居民化"融入

进入 21 世纪以来，随着来华外国人由定点酒店居住转向当地社区聚居，管理与服务如何跟进、社区内部整合如何实现等问题，一直困扰着政府相关部门及当地社区。虽说在国家层面上，2016 年出台了《关于加强外国人永久居留服务管理的意见》，其中明确提出要"促进社会融入""加强社会服务""完善日常管理"，并于 2018 年成立了国家移民局，专司管理来华外国人签证、居留、移民等事务，在减少"多头管理""重管理轻服务"等方面已经取得了一定成效，但总体来看，在来华外国人社区融入问题上，迄今仍未跳出本国居民与外籍人员的"二元区分"模式，而且在国家政策的层面，也尚未出台可涵盖永久居留与非永久居留来华外国人的社区融入政策。从上海、北京、广州等"一线城市"情况看，在当地社区聚居的来华外国人，取得永久居留权证（俗称"中国绿卡"）的只是少数，绝大多数属于非永久居留人员。在笔者做田野调查的浙江省义乌市 L 社区，非永久居留人员占比更是高达 99%，其中相当一部分已在当地社区居住五年，甚或十年以上。这无疑是讨论来华外国人社区融入问题所应关注的重点。义乌市作为商贸型来华外国人较多的城市，L 社区作为来华外国人居住较集中的社区，在这方面所做的实践探索及其经验，有一定的代表

* 本文原刊于《浙江社会学刊》2022 年第 6 期。本文系 2020 年度浙江省哲学社会科学规划课题"来华外国人社区融入模式与机制研究"（编号：20NDJC129YB）的阶段性成果。

** 陈建胜：浙江财经大学法学院社会工作系副教授。

性和借鉴意义。本文拟通过对 L 社区的解剖分析，提出并回答以下问题：在推进来华外国人"居民化"社区融入的过程中，作为基层建制性设置的社区组织扮演着什么样的角色？以及在相应的角色定位下会采取什么样的行动策略？

L 社区地处义乌市主城区东部，是由城中村和现代都市小区组成的社区，目前在该社区合计居住 4900 多人，其中中国户籍人口 3500 多人，来华外籍人口近 1400 人。从人口构成特征上看，属于较为典型的"国际化社区"，外籍人口涵盖 74 个国家和地区，有来自也门、伊拉克、叙利亚、伊朗、埃及等中东和北非地区的，也有来自俄罗斯、韩国等国家的，其中大部分从事商贸、咨询、餐饮服务等行业，经济收入普遍较高。L 社区是义乌市也是国内最早开展来华外国人社区融入的示范社区，2006 年被义乌公安局出入境管理局列为"境外人员社区融入"试点单位，2014 年在浙江省率先设置首个境外人员社区服务站，2019 年服务站升级为社区境外人员服务中心。经过十多年的发展，L 社区已成为义乌市"国际化社区"建设及来华外国人社区融入的响亮名片。笔者从 2019 年开始对 L 社区做追踪调研，已多次开展田野调查，收集了较丰富的访谈资料，因而本文的相关叙述和讨论，主要是以该社区为实践案例的。

这里需要说明的是，从国家法律法规的角度看，绝大多数来华外国人都不属于"中国公民身份"意义上的"中国居民"，但他们来华后因长期居住和生活在当地社区，实际上已逐渐成为"社区成员身份"意义上的"社区居民"，哪怕在当地社区干部以及户籍居民眼里，也已经不再是陌生的外来者，而是多少有些熟悉的社区成员。"从大的身份看，他们是护照，我们是身份证，那是有差别的，但在我们社区里面，不论中国人、外国人，就一个身份，都是我们社区大家庭的成员。我们是按照社区居民的要求来推动他们融入的，要提供平等的公共服务，要推动他们参与社区治理、参与社区服务，做好文化交流，建立良好关系等"（摘自 L 社区组织负责人访谈资料）。因此，本文所说的"居民化"，不是一个法律或法权地位的概念，而是一个社区融入或社会整合的概念，因而"'居民化'融入"主要是指，来华外国人在其聚居地社区，可平等地享有与当地社区居民相同或相似的权利与义务，包括与当地社区居民相同或相似的赋权、管理和服务等。

（二）相关研究的文献简述

国际学术界关于跨国移民社区或社会融入问题的研究，大多沿着移民与当地社区或主流社会的关系展开，"同化主义"与"多元主义"往往被视为两种主要的融入模式。这两种模式也在一定程度上影响着社区组织所要扮演的角色，例如，有研究者指出，与同化主义模式相比，多元主义模式更倾向在多元文化社会中支持个体的自由整合。① 曾有研究者指出，在英美国家中，社会融入侧重于提供平等机会及消除犯罪、保障参与权利和自由，而在欧洲大陆国家中，社会融入主要意指社会团结或社会凝聚，以消解市场一体化对特定群体的不利影响。② 在社会融入概念的不同指向下，英国的社区组织更多地扮演消除障碍与服务资源配置的角色，强调与"半市场"或"市场"机制合作推进移民及边缘人群参与社区，而法国的社区组织则扮演着垂直一体化角色，强调它是联结国家与公民的资源与权力的双向管道。③

在移民社区融入的具体实践场景中，政府融入政策，移民融入需求、当地社区组织等，都是影响融入过程以及融入方式的重要因素，其中，社区组织，尤其是建制性的社区正式组织，扮演着"衔接"政府融入政策与移民融入需求的关键角色，担负着融入政策的纵向连接及其在社区的具体实施。④ 社区组织在移民社区融入中的重要性还表现在移民通过融入社区正式组织，有机会获得高质量的社区社会资本，而移民群体关系网络及自组织等社区非正式组织，也对移民融入社区、发展社区社会资本等有着积极作用。⑤ 此外，近年来也有研究者依据政府融入政策、移民融入需求等方面的差异及其对社区组织的不同影响，来探讨社区组织在移民融入过程中所扮演的不同角色，并结合社区组织的不同角色来说明不同的行动策略。⑥

在特定情境下，社区组织根据自身的角色定位，去选择推动移民社区融入的行动策略，例如，注重增进社会公平的社区组织，往往更倾向于采取那些有

① HENRY I P, AMARA M, AQUILINA D. Multiculturalism, Interculturalism, Assimilation, and Sports Policy in Europe [M] //HENRY I P. Transnational and Comparative Research in Sport：Globalisation, Governance and Sport Policy. London：Routledge, 2007：115-234.

② SILVER H. Understanding Social Inclusion and Its Meaning for Australia [J]. Australian Journal of Social Issues, 2010, 45 (2), 183-211.

③ PITTS J, HOPE T. The Local Politics of Inclusion：The State and Community Safety [J]. Social Policy & Administration, 1997, 31 (5)：37-58.

④ WILSON W J. When Work Disappears：The World of the New Urban Poor [M]. New York：Knopf, 1996：64.

⑤ TUROK I, BAILEY N. Twin Track Cities? Competitiveness and Cohesion in Glasgow and Edinburgh [J]. Progress in Planning, 2004, 62 (3)：135 - 204；TOLSMA J, TOM, JOCHEM. The Impact of Neighbourhood and Municipality Characteristics on Social Cohesion in the Netherlands [J]. Acta Politica, 2009, 44：286-313.

⑥ PONIC P, FRISBY W. Unpacking Assumptions about Inclusion in Community - based Health Promotion：Perspectives of Women Living in Poverty [J]. Qualitative Health Research, 2010, 20 (11)：1519-1531.

利于增加公共服务供给、均衡资源配置、减少不平等的行动策略。① 而注重增进社会团结的社区组织，其行动策略会更加偏重于提升组织维度的融入以及移民群体的社会资本，例如，深化组织结构、发展支持性组织、改善社区管理等。② 此外，还有学者提出了发展黏合型社会资本（Bonding Capital）、桥接型社会资本（Bridging Capital）、联结型社会资本（Linking Capital）的行动策略，特别是联结型社会资本，通过嵌入在职业性、行政性结构及社区中，并与主流机构及主流人物建立联系，对促进移民融入主流社群有积极功能。③

相较而言，国内学术界的相关研究，较为自觉地注意到了我国"社区"的独特性质，即"一轴多元"治理结构，以及党的领导与多元主体合作治理的有机结合。④ 在话语表述上，也大多将社区党组织、社区居委会等视为最重要的社区组织，强调它们在推进来华外国人社区融入中所起的主导性作用，例如，有学者指出，党组织和基层精英对社区组织的领导，是"国际化社区建设"的支撑力量。⑤ 同样的，国内研究者也注意到了政府融入政策及其变迁对社区组织的影响，有学者指出，随着政府的来华外国人社区融入政策从"特殊主义"发展到"居民化管理"，要求社区组织更好地承接公共服务以及更多地开展融合性治理。⑥

值得注意的是，"来华外国人"虽然"跨国"而来，因工作和生活需要常住在当地社区，但他们大多数不是移民性质的，即不属于法律意义上的"移民"，因而"来华外国人的社区融入"问题，不宜直接混同于"移民的社区融入"。此外，"社区"以及"社区组织"的属性或性质定位，在不同的国家往往差异很大的，作为党的领导和政府行政在基层社会的延伸，我国的社区组织也是基层社会的建制性设置，因而它们作为基层社会场域的行动主体，其角色定

---

① GAFFIKIN F, MORRISSEY M. Community Cohesion and Social Inclusion：Unravelling a Complex Relationship［J］. Urban Studies, 2011, 48（6）：1089-1118.

② Ontario Council of Agencies Serving Immigrants. Inclusive Model for Sports and Recreation Programming for Immigrant and Refugee Youth［M］. Toronto：Ontario Council of Agencies Serving Immigrants, 2006.

③ FOORD J, GINSBURG N. Whose Hidden Assets? Inner City Potential for Social Cohesion and Economic Competitiveness［M］//BODDY M, PARKINSON M. City Matters：Competitiveness, Cohesion and Urban Governance. Bristol：Policy Press, 2004：287-306.

④ 李友梅. 当代中国社会治理转型的经验逻辑［J］. 中国社会科学, 2018（11）：58-73.

⑤ 樊鹏. 国际化社区治理：专业化社会治理创新的中国方案［J］. 新视野, 2018（2）：57-63.

⑥ 北京大学国际关系学院课题组. 北京市朝阳区"国际化社区"建设——"朝阳模式"的新思路与实践［R］. 北京：北京大学国际关系学院, 2016.

位和行动逻辑也必然与国外社区组织有所不同。我国社区组织在来华外国人社区融入中的具体角色担当及行动策略，除了受政府融入政策和来华外国人融入需求等因素影响外，还必须结合来华外国人在种族、宗教、收入、阶层、流动性等方面的个体特征，做出因人制宜的灵活处置或差异化回应，并围绕政府所倡导的"居民化"融入目标，重塑各利益相关方的多元主体整合机制，确保整个社区的和谐融洽和稳定有序。

不用说，国际学术界对社区组织在"移民社区融入"中扮演的角色及行动策略问题，已经有长期的研究和丰富的积累，做得比较细也比较专业，但涉及社区组织在"来华外国人社区融入"中扮演的角色及行动策略，感觉还是国内学者更了解我国社区以及社区组织的独特性质和运行机制，相关研究也更加"接地气"。不过，理论研究与社区实践的关联仍然比较薄弱，对社区组织在实践中所扮演的角色及其行动策略的讨论也显得较为粗糙或"碎片化"，而本文要做的，是通过深入解剖 L 社区这个实践案例，对社区组织在推动来华外国人居民化融入过程中的角色担当及行动策略做出系统的分析和阐述。

二、"居民化"融入政策下社区组织的角色担当

（一）负责"居民化"融入政策在社区落地见效

义乌市来华外国人社区融入工作可大致分为两个阶段：2006 年至 2013 年为起步阶段，主要由公安部门牵头，其他部门和社区参与，侧重于强化以户口管理为主要内容的治安管理与服务；2014 年至今为发展阶段，主要由民政部门牵头，社区主责，其他部门参与，侧重于构建有助于促进"居民化"融入的社区管理与服务，探索建设国际化融合性社区。

在起步阶段，公安部门开始试点"境外人员社区融入"，通过民警入驻社区将境外人员户口临时申报延伸到社区，建立起基于临时户口的管理服务机制，社区组织主要起配合作用，即辅助公安及相关部门开展法律及社区知识宣传，建立"语言培训站"，开展文化交流，以及发动热心居民参与社区调解、计生、巡逻、等等。这个阶段的相关措施或政策，着眼于为来华外国人社区生活提供便利，尽管个别政策也开启了"居民化"待遇，但总体来说，政策导向仍然具有较为明显的"区别对待"特征，例如，在来华外国人子女就学方面，开放公办学校较少且所处位置偏远，难以像本地户籍居民子女那样享受就近入学政策；在社区治理方面，往往将社区内聚居外国人视为一个特殊群体，治安管理多于公共服务。

地方政府的政策优化或创制，一方面是立足于现实问题导向，另一方面则需借势于上位政策的目标要求。具体就义乌市来看，这个上位政策是2014年浙江省委省政府出台的《关于深化义乌国际贸易综合改革试点的若干意见》，该文件对义乌市提出了建设"宜商宜游宜居国际商贸名城"的战略要求。在这一背景下，义乌市迅即出台了《义乌市境外人员社区管理和服务实施办法（试行）》，在全国率先提出要"让境外人员平等地享有社区服务、参与社区决策、促进社区交流、建立境外人员社区归属感和责任感、共同营造国际性融合社区"的具体政策目标。这意味着来华外国人的"居民化"社区融入进入了实质性的发展阶段，包括回应他们在住房、生活、教育、医疗、社区参与、文化活动、社会交往、证件办理等多方面的现实需求，进行社区居民化的赋权、管理与服务。

为推动来华外国人的社区居民化进程，义乌市相关部门也加快了政策供给。例如，2015年住建部门做出相关规定，允许在义乌境内工作、学习时间超过一年的境外个人购买符合实际需要的自用、自住商品房，为部分来华外国人在义乌当地长期安家立业创造条件。再如，2016年教育部门进一步降低了来华外国人子女就学门槛，将具有招收外籍学生资格的学校从19所增加到25所，尤其是增加了公办中小学的学校数量，基本满足了来华外国人子女就近入读的需求；人社部门还就来华外国人参加本市职工基本医疗保险做出相关规定，在享受范围、报销比例及报销额度等方面可参照本地参保居民待遇。再如，2016年公安出入境管理部门在全国首创"外籍商友卡"，其形制和功能类似于市民卡，汇聚公共交通、泊车、图书借阅、就医、金融无障碍支付、信用查询、特约商户优惠等数十项服务功能，方便来华外国人获得当地城市或社区公共服务。

以上各项推动来华外国人"居民化"融入的政策，有些是由政府相关部门直接实施的，如关于住房、教育、医疗、社会保障等方面的政策，社区组织不具有相应的界定和管辖权，但仍需要积极协助并负责在社区层面上落实，包括政策宣传、资源衔接、细化操作等；而有些则以社区组织为主要承接和实施主体，如关于社区参与、社区融入、社区服务等方面的政策，政府相关部门往往只是给出指导性意见或原则性要求，需要社区组织根据所在社区实际情况，制订具体实施方案并负责贯彻落实。由此可见，作为党的领导和政府行政权力在基层社会的延伸，社区党组织和居民委员会等建制性社区组织，也被赋予了新的角色，即"居民化"融入政策在社区层面落地见效的责任主体。

（二）回应来华外国人的非常规性社区融入需求

社区组织向上要面对政策法规或制度环境，向下要面对来华外国人社区融入需求，而这种需求往往与他们的个体或群体特征密切相关。聚居在 L 社区的来华外国人绝大多数是来自中东、北非等地区的商贸型人员，虽说经济条件相对较好，但受教育程度不高、流动性较大，在文化、宗教及生活习俗等方面，也与义乌当地居民有较大差异。因为有较好的经济条件，他们一般很少提及与经济权利分配或利益共享相关的融入要求，也不太会考虑劳动力或人才市场的平等问题，而且他们已经感受和认识到，我国的"社区"是社会单元而非包含经济和社会活动的地方单元。商务的忙碌以及原生国家的政治生活传统，使得他们很少提及政治参与或权力分配方面的融入要求；较大的流动性以及严格的出入境管理制度，使得他们更为关注社区安全、证件办理等公共服务。他们既希望多了解中国文化，多些文化交流活动，与社区居民保持友善关系，又希望活动场地、内容、仪式等能体现伊斯兰教特色，宗教生活及文化习俗能受到社区居民的尊重。

换句话说，L 社区来华外国人比较关心的是社区生活的安全性、便利性、友善性，以及保持自己原有的宗教文化习俗。他们的社区融入需求，主要集中在出入境证件办理、房屋租赁、就近医疗、教育资源配置、纠纷调处、日常生活及法律政策咨询、志愿服务积分、语言培训及文化交流、宗教与文体活动、邻里友善等，部分在义乌当地居住时间较长的来华外国人，则有社区参与、交友联谊等更进一步的融入需求。除了希望在社区设置宗教场所、露天烧烤场外，他们的绝大部分融入需求都与政策指向较为一致，其缘由主要在于，政策制定部门较好开展了实地调研并吸收了试点社区的意见。在社区管理方面，由于文化习俗或制度传统方面的差异，来华外国人普遍倾向于"更少些管理"，但涉及卫生习惯与垃圾分类、信息登记与入户核对、聚会噪声控制、治安或安全检查等事项，"更少的管理"往往会衍生出其他问题，难免与"居民化"融入政策有较大的出入。

从 L 社区的情况看：一方面，来华外国人希望社区组织能提供"更多些服务"，特别是那些与他们需求相匹配的社区公共服务，也有兴趣参与能帮助他们解决实际问题的社区组织，并愿意与社区工作者建立良好关系；另一方面，他们又倾向于社区组织"更少些管理"，尤其是不愿意社区管理者干预他们的宗教活动、文化和生活习俗。不难发现，来华外国人对社区组织的期待，实际上是一体两面、互有矛盾的，如何回应来华外国人的非常规性社区融入需求，在"更多些服务、更少些管理"的角色期待中找到平衡点，对社区组织来说是一个考验。

（三）重塑"居民化"融入的多元主体整合机制

在来华外国人社区融入政策方面，义乌市无疑是国内探索较早且起步较早的城市，从相关政策构成看，虽然明确了总的原则和目标等，但内容和措施等环节还不够具体化，政策选项及其边界也往往较为模糊。这意味着政策的实施成效，会在较大程度上取决于基层社区组织的角色担当。社区组织在政策实施过程中，既要坚持并致力于实现政府提出的"居民化"社区融入的政策目标，又要回应和平衡来华外国人期望的"更多些服务、更少些管理"的社区融入需求，同时还要考虑确保本地户籍居民的社区福利和生活秩序等不会受到影响。在这个过程中，社区组织主要扮演以"整合"促"融合"的角色，即通过对政府部门、来华外国人、本地居民等不同主体需求的有效整合，促进或推动来华外国人"居民化"社区融入。

L社区组织负责人在接受访谈时，曾就社区组织在来华外国人居民化融入中的角色，做了较详细的如下叙述："社区是政府治理和居民自治的结合体，这是我们的定位。我们要站在这个位置上去落实政策、去创新，去满足外国人的融入需要。现在我们义乌讲让外国人平等享有、平等参与，政府就是这么要求的。但是一些政策主体不是我们，像医保、社保、教育等，我们主要是负责那些落到社区内的，像社区服务、社区治理等，但这方面政策里面也没讲太清楚。外国人也有些特殊需要，如宗教文化、社会习俗等，所以我们提供和规范化了他们的宗教场所，这对本地居民也有好处，同时我们也拓展了一些政策上没有考虑到的服务内容，如一些陪护服务、邻里服务等。说白了，我们所做的，就是要把政府、社区、外国人、本地人、社会组织等整合起来，让大家都感到比较满意。"（摘自L社区组织负责人访谈资料）

由此看来，社区组织需要从科层体系与自治体系的结合点上，去考量和兼顾不同行动主体的利益诉求或期待，重塑与"居民化"融入相关的多元主体利益整合机制。既要坚持政府的政策目标，把"居民化"融入政策嵌入社区组织的角色定位中，又要鉴别来华外国人融入需求的合理性，在满足其合理或正当需求的基础上，保障社区全体居民的利益以及整个社区的和谐有序。社区组织所扮演的这种社区整合融入角色，与西方较为流行的同化融入角色、文化多元主义融入角色等有所不同。同化融入角色强调的是公民化过程和移入国价值观，注重公民权利在社区身份中的嵌套；文化多元主义融入角色强调的是文化身份相对于社区身份的自主性，偏重于少数族裔权利、文化价值观的保护及社会包容性政策的落实；社区整合融入角色所强调的是居住身份与社区身份的统一，以及社区秩序、社区生活和社区文化的融合性特征，注重对居住生活等方面社会权利的尊重、落实与管理。

三、社区组织推进"居民化"融入的行动策略

（一）以治理平台化夯实来华外国人社区服务

从"街居制"转向"社区制"是国家改革和完善城市社区治理的重要举措，自 2000 年中办发布《关于在全国推进城市社区建设的意见》以来，城市社区相继建立起社区党组织、社区居委会、公共服务站（社区服务中心）等"三位一体"的社区组织架构，并由此推动了社区治理与服务的平台化发展。不仅如此，政府相关部门为拓展或延伸自己的职能，还会根据需要在社区增设新的平台，例如，政法部门在社区设置的网格化管理平台，退役军人事务部门在社区设置的退役军人事务站，等等。社区组织为有效回应不同方面或不同性质的居民需求，也会结合区域内居民特点及重要事项等设置相应平台，例如，针对少数民族居民较多设置"同心圆"服务站，为培育和发展社区社会组织设置社区社会组织服务中心，以及基于信息技术应用的数字化治理与服务平台等。从某种意义上说，"平台化"已经成为基层社区组织回应上级任务部署与社区居民需求的重要行动策略，以至于有研究者提出，我国社区已进入了"平台化治理"阶段。①

L 社区在推进来华外国人社区融入工作中，首先想到的也是搭建融入服务与管理平台，经向政府相关部门汇报并获得支持后，于 2014 年正式建立起"境外人员社区服务站"。该服务站通过整合社区工作者、引入社工服务机构、开展志愿活动、成立自组织载体等方式，为来华外国人提供社区生活和交往融入等服务，同时也植入了一些管理内容。其服务和管理工作主要包括设立外商咨询服务热线及招募志愿者，开展交通出行、卫生医疗、法律知识、心理健康等咨询服务；成立社区跨文化交流协会，组织开展融合型的文体娱乐活动；开展基础翻译、中文培训、公共事务陪同等交往服务；开展社区安全、预防犯罪、噪声减控、邻里关系和谐等社区秩序与规则宣传。基础翻译、中文培训、法律法规及政策制度咨询等，颇受来华外国人欢迎，如中文培训项目自 2014 年推出以来，每届都有 30 多名外国人报名学习，遍及 50 多个国家和地区，其中一些学员已成为参与社区治理、志愿者服务的重要力量。

---

① 闵学勤. 从无限到有限：社区平台型治理的可能路径 [J]. 江苏社会科学，2020（6）：25-32

　　由 L 社区首创的"境外人员社区服务站"受到义乌市政府的肯定和来华外国人的认可，其做法已被推广到义乌当地其他外国人居住社区，一些成果甚至被当地政府固化为政策文件。但与此同时，社区工作者也发现，来华外国人办理出入境登记、出租房屋管理、司法援助咨询等事项，仍然要跑到社区警务室或公共服务站，他们比较关注的就医就学、金融支付、公交服务、治安管理、志愿服务积分兑换等事项，仍然需要寻求社区协助。截至 2019 年，在政府相关部门支持下，"境外人员社区服务站"升级为"社区境外人员服务中心"，除了增加办公场地面积和软硬件设施之外，将原来由社区警务室、社区公共服务站分担的来华外国人服务与管理功能整合进来，同时积极推动并吸纳其他相关部门及社区社会组织等入驻服务，形成集来华外国人服务与管理、公共服务与志愿服务、社区交流互动等功能于一身的综合性平台。例如，在该平台下实施护照志愿积分制，1 小时计 1 分，积满 72 分即可兑换一学期免费培训课程。截至 2021 年年底，累计有 650 名来自 25 个国家和地区的外籍人员参加志愿服务 4 万余小时，兑换免费课程 600 余期，既培育和增强了社区志愿服务力量，又提升了外籍人员对于社区的归属感以及汉语水平和日常交往能力。

　　这种"平台化"的行动策略，把来华外国人的管理与服务、科层力量与自治力量、公共服务与自助服务等汇聚到平台上，通过"一门式"或"数字化"的整合，较好地实现了来华外国人社区管理，高效便捷地为来华外国人提供了服务。无论是当地政府及 L 社区居民，还是聚居在社区的来华外国人，都对"社区境外人员服务中心"这一平台的建立及其在来华外国人居民化社区融入中所发挥的作用，给予了较高的认可和评价。

　　（二）以组织分支化吸纳来华外国人社区参与

　　组织融入是来华外国人社区融入的重要环节，而能否融入正式社区组织，更是衡量社区融入水平高低的核心指标。按照社区组织在法律上的规制，不具有中国国籍的来华外国人一般不被允许加入社区党组织、社区居委会，但可以加入社区"两委"管理的社区其他组织，亦可采用兼职社区居委会成员等方式融入。为推动来华外国人的社区组织融入，L 社区采取了"组织分支化"策略，包括在社区组织中设立其管理的融合性组织，在社区组织下延网络中设置来华外国人管理服务岗位等。

　　在面对来华外国人因文化观念、生活习俗等方面的差异所引起的邻里纠纷、社区纠纷时，原有的社区调解委员会往往感到难以有效应对，同时，一些在社区居住时间较长的来华外国人，也再三表示希望能加入社区组织。为此，L 社区于 2018 年成立了由社区两委指导的"中外居民之家自治委员会"，开展纠纷调解、议事协商、外籍志愿者统筹、外籍人员群体性需求等方面工作，并聘请在本社区居住十多年并积极参与社区公共事务，在外籍人员中有一定影响力的伊朗籍商人哈米担任会长。哈米掌握波斯语、汉语、英语、土耳其语等6种语言，拥有义乌伊朗商会会长身份，既有语言上的便利，又有商会资源以及与其他外籍商会沟通方面的优势，便于开展多方位的调解和协商工作。"中外居民之家自治委员会"为进一步拓展自身职能和带动更多来华外国人融入，还下设了"国际老娘舅"和"洋更夫志愿服务队"，有来自近30个国家的50多人参加，其中"国际老娘舅"已协助调解涉外纠纷90余起，涉外纠纷调解金额达到1300余万元。

在社区组织既有下延网络中设置便于来华外国人参与的管理服务岗位，也是组织分支化策略的重要举措。L社区的具体做法包括在居务监督委员会下设"社区监督岗"，除了中国籍居民外，聘任了4~5名外籍人员担任联络监督员，以外籍人员视角监督社区治理事务；针对出租房管理方面存在的问题，组建了由房东、楼（栋）长、本地与外籍协管员组成的组织网络，其中外籍协管员负责与外籍人士沟通、信息反馈、需求调查等；遴选和吸纳在社区外籍居民中有一定代表性的热心人士，如伊朗的哈米、也门的巴沙塔、埃及的库里亚等，作为居民委员会重要延伸力量"居民骨干"。正如库里亚所谈到的："社区选我当联络监督员、居民骨干，我感到很自豪！社区的事情一起做，社区很相信我们。我也是（义乌）埃及商会的，我跟住在这里的埃及人说，要遵守规则，遵守出入门（社区大门）的疫情防控规定，有事情和我说。我经常向社区反映一些情况，社区都很支持。"（摘自L社区外籍居民访谈资料）

一般情况下，各种类型社区组织的整合，可分为纵向整合与横向整合，前者强调纵向一体化，后者强调横向合作化。[①] 就当前我国的社区组织而言，纵向一体化可借助"科层"方式来推进，特别是像来华外国人的社区融入问题，往往牵扯到国家或政府层面的涉外关系，基层社区组织更倾向于采取纵向整合的组织分支化策略，即主要通过构建社区组织管理的融合性组织或岗位等，来实现"以我为主、我中有你、你中有我"的来华外国人社区组织融入。

（三）以关系圈层化培育来华外国人社区认同

关系融入是来华外国人社区融入的重要方面，其中，来华外国人与社区工作者、邻里、房东等的关系融洽程度，是体现社区融入水平的主要表征。关系

---

① WARREN R L. The Community in America [M]. Chicago：Rand McNally and Company，1978.

的最初生成也可能是基于日常生活交集或自组织网络，而社区组织的积极倡导和推动更是起到了"事半功倍"作用。从 L 社区的经验来看，社区组织在促进来华外国人的关系融入方面，主要采取了"关系圈层化"的行动策略，即以社区组织管理的融合性组织及岗位中的外籍负责人、积极分子等为第一圈层，以驻义乌当地的外籍商会负责人、秘书长及外资公司负责人等为第二圈层，以社区邻居、房东与外籍租户等为第三圈层，并依据不同圈层的具体情况，探索出了相应的运作机制及工作重点。

在第一圈层中，社区组织主要依托分支化融合性组织和岗位等，去吸纳和推动来华外国人的社会关系融入。这种社会关系可视为正式关系与非正式关系的结合体，具有以正式关系带动非正式关系、以非正式关系助力正式关系的特征。在正式关系中，社区组织通过组织规则、确定会议场域、布置任务、落实反馈等方式，实现对下延融合性组织及岗位中外籍负责人、积极分子等的指导或领导，而外籍负责人、积极分子等则通过参与制定规则、共同协商公共事务等产生社区组织归属感和认同。与此同时，L 社区还注重发展以社区组织为依托的非正式关系，如社区组织负责人通过建立微信群，与下延分支化组织网络中的 14 位外籍人士建立起了较为紧密的人际关系。"以组织为依托的关系网络是非常重要的，借助它们可以把有关事项、服务等及时传递给更多的社区外籍人员，外籍人员也可通过它们把自己的需要或诉求等反映上来，这样有利于社区融入工作顺利开展。"（摘自 L 社区组织负责人访谈资料）

在第二圈层中，社区组织积极发展与外籍商会、外资公司等来华外国人自组织负责人的社会关系。外籍商会不是社区社会组织，不属于社区组织指导或管理范围，但因其包含众多外资企业或商户，动员力和影响力都比较强，来华外国人社区融入中一些比较棘手的涉外事项，往往需要取得对方所在外籍自组织及其负责人的支持。为此，社区组织在当地政府部门和下延融合性组织中外籍人员帮助下，积极衔接外籍商会和外资公司，主动拉近与其负责人的关系，包括邀请外籍商会及外资企业负责人到访社区、建立经常性的线上线下交流渠道、开展特定事项商谈和年节拜访等。

在第三圈层中，社区组织积极推动房东、本地"隔壁邻居"与外籍租户建立和谐的邻里关系。其推动方式包括建立"以房留人"服务机制，组建双方传统节日文化体验活动、一年一度的"邻里节"活动，等等。目的在于增进熟悉度和文化分享度。其中"以房留人"服务机制，强调房东不仅要对出租的房屋承担相应的管理责任，还要熟悉租户的情况，建立常态化的信息沟通机制。从实践效果看，绝大部分房东对外籍租户来自哪个国家、居留时长、几人居住、租户从事行业等基本情况都较为了解，一部分房东与长期外籍租户还建立了较好的人际关系。正如来自叙利亚的巴沙尔所说的："我在义乌已经 5 年了，都租在这个房子。房东对我家很好，还会拿些蔬菜、红糖给我，我也会拜访他们家，我们是好朋友，像家里人一样。我们住在这里很开心，小区很干净，（社区）活动很多，邻居还和我们打招呼。"（摘自 L 社区外籍居民访谈资料）

社区组织的关系圈层化策略，遵循关系融入的"递次性"原则，即关系融入往往不是均衡的或均质的，而是有着某种相应的"差序"特征。例如，在第一圈层中，社区组织负责人与分支化组织负责人及岗位积极分子形成了"强关系"；而第二圈层则介于"强关系"与"弱关系"之间；第三圈层虽然也可能形成"强关系"，但更多的是"弱关系"。当然，圈层之间并不是封闭的，关系强弱也不是固定的，关系融入的需求状况以及关系圈层的营造状况等，都会影响人们在关系圈层中的位置。L 社区的经验表明，通过营造相应的圈层化关系，积极拓展类似于"朋友圈"的情感交往网络，也是社区组织推进来华外国人"居民化"融入、培育情感认同和社区团结的重要途径。

结语

通过对 L 社区案例的分析，发现社区组织在推进来华外国人社区融入中担负着"居民化"的整合融入角色，该角色是社区组织基于"整合"定位调适融入政策与来华外国人融入需求及我国本地居民利益的结果。这一角色在面对制度、组织、关系融入维度时，社区组织的行动策略分别是平台化、分支化和圈层化。

本研究的一个重要启示是社区组织自身定位对其担负的新角色具有重要影响。我国社区组织自身定位是国家制度规制的结果，是作为基层社会单元而非西方的地方社会单元而存在的，因此实现社区各类主体需求、利益的整合，尤其是"科层"与"自治"的整合是其基本定位。在这一定位下，社区组织通过平衡"居民化"融入政策、来华外国人融入需求及我国本土居民利益，形塑了一种"居民化"的整合融入角色。

本研究进一步表明社区组织角色落实到行动策略上往往关注政府融入政策的落实、社区组织的开放包容及社会关系的生产等三方面，而这三方面恰恰是影响来华外国人社区融入的重要因素。在此，社区组织通过治理的平台化、组织的分支化和关系的圈层化三种行动策略，分别推进了来华外国人的社区服务、社区参与和社区认同，从而为来华外国人"居民化"的整合融入提供了支撑。

"文明交流互鉴"对中外民间交往实践的指导意义

——基于义乌民众与外籍商人社会交往的调查与思考*

许　涛**

2019 年 5 月 15 日，习近平总书记在亚洲文明对话大会上做了题为"深化文明交流互鉴　共建亚洲命运共同体"的主旨演讲，为世界不同文明交流提出了"中国方案"和新的可能。① 文明交流互鉴的理念，不仅在宏观上对不同文明的交流有指导意义，在微观上对民间社会交往也有重要的指导意义。随着全球化的推进以及中国对外交流的深入，中外民间的社会交往呈现活跃状态。以浙江义乌为例，来自多个国家、多种族的外籍商人的大量涌入给当地居民的生活造成一定影响，族群间关系的引导和调试成为社会治理的重要内容。当地居民对外籍商人的社会态度是影响他们关系的重要因素，而居民与外籍商人能否和谐共处影响着义乌经济是否繁荣和社会是否稳定。本研究基于义乌民众与外籍商人社会交往的调查和数据实证分析，印证了"文明交流互鉴"的科学性，对义乌民间社会交往起指导作用；同时对我国实施"一带一路"倡议、对企业"走出去"战略实施，对多种族、多民族的多元社会和谐关系建设也有启示意义。

一、理论视角与研究假设

义乌是全球著名的小商品市场，每年 50 多万名来自 200 多个国家的外籍客商往来义乌，也有超过 1.3 万的外籍客商常住义乌。在一定程度上，义乌已经是一个多种族、多民族和多族群社会，在这样一个多元化的社会中，中外民间

　＊　本文原刊于《福建论坛·人文社会科学版》2019 年第 10 期。

　＊＊　许涛：浙江师范大学社会系主任、教授。

　①　习近平. 深化文明交流互鉴 共建亚洲命运共同体：在亚洲文明对话大会开幕式上的主旨演讲 ［N］. 人民日报，2019-05-16 （2）.

社会交往很大程度上受到本地居民对外来客商的态度的影响。然而，本地居民对外籍客商态度受什么因素影响呢？学术界从族群接触的角度，提出了以威胁理论和接触理论两种视角来解释本地居民对外来移民的社会态度。

（一）威胁理论

族群关系的威胁理论主要聚焦于稀缺资源的争夺，并认为族群内部设想或经历的危机往往是因为外部群体的抢夺。当本地人发现自己在劳动力市场以及社会其他方面已不占优势时，他们就产生了惧外症和反移民思潮，以此来捍卫自己的社会地位，呼吁自己应有的权利与优待。① 相关研究发现，越是与移民在社会经济地位上同等低下或失业的当地居民就越有危机感。越是正面与移民在工作、住房以及其他物质利益方面竞争的当地居民，越有可能对移民怀有负面情绪。正是由于对稀缺资源的激烈竞争，这种反移民情绪在恶劣的经济条件下才变得越来越强烈。②

种族威胁论认为惧外症或反移民态度主要起源于恐惧的心理，不管这种威胁真实抑或是假想的，族外人都将会改变族群内部既有的生活方式和民族根基。③ 基于此，一旦集体经济、文化、族群利益受到威胁而产生反族群思潮时，反族群思潮的严重程度远比个人受到物质利益威胁时更为激烈。④ 这种矛盾与竞争本身无关，只是与竞争者作为内部成员的合法性有关。⑤ 更重要的是，反移民思潮行为的发生更多与族内成员是否认为周围产生了危机有关，而不是移民是否真的对族内成员有负面作用。⑥ 值得注意的是，威胁并不是一成不变的，而是在群组内随着关系而变化，威胁所导致的后果也是交互和反复的。⑦

① CEOBANU A M, ESCANDELL X. Comparative Analyses of Public Attitudes toward Immigrants and Immigration Using Multinational Survey Data: A Review of Theories and Research [J]. Annual Review of Sociology, 2010, 36: 309-328.

② BORJAS G J, FREEMAN R B, KATZ L F. Searching for the Effect of Immigration on the Labor Market [J]. American Economic Review, 1996, 86 (2): 247-251.

③ CARD D. The Impact of the Mariel Boatlift on the Miami Labor Market [J]. Industrial and Labor Relations Review, 1990, 43 (2): 245-257.

④ CARD D. Immigrant Inflows, Native Outflows, and the Local Labor Market Impacts of Higher Immigration [J]. Journal of Labor Economics, 2001, 19 (1): 22-64.

⑤ CAMPBELL A L, CITRIN J, WONG C J. Racial Threat, Partisan Climate, and Direct Democracy: Contextual Effects in Three California Initiatives [J]. Political Behavior, 2006, 28 (2): 129-150.

⑥ HANSON G, SCHEVE K, SLAUGHTER M. Public Finance and Individual Preferences over Globalization Strategies [J]. Economics and Politics, 2007, 19 (1): 1-33.

⑦ PALUCK E L, GREEN D P. Prejudice Reduction: What Works? A Review and Assessment of Research and Practice [J]. Annual Review of Psychology, 2009, 60: 339-367.

（二）接触（交往）理论

接触（交往）理论植根于罗伯特·帕克的人种关系理论，他认为族间关系是按照竞争、冲突以及调试的自然周期循环的。[①] 该理论经历了几十年的发展，其中一项重要的假设是，只要与群体间的成员取得直接接触，这个群体对外来群体的歧视就被降低。[②] Allport 则进一步指出了族间接触能够取得成功的四个条件：同等地位、合作、相似目标以及官方认证。[③] 然而当初 Allport 在提出这些条件时，没有指明哪些条件是必须的，哪些条件只是起促进作用。Cook 认为当这些条件都得到满足，交往对外部成员的态度和互动会产生积极的影响。[④] Pettigrew 和 Tropp 认为 Allport 列出的那些情况是必要条件，却不是充分条件。之后通过宏分析全球范围内多项移民研究，表明社会交往的确有助于促进种族关系。

（三）简单暴露效应模型

根据以上文献的梳理，移民和本地居民之间的接触和交往可产生完全不同的结果。一个悬而未决的问题在于，为什么同样是接触，却产生完全不同的结果？这可能涉及接触和交往的中间过程，中间过程不同，可能导致完全不同的结果，这一过程则可以用简单暴露效应模型来解释。

简单暴露效应就是指刺激的简单暴露能够成为提高个体态度的充分条件。也就是简单的无强化暴露可以提高对刺激的喜欢程度，即熟悉导致喜欢。[⑤] 众多心理学家的实验结果表明，刺激暴露的频率和情感之间可能存在两种不同的关系：一种是刺激暴露频率越高，情感评价越高，二者之间是单调递增关系；另一种是在刺激的不同阶段，暴露次数与情感评价之间的关系多有不同，在初级阶段，随着暴露次数增加，情感评价也上升，在一定的阶段之后，暴露次数的增

① NEWMAN B J, HARTMAN T K, TABER C S. Social Dominance and the Cultural Politics of Immigration [J]. Political Psychology, 2014, 35 (2): 165-186.

② BRADER T, VALENTINO N A, SUHAY E. What Triggers Public Opposition to Immigration? Anxiety, Group Cues, and Immigration Threat [J]. American Journal of Political Science, 2008, 52 (4): 959-978.

③ ALLPORT F H. Theories of Perception and the Concept of Structure: A Review and Critical Analysis with an Introduction to a Dynamic-Structural Theory of Behavior [J]. American Scientist, 1955, 33 (4): 255-256.

④ COX O C. Race Prejudice and Intolerance—a Distinction [J]. Social Forces, 1945, 24 (2): 216-219.

⑤ BORNSTEIN R F. Exposure and Affect: Overview and Meta-Analysis of Research, 1968—1987 [J]. Psychological Bulletin, 1990, 106 (2): 265-289.

加，反而导致情感评价下降，二者之间呈现倒 U 型关系。①

关于为什么刺激暴露和情感评价之间存在单调递增关系主要是由拮抗过程模型来解释的。② 而刺激暴露和情感评价之间的倒 U 型关系主要是由双因素模型来解释的，这一模型认为对刺激的正适应性（正向评价）和厌恶（负向评价）作为中介变量影响了刺激暴露对情感评价的作用。在最初阶段，刺激持续暴露使得主体熟悉性增加，危险性降低，对刺激感做出正向适应，从而做出正向情感评价，但过多的暴露会使主体厌倦，从而做出负向情感评价。③ 虽然双因素模型最初是用来解释不同阶段里刺激暴露和情感评价之间的关系，但我们认为可以将其拓展到不同的刺激和情感评价之间的关系，如果刺激带来的是威胁以及厌恶的情感，那么主体会做出负向的评价和态度，相反，如果刺激带来的是正适应性的体验以及熟悉性的增加，那么主体则会做出正向的评价和态度。

根据以上分析，我们认为外籍商人同中国居民的社会交往与威胁会产生完全不同的情感反应，而这种情感反应会导致对外籍商人的社会态度完全不同。据此，提出如下假设。

假设一：社会交往与感知的威胁会影响对外籍商人的社会态度。

假设二：社会交往与感知的威胁会产生不同的情感反应，嫌弃等负向的情感反应与对外籍商人的欢迎态度呈负相关；同情与赞美等正向情感反应与对外籍商人的欢迎态度呈正相关。

假设三：外籍商人对本地居民的威胁会倾向于导致嫌弃的情感反应，同外籍商人的接触与社会交往则倾向于产生同情和赞美等积极情感反应。

二、数据、变量与测量

（一）数据

本文的数据来自义乌居民对外国人态度的调查，该调查对在义乌居住 6 个月以上的民众采用配额抽样与立意抽样相结合的方法，并按照人口统计相关数据对性别、教育水平、年龄、宗教等进行一定比例的控制，最终发出 700 份问卷，收回有效问卷 686 份。

---

① NORDHIELM C L. The Influence of Level of Processing on Advertising Repetition Effects [J]. Journal of Consumer Research, 2002, 29: 371-382.

② HARRISON A A. Mere Exposure [J]. Advances in Experimental Social Psychology, 1977, 10: 39-83.

③ BERLYNE D E. Novelty, Complexity, and Hedonic Value [J]. Perception & Psychophysics, 1970, 8 (5): 279-286.

（二）变量介绍

表1　相关变量描述统计表

变量	均值	标准差	变量说明
因变量			
你对非洲人的到来的态度	2.25	0.861	1=非常不欢迎，2=不欢迎，3=一般，4=比较欢迎，5=非常欢迎
你对欧美人的到来的态度	2.62	0.834	
自变量			
社会交往水平变量			
你与非洲人接触的频率			1=从来没有、很少，2=有一些，3=频繁、非常频繁
你与欧美人接触的频率			1=从来没有、很少，2=有一些，3=频繁、非常频繁
整体上你与外国人接触的频率			1=从来没有、很少，2=有一些，3=频繁、非常频繁
威胁感知程度变量			
外国人到来导致本地物价上涨的影响	3.06	0.918	1=影响很大，2=有影响，3=一般，4=基本没影响，5=完全没影响
外国人的到来对你宗教信仰的影响	2.97	0.407	1=极大威胁，2=略微威胁，3=没有影响，4=略微有帮助，5=帮助很多
外国人的生活习惯对你日常生活的影响	3.45	0.876	1=影响很大，2=有影响，3=一般，4=基本没影响，5=完全没影响
外国人的到来对中国文化起到丰富作用还是破坏作用	6.28	1.869	最小值=1，最大值=10
外国人的到来对中国经济是贡献多还是索取更多	5.76	1.856	最小值=1，最大值=10
控制变量			
你的性别			1=男（50.52%），2=女（49.48%）
你出生的年份			最大值=2002，最小值=1967
你接受过多少年的教育			最大值=24，最小值=0

1. 因变量。本文的因变量是对外籍商人的态度，使用李克特量表来直接测量对非洲人和欧美人的态度，选项分别是"非常不欢迎""不欢迎""一般""比较欢迎""非常欢迎"，并按1~5分赋值。对外籍商人的整体态度则通过相

关外籍商人态度得分均值取得。

2. 自变量。社会交往：主要通过中国人与外国人的接触频率来测量，分为"从来没有""很少""有一些""频繁""非常频繁"五种类型。然后将 1 和 2 合并代表频率很少，4 和 5 合并代表频率很高，最终形成三种交往频率。感知到的威胁：主要询问对居民日常生活、物价、经济、宗教和文化等方面的负面影响，根据影响的大小赋分 1~5 或者 1~10。

3. 中介变量。问卷中有一组针对非洲人、欧美人以及全体外籍商人的情感态度变量，对其态度分别是"非常不同意""不同意""中立""同意""非常同意"，分别赋分 1~5。然后通过提取因子进行降维度处理，分别得到了对非洲人的赞美、嫌弃因子，对欧美人的赞美、嫌弃因子，以及对全体外籍商人的赞美、嫌弃因子。[①]

4. 控制变量。我们把性别、年龄、受教育年限作为控制变量。其中年龄和受教育年限为离散型尺度变量，性别作为二分类变量。

三、统计分析结果

（一）中外社会交往的总体描述

从总体上看，中外民间交往呈现较为活跃的状态。义乌本地居民同欧美籍客商、中东客商、非洲客商以及亚洲客商有着非常广泛的交往，且他们与外籍客商之间的交往频率比较频繁。与此同时，义乌本地居民对不同国家和地域的外籍客商也存在一定的差异，相对而言，对欧美人士的欢迎态度得分更高，对非洲客商的态度得分稍低一点。但总体上，义乌本地居民对外籍客商倾向于比较欢迎的社会态度。

（二）社会交往、感知的威胁与对外籍商人的社会态度

从对非洲人社会态度的模型 1a 来看，相比较那些从来不同非洲人交往的中国居民对非洲人的社会态度来说，与非洲人一般交往的中国居民对非洲人的社会态度得分要高 0.638 分，而那些经常同非洲人交往的中国居民，对非洲人的社会态度则要高 0.971 分，呈现了交往越频繁，对非洲人社会态度得分就越高的趋势。

模型 1b-1c 的结果显示，同非洲人的社会交往与对非洲人的嫌弃之间有着显著的相关关系，经常同非洲人交往，相比那些从不与非洲人交往的人，其对

---

① 基于文章篇幅的原因，有关非洲人、欧美人以及全体外国人赞美、嫌弃等因子的旋转矩阵等，没有在文中报告，有需要者请联系 xutao@ zjnu. edu. cn。

非洲人的嫌弃会减少；同非洲人的社会交往与对非洲人的赞美之间也有关联，那些经常同非洲人交往的人，相比较起那些从不与非洲人交往的人，其对非洲人的赞美会上升，但与非洲人一般交往的人则与从不交往的人之间没有任何差异。模型 1d 的结果显示，与非洲人的社会交往、对非洲人的嫌弃情绪以及对非洲人的赞美等显著地影响了对非洲人的社会态度：其中对非洲人的嫌弃情绪得分越高，对非洲人越不欢迎；对非洲人越是赞美，对非洲人越欢迎。与非洲的社会交往越频繁，则对非洲人态度得分越高，也越欢迎。模型 1e 的结果显示，中国居民越是感觉到非洲人在经济、文化和生活层面的威胁，他们就越是对非洲人持有不欢迎态度，但宗教层面的威胁则没有显示出对非洲人的态度的影响。

基于同样的思路，我们也建立了对欧美人社会态度模型，模型 2a 的结果表明，同欧美人的社会交往会与对欧美人的欢迎态度之间有紧密的联系。具体为，与欧美人一般交往的人比那些从来不交往的人对欧美人的社会态度得分高 0.595 分，而频繁接触的人比从来不接触的高 0.542 分。在社会威胁层面（模型 2d），经济和文化威胁与对欧美人的欢迎态度之间有显著的负相关关系，但宗教和日常生活的威胁对欧美人的社会态度没有显著影响。

从全体外国人的模型 3a-3c 的结果来看，与那些从不与外籍商人交往的中国人相比，经常与外籍商人有社会交往的中国居民表现出更欢迎的态度。但是，与一般频率交往者相比，频繁交往者的态度并没有显著差异。这说明社会交往确实对中国居民对外籍商人的态度有显著影响，但这种影响只在交往频率差异较大时才会明显体现。

从社会威胁层面来看（模型 4a-4c），经济以及文化层面的威胁是影响对外籍商人社会态度的最主要因素，经济和文化层面的威胁越大，则越容易导致中国居民对外籍商人持不欢迎态度。宗教和日常生活层面的威胁并不显著地影响对外籍商人的欢迎态度。

综合以上非洲人模型、欧美人模型和外国人全体模型的结果，我们可以发现，社会交往会显著的影响对外籍商人的社会态度，且频繁的社会交往会显著地提升对外籍商人的欢迎态度。与此同时，中国居民感受的来自经济和文化的威胁，将显著地降低对外籍商人的欢迎态度。以上这些结论共同印证了假设 1 的内容。

（三）嫌弃、赞美等情感作为社会交往对外籍商人社会态度的中介作用

模型 1d 的结果表明，对非洲人的嫌弃情感会降低对非洲人的欢迎态度，而对非洲人的同情则会显著增强对非洲人的欢迎态度。模型 1f 的结果显示，对非洲人的嫌弃主要来自中国居民感受到非洲人的社会威胁。而模型 1g 的结果告诉

我们，中国居民生活、文化层面的感受和其对非洲人的赞美之间没有任何关联，但社会交往依旧显著地影响了对非洲人的同情，然而只有频繁的接触和交往才会形成对非洲人的同情。

从非洲人模型 1h 的结果来看，对非洲人的嫌弃感以及感受到的威胁是导致中国居民对非洲人持不欢迎态度的最重要原因，而社会交往以及对非洲人的赞美则是影响对非洲人持欢迎态度的最重要因素。

综合来看，中国居民感受到的威胁对非洲人社会态度的影响是通过对非洲人的嫌弃感这个中介变量进行的，具体来说，非洲人对中国人经济层面的威胁部分通过了对非嫌弃态度影响了对非洲人的欢迎态度，非洲人对中国人生活层面的威胁完全通过对非嫌弃这一中介变量影响了对非洲人的欢迎态度；与非洲人的频繁交往易于形成对非洲人的同情，进而会增进对非洲人的欢迎态度，这意味着对非洲人的同情同样是社会交往对非洲人社会态度的中介变量。

为了分析对欧美人社会态度的中间过程，我们构建了中介模型 2a-2d。模型 2b 和 2c 的结果显示，同欧美人频繁交往的人比那些从来不与欧美人交往的人，对欧美人的赞美会多 0.202 个单位，与此同时对欧美人的嫌弃情绪也会下降 0.388 个单位。模型 2d 结果显示，生活中感受到的经济、文化层面的威胁显著地降低了对欧美人的欢迎态度；与欧美人的社会交往以及对欧美人的赞美显著地与对欧美人的欢迎态度有正向联系，而对欧美人的嫌弃则显著地与对欧美人的欢迎态度有负向联系。

综合这四个模型的结果，我们可以得到如下结论，同欧美人的社会交往部分通过对欧美人的赞美这个中介变量显著地影响了对欧美人的社会态度，而文化层面感受到的威胁则会形成对欧美人的嫌弃，从而降低了对欧美人的欢迎态度。

从全体外国人的模型来看，3a-3c 的结果显示，社会交往通过赞美这一中介变量对外籍商人的社会态度产生了正向的影响，频繁的社会交往更利于形成赞美的情感，而赞美的情感有利于形成对外籍商人的欢迎态度；模型 4a-4c 的结果显示，威胁通过形成负向的嫌弃性情感反应从而形成了对外籍商人的欢迎态度，威胁感越强，嫌弃感也越强，从而表现出对外籍商人的不欢迎态度。模型结果也显示，只要加强同外籍商人的频繁交往，不论外籍商人属于何种群体，均能增进对外籍商人的欢迎态度。这一结论与西方交往论揭示的结论完全一致，也验证了假设 2 和假设 3 的内容。

表 2　对非洲与欧美人士的社会态度中介模型

	对非态度 1a	对非嫌弃 1b	对非赞美 1c	对非态度 1d	对非态度 1e	对非嫌弃 1f	对非赞美 1g	对非 1h	对欧美态度 2a	对欧美赞美 2b	对欧美嫌弃 2c	对欧美态 2d
女生	0.173	-0.0505	-0.00866	0.174	0.168	-0.0589	-0.00795	0.135	0.0184	0.0334	0.0271	0.0144
年龄	-0.00354	0.00497	-0.00573	0.00716	-0.00679	0.00611	-0.00673*	-0.000779	0.024***	0.00148	-0.00364	0.0247***
教育年限	-0.0265	0.00269	-0.0212*	-0.0219	-0.0333	0.00332	-0.0193	-0.0322	0.0503***	0.00952	0.00147	0.0311
与非洲接触一般	0.638***	-0.212**	0.113	0.545***	0.556***	-0.187**	0.117	0.463**				
与非洲接触频繁	0.971***	-0.292**	0.374***	0.707**	0.842***	-0.225	0.386***	0.757**				
外国人对文化的威胁					-0.167***	0.0214	-0.00841	-0.144***			-0.000536	-0.215***
外国人对经济的负面影响					-0.178***	0.0545**	-0.00978	-0.202***			-0.00665	-0.115**
外国人对宗教的威胁					-0.0984	0.00259	-0.00931	-0.0716			-0.196	-0.110
外国人对生活的负面影响					-0.230**	0.124**	-0.111**	-0.154			-0.0258	-0.124
对非嫌弃				-0.559***				-0.601***				
对非同情				0.239**								
与欧美接触一般									0.595***	0.736	-0.0708	0.588***

续表

	对非态度 1a	对非嫌弃 1b	对非赞美 1c	对非态度 1d	对非态度 1e	对非嫌弃 1f	对非赞美 1g	对非 1h	对欧美态度 2a	对欧美赞美 2b	对欧美嫌弃 2c	对欧美态度 2d
与欧美接触频繁									0.542*	0.202*	-0.388**	0.386
对欧美赞美												0.548***
对欧美嫌弃												-0.222**
常数		-0.0693	0.357*			0.760*	0.0116			3.051***	0.842**	
N	621	584	570	548	604	576	562	573	618	585	562	545

注：1. 基于篇幅的限制，本表格中的标准差以及相关模型的 Cut 以及相关 R^2 和 adj-R^2 全部略去；2. $***$ $p<0.01$，$**$ $p<0.05$，$*$ $p<0.1$；3. 与非洲人从不接触为参照项，与欧美人从不接触为参照项。

表3 对全体外籍商人社会态度的中介模型

	对外籍商人态度 3a	赞美 3b	对外籍商人态度 3c	对外籍商人态度 4a	嫌弃 4b	对外籍商人态度 4c
女性	0.0960*	0.0269	0.0952*	0.0855	−0.0500	0.0679
年龄	0.00399	−0.00151	0.00513*	0.00371	0.00612	0.00535**
教育年限	0.00496	0.00290	0.00403	0.00225	0.00753	0.00392
接触一般	0.104	0.111*	0.0883	0.0982	−0.170*	0.0615
接触频繁	0.325***	0.208***	0.289***	0.250***	−0.342***	0.206***
外国人对文化的威胁				−0.0776***	0.0194	−0.0690***
外国人对经济的负面影响				−0.0506***	0.0515**	−0.0516***
外国人对宗教的威胁				−0.00654	0.00371	−0.0343
外国人对生活的负面影响				−0.0479	0.132***	−0.0189
同情			0.226***			
嫌弃						−0.189***
常数	3.040***	3.131***	2.299***	2.180***	0.763*	2.162***
N	612	584	576	596	575	566

注：1. 基于篇幅的限制，本表格中的标准差以及相关模型的 Cut 以及相关 R^2 和 adj-R^2 全部略去；2. ***$p < 0.01$，**$p < 0.05$，*$p < 0.1$；3. 从不接触为参照项。

四、结论与启示

（一）中国居民对外籍人士社会态度的生成机制

从总体上看，中外民间交往呈现较为活跃的状态，且义乌本地居民对外籍客商倾向于比较欢迎的社会态度。实证分析表明，中国居民和外籍商人之间的社会交往确实与对外籍商人的社会态度之间有正向的联系，进一步通过分析中间过程揭示了社会交往对外籍商人社会态度作用的两种相辅相成的主要机制：从正向来看，社会交往有利于形成对外籍商人的赞美（同情）等正向情感，进而增强了对外籍商人的欢迎态度；从负向来看，社会交往减缓了对外籍商人的嫌弃等负向情感，进而能够减缓对外籍商人的不欢迎态度。换句话讲，社会交往不仅有利于形成对外籍商人的正向情感反应，而且能够减缓对外籍商人的负向情感，故此，不论从哪个方向，社会交往与对外籍人士的欢迎态度之间有正向联系。

另外，本文也揭示了威胁影响对外籍商人态度的过程。研究发现，中国居民感知到的威胁会对外籍商人产生一种嫌弃的负向情感，这种负向的情感进而会降低对外籍商人的不欢迎态度。这表明，嫌弃的情感作为威胁对外籍商人态度的中介变量产生作用。但值得注意的是，不论是对来自相对欠发达的非洲国家人士还是对来自相对发达的欧美国家人士，只有经济和文化层面的威胁才会产生相对负向的情感反应，而宗教和日常生活的威胁几乎没有显示任何影响。

我们对这一结果并不意外，因为客观地讲，虽然外籍商人的进入在一定程度上改变了义乌本地的经济与社会环境，但宗教作为国家严厉管控的领域，一直受到严格的控制，故很有可能不论是欧美的宗教还是非洲的宗教均对本地宗教影响甚小，乃至微乎其微。民众感受不到宗教威胁，因此并不会对其态度产生影响。至于为什么外籍商人对民众的日常生活负面影响与对外籍商人的态度之间没有关联，也容易理解，因为义乌经商立市，外籍商人中绝大多数都是出于贸易的目的来华，整体上有利于义乌的经济，尽管外籍商人的到来也的确对本地居民生活产生一定的负面影响，但相比较起巨大的经济收益来说，可能不值一提。

然而更重要的可能还在于义乌社会的开放和包容心态以及交流互鉴的先进理念，在保守的计划经济时代，正是义乌政府和义乌社会的开放和大胆创新精神才创立了义乌小商品市场，改革开放后，义乌继续秉持开放和包容的心态，喜迎中外近 200 个国家和地区的宾客，并虚心学习和借鉴才成就了今天的世界小商品之都。也正是对不同种族、肤色、不同宗教群体的包容和开放心态，彼此之间互利互学，才建构了如今义乌的和谐发展，稳定繁荣的多种族、多族群关系格局。今天义乌的中外人士之间的社会交往实践已经证明了坚持平等、多元的交流互鉴的确是文明与社会发展的本质要求。

（二）"包容互鉴"理念的重大现实指导意义

习近平总书记在亚洲文明对话大会上指出的不同文明之间包容互鉴的理念不仅对国与国之间的关系有着重要的启示意义，也对多种族、多民族、多族群的社会各群体之间的关系处理有着重要的意义。

就国与国之间的关系来说，坚持包容心态和交流互鉴是十分重要的。首先，不同国家与文明之间没有优劣之分，只有特色之别。每一个国家有其自身的文化传统，有其独特的历史，也有其治理的独特经验，既不能因为独特性而否定共性，更不能因为共性而否定独特性。只有相互尊重，相互学习才能深刻理解不同文明的平等和多元。其次，要在不同文明之间求同存异。虽然不同文明之间有很大的差异，但人类处于同一个命运共同体，同时面临一些共同性的自然与社会治理难题，因此，在这些较大差异的价值观和文化理念中找寻共同兴趣点、共同的利益，共同的理念就尤为重要。只有秉持开放包容的心态，实现不同文明之间的交流与互鉴，才能寻找到共同点，才能超越文明的冲突实现文明共存。中国正在推进"一带一路"倡议和企业"走出去"战略，只要我们在实施过程中能够给对方国家带来实际的经济利益，实现互利共赢，不干涉他国的宗教与政治，就不会给对方带来实质性威胁，进而就不会受到排斥。与此同时，加强同"一带一路"国家民众的经济与社会交往，不仅会破除他们对我们的"想象"式偏见，还能够进一步增强他们对我们的理解，构建一种和谐的共生关系，进而推进"一带一路"倡议，构建人类命运共同体，实现全人类的互利互惠。就多种族、多民族社会来说，坚持包容心态和交流互鉴也十分有益。在一个多种族共处的社会里，应该通过各种方式加强各群体之间的经济、文化和社会交流，从而消除既有的误解与偏见，构建和谐的种族关系。

多元族群社会与互嵌型社会的构建

——以义乌的实证研究为例*

陈宇鹏**

一、问题的提出及理论视角

当前，全球化、工业化、城市化、信息化、市场化的历史潮流共同推动着人口进行着普遍的、跨国界、跨种族和跨民族的流动，城市居民的多民族构成已经是一种世界现象。① 义乌作为世界小商品之都，吸引着大量的外国客商，还吸引了一定数量的中国少数民族。目前，每年有来自世界 200 多个国家 40 多万人次的客商入境义乌，义乌每年常驻外商超过 2 万人。义乌是浙江省城市民族工作重点县市，截至 2017 年上半年，全市共有少数民族人口 13.34 万，涉及少数民族成分 53 个，其中外来流动少数民族人口达 12.65 万。② 人数较多的少数民族有苗族、布依族、土家族、回族、壮族、侗族、朝鲜族、彝族、维吾尔族和瑶族等。全球化背景下，义乌多元族群社会已经形成。义乌多元族群社会的主要特征是社会成员的异质性特征明显，并表现出族群类别多、族群差异大、族群依赖性强等特点。

社会结构指的是一个社会中社会成员的组成方式及其相互关系的稳定模式。这是由其基础性和限定性两大分析功能决定的。基础性强调的是社会结构对社会运行状态具有先决性的影响。社会结构失衡是造成众多社会问题、社会矛盾

* 本文原刊于《北方民族大学学报（哲学社会科学版）》2018 年第 6 期。本文系浙江省哲学社会科学规划课题重点项目（编号：18NDJC024Z）；浙江省社会科学界联合会研究课题"'一带一路'沿线国家来浙留学生跨文化融合机制研究"（编号：2018B26）的阶段性成果。

** 陈宇鹏：义乌工商职业技术学院国际教育学院院长，副教授。

① 来仪. 城市民族互嵌式社区建设研究 [J]. 学术界，2015（10）：33-42.

② 义乌市编印《少数民族流动人口实用手册》服务少数民族群众 [EB/OL]. 金华市人民政府，2017-09-30.

的基础性原因，而社会稳定和社会发展则源于社会结构的稳定、协调和整合。①从族群内部结构来看，在义乌的外国人和少数民族保留着原有的族群结构，族群结构相对完善和成熟。族群是一个以文化，尤其是精神文化为认同的人们共同体，维持这种共同体存在的主要是精神文化，其次是物质文化和制度文化。②全球化背景下人口迁移造成族群文化的变迁，族群文化的变迁和发展又对族群社会关系和族群社会结构产生影响。迪尔凯姆认为，有机团结是一种建立在社会成员异质性相互依赖基础上的社会联结纽带，其典型形式是现代工业社会和大都市。在这种社会里，由于存在发达的社会分工，每个人执行某种专门的职能，发挥着不同于他人的独特能力，这使社会成员不能相互取代，而只能相互依赖，并形成相互依赖感、团结感和自己与社会的联系感。③ 在义乌的经济贸易活动中，不同族群分工协作，相互依赖，互相嵌入经济贸易网络和社会关系网络。从社会结构的视角，互嵌是一种族际关系不隔离而又尚未融合的社会结构。④ 义乌互嵌型社会结构包括经济互嵌、居住互嵌、文化互嵌、心理互嵌等层面，义乌互嵌型社会的形成是在生成式互嵌和建构式互嵌的合力下完成的。

二、生成式互嵌方式与义乌多元族群社会的形成

经济互嵌是义乌互嵌型社会构建的基础。经济互嵌对居住互嵌产生影响。义乌建立在商业文化基础上的文化互嵌体现出灵活性、实用性和多样性特点，从而对多元族群的心理产生了不同的影响和效果。

（一）经济互嵌是义乌互嵌型社会的基础

义乌小商品市场起步于 20 世纪 80 年代，目前义乌已经成为国家国际贸易综合改革试点城市和"一带一路"倡议重要支点城市。随着市场的发展和扩大，义乌小商品市场每年吸引了大量的中外客商。义乌作为一个县级市，能够吸引大量的外国人和外地少数民族人口，主要是受到经济因素的影响，目前义乌市场外向度达到65%以上，义乌的贸易对象来自世界 200 多个国家和地区。而在

---

① 郑杭生，李路路. 社会结构与社会和谐［J］. 中国人民大学学报，2005（2）：2-8；李强. "丁字型"社会结构与"结构紧张"［J］. 社会学研究，2005（2）：55-73，243-244.

② 马强. 流动的精神社区：人类学视野下的广州穆斯林哲玛提研究［M］. 北京：中国社会科学出版社，2006：209.

③ 涂尔干. 社会分工论［M］. 渠东，译. 北京：生活·读书·新知三联书店，2000：73-83.

④ 严庆. "互嵌"的机理与路径［J］. 民族论坛，2015（11）：10-13.

义乌市出口前十国家名单中，中东地区国家占据了"半壁江山"。① 穆斯林是义乌市外国人中最大的群体，他们主要在义乌从事贸易活动。从 20 世纪 80 年代开始，外来穆斯林陆续进入义乌，他们的目的主要是来义乌的小商品市场进行商业贸易活动。随着义乌小商品市场逐渐发展成为现今的国际商贸城，大量穆斯林相继涌入义乌。迄今，在义乌长期居留的中外穆斯林已经超过 2 万人，其中 65% 是外国穆斯林，35% 是中国穆斯林。② 义乌的中国穆斯林主要以回族为主，也有少数的维吾尔族。回族是一个商业化和城市化程度都比较高的民族，商业性特征促进了这个民族的城市化进程和分布地域的广泛性。现有的义乌穆斯林群体主要集中在两大行业：贸易业和服务业。贸易行业以外贸公司为主，辅以工贸工厂、货代公司和商铺。服务业以餐饮业为主，还包括以语言和技能为主的培训业，以买卖电话卡为主的摊贩等。其中，绝大多数的外国穆斯林和大部分的中国穆斯林从事贸易行业，从事服务业者多为中国穆斯林。③ 中国穆斯林中还有一部分人从事翻译工作，因为他们熟练掌握阿拉伯语。在宁夏同心等地区，有一些阿拉伯语培训学校，当地回族掌握语言技能后便到义乌从事贸易或翻译工作。在义乌也有一定数量的朝鲜族人从事贸易、韩语翻译或餐饮行业。

可以说，义乌的多元族群互嵌始于族群间经济的互嵌，外国人和少数民族来到义乌从事商贸活动，首先要"嵌入"义乌的经济和贸易结构中，最早来到义乌的外国商人需要中国人做翻译，中国少数民族担任阿拉伯语、韩语等小语种的翻译。在此情况下，外国商人与中国少数民族之间形成了较为稳固的关系。外国商人的生意稳定以后，需要在义乌生活，也需要了解中国的国情和社会文化，在嵌入义乌的过程中，外国人进行了不断调适。义乌人也积极嵌入经济贸易之中，他们与外国商人做生意，租房给外国人，甚至与外国人成为合作伙伴。对外来的少数民族来说，他们也积极地嵌入经济贸易中，吸引他们到义乌来的最大因素是可以获得经济利益，他们利用语言的优势，在义乌从事贸易或者翻译工作，随着义乌国际贸易市场的扩大，也有一部分少数民族从事商业和贸易相关的工作。

---

① 不落幕的繁华：浙江义乌与中东的小商品"大经济"［EB/OL］. 中国新闻网，2016-01-18.

② 马艳. 一个信仰群体的移民实践：义乌穆斯林社会生活的民族志［M］. 北京：中央民族大学出版社，2012.

③ 马艳. 试析义乌穆斯林族群认同及其特点［J］. 中国穆斯林，2013（3）：16-20.

（二）居住互嵌是互嵌型社会的重要互嵌方式

居住互嵌直接体现了互嵌型社会的互嵌程度和水平。对居住在义乌的外国人和少数民族来说，其居住方式的选择、居住地的选择、与居住地居民的互动、社区的参与水平直接体现了多元族群社会互嵌型社会的互嵌程度和水平。族际居住格局指的是多民族社会中各民族在居住空间上的分布组合状况，通常可以从社区、地区以及国家三个层面予以衡量。在多民族国家中，族际居住格局备受人们关注，因为特定的族际居住格局既能反映族际关系的现状，也能形塑族际关系的未来。① 族群聚居容易造成族群的区隔和封闭，减少了与其他族群的交往和联系。以族群聚集为主要特征的族际居住格局失调体现的是居住空间上的族际区隔，而这种空间区隔又可能进一步造成以族群为边界的社会分割。在这种社会分割状态之下，少数族群与主流社会之间区隔极为明显：一方面，少数族群更加难以从主流社会中获取有价值的社会资源；另一方面，主流社会则更加容易形成对少数族群不利的整体氛围。② 这种区隔时间越久，越容易造成族群之间的冲突和对抗。2009 年广州的非洲籍人员围堵广州派出所事件，2012 年广州的非洲人堵塞广园西路示威事件，从某种角度来说就是由于族际之间长时间的区隔造成的。义乌市主城区面积为 110 平方公里，相对广州、北京和上海等大都市而言城市面积小，外国人和少数民族居住相对集中，他们喜欢选择义乌国际商贸城附近的社区居住，方便其做生意。义乌少数民族和外国人居住的特点是"大杂居、小聚居"，在主城区每个社区内都有少数民族和外国人居住，其中有 10 多个社区相对集中。例如，在义乌的"联合国社区"——鸡鸣山社区2017 年常住人口有 3512 人，外来人口 2.5 万人，有来自 21 个少数民族的 352人，有来自 56 个国家的 1115 个外国人。从族际居住格局来看，在义乌没有出现大量外国人或中国少数民族聚集在一个社区内的情况。

外国人和中国少数民族的社区参与也是衡量其社区嵌入的一个重要因素。在社区文化节、文化周活动现场，少不了外国人活跃的身影；春节、端午节、中秋节等传统节日里，外国人和当地居民一起做水饺、包粽子，外国人感受并融入中国文化；在"外国人大讲堂"上，外国人讲解外国文化习俗，圣诞联欢晚会让社区居民享受地地道道的"洋文化"。"邻居节""啤酒节""乘凉晚会""友好家庭"评选、趣味运动会、国际足球对抗……一系列活动使他们从家中走

---

① 郝亚明. 族际居住格局调整的西方实践和中国探索：兼论如何建立各民族相互嵌入式社区环境 [J]. 民族研究，2016 (1)：14-26，123-124.

② GALSTER G C. Residential Segregation and Interracial Economic Disparities：A Simultaneous-Equations Approach [J]. Journal of Urban Economics, 1987, 21 (1)：22-24.

出来，充当活动的主角，和谐的氛围融入了社区。目前，社区聘请一些外国人和少数民族担任社区的惠民议事会成员，社区有重大事项需要征询意见和讨论的时候，他们与本社区居民具有同等条件，拥有发言权。① 在鸡鸣山社区，符合条件的外国人和少数民族可以直接参与社区管理和民主决策。对在义乌的外国人和少数民族来说，嵌入生活的社区提高了他们自身的社会资本。从义乌社区层面来说，邀请外国人和少数民族居民参与社区管理和社区建设，促进了社区发展和社区建设。

（三）文化互嵌推动互嵌型社会的发展

马林诺夫斯基把文化变迁定义为文化发生改变的过程，是"现存的社会秩序，包括它的组织、信仰和知识，以及工具和消费者的目的，或多或少地发生改变的过程"②。由于文化变迁的可能性存在，在多元族群社会中，不同民族所开展的经济活动和社会交往活动，会不同程度地推动各自民族的文化变迁。这说明互嵌型社会生活形态会适度调适各族群的文化模式，也有能力整合不同族群的文化。在义乌的外国人和少数民族在各自保持民族文化的同时，其民族文化也在发生变化，同时，当地汉族的民族文化也会受到影响而发生变化。多种文化的互嵌说明，互嵌的主体具有多样性。互嵌的主体可以是中国少数民族与外国族群，可以是中国的少数民族之间，可以是中国汉族与外国族群，可以是中国汉族与中国少数民族，也可以是外国人不同族群之间。

语言互嵌是文化互嵌的一个重要方面。对国际贸易的从业者来说，语言是最为重要的，以回族为例，他们是最早来义乌的群体之一，凭借掌握的阿拉伯语技能，从事商贸活动。他们的语言翻译工作既嵌入了汉语和汉族文化之中，也嵌入了阿拉伯语和阿拉伯文化之中。他们不仅是国际贸易的实践者，也是文化传播的实践者，对中外文化的交流起到了重要的作用。对外国人来说，在义乌做生意，能够掌握和使用汉语也是十分必要的。在义乌工作和生活的外国商人大都会学习汉语，有些人在居住一段时间后可以流利地使用汉语。在义乌的中国人也在努力学习阿拉伯语、西班牙语、英语等，目的是能够与外国商人交流、在义乌可以看到各种语言培训学校和机构。语言互嵌是文化互嵌的开始，在义乌小商品市场上和大街上经常可以看到说着汉语的外国人和说着外语的中国人。他们不仅是贸易的实践者，还是跨文化交流的体验者、实践者和推动者。

---

① 义乌：让境外人员有第二故乡的感觉 [EB/OL]. 金华新闻网，2013-09-04.

② FERNANDEZ O. Towards a Scientific Theory of Culture：The Writings of Bronislaw Malinowski [M]. Manchester：Trafford Publishing，2012.

(四) 心理互嵌是互嵌型社会结构的心理影像

心理互嵌是互嵌型社会的心理影像。在民族关系或族际关系领域，互嵌实质上是一种关系，是指不同民族成员在心理、现实生活等层面相互交接、相互理解、相互认可的和谐关系，通俗地讲，就是不同民族成员和睦共处。[①] 心理互嵌的层次从低到高是心理接纳、心理认可、心理归属。心理接纳反映了多元族群社会中主流群体对边缘群体的普遍态度，映射多元族群社会的社区和社会环境互嵌的初级水平。心理认可则反映了多元族群社会中社会交往对象的交往情况和交往水平，映射多元族群社会的社区和社会环境互嵌的中级水平。心理归属则反映了多元族群社会中边缘群体对社区和社会环境的认同感和归属感，映射多元族群社会的社区和社会环境互嵌的高级水平。

义乌人有句谚语"客人是条龙，不来要受穷"。《义乌市志》主编吴潮海说："义乌对外来建设者的包容，是一种集体的自觉行为。"过去义乌地瘠人贫，义乌小商贩摇着拨浪鼓翻山越岭、走街串巷、进村入户"鸡毛换糖"，食无定时，居无定所，每到一地都要靠当地人的接纳和帮助。"天寒地冻、风雨交加时，当地人能为义乌小商贩提供锅灶头的一块小地方住一宿，也要感恩在心的。出门在外，每一点温暖都弥足珍贵。这一点，义乌商贩感同身受。"[②] 从心理接纳层面来说，义乌人对外国人、少数民族和外地人有一种发自真心的接纳和包容，更何况来到义乌的外国人和少数民族多数为商人，可以为他们带来经济利益。从心理认可层面来看，对在义乌的外国人和少数民族来说，他们对于义乌的心理认可整体上较好，主要是因为义乌市民对他们普遍包容和接纳。他们从事商业和贸易，工作和交往的对象主要就是各地的中国商人，他们与中国商人的关系相对紧密，可以发展成为合作者的关系，也可以发展成为朋友关系。最重要的是他们在获得了经济利益的同时，也得到了友情和社会支持，其社会关系网络也从血缘社会网络拓展到业缘和友缘的社会网络。从心理归属层面来看，外国人和少数民族散居在义乌的各个社区内，社区邀请他们参加各类社区活动，参与社区建设和社区治理，嵌入社区程度较高，从而使得他们具有较强的归属感。从社会环境来看，义乌市政府针对在义乌的外国人设立"商城友谊奖"，获奖者都是社会活动的积极参与者、倡议者和组织者。他们的成功事例会对在义乌的其他外国人和少数民族产生积极的心理影响。

---

① 严庆．"互嵌"的机理与路径 [J]．民族论坛，2015 (11)：10-13.
② 民谚"客人是条龙"的诗化解读 [EB/OL]．浙江在线，2010-03-05.

三、建构型互嵌方式与义乌多元族群社会的发展

生成式互嵌方式对义乌多元族群社会的形成发挥了主要作用。随着义乌市场的发展和多元族群社会的发展，义乌政府不断加强对多元族群社会的建设、规范和管理，从而构建更加规范、和谐和稳定的互嵌型多元族群社会。

（一）制定和出台有利于外国人和少数民族嵌入社会的政策和法规

义乌市坚持和深化"兴商建市"，围绕市场的建设和发展开展工作。面对外国人和少数民族，义乌市政府持接纳和包容的态度。义乌市称外来人口为外来建设者，称外国人为外国客商。围绕在义乌的外国人和少数民族民生问题和工作情况，义乌市政府出台了一系列有利于其融入义乌社会的法规、政策和制度。针对少数民族，义乌市编印了《少数民族流动人口实用手册》，包括居住证办理、招生政策咨询、营业执照办理、创业培训、社会保障、社会救助、法律援助等七方面的内容。从2013年起，义乌实行入户积分制度，包括少数民族在内的所有在义乌的外来人口，满80分可申请当地户口。针对外国人的政策、法规和制度有义乌市政府在公共场所和社区为外国人发放多种语言的《365便民服务手册》《外国人入境须知》《外国人温馨提醒》《在华出生外国婴儿须知》，内容涉及签证、家政、医疗、房屋租赁等。2015年出台《义乌市外国人商会组织备案试行办法》，规范和促进义乌外国人商会建设和发展。从2015年6月起，在义乌符合条件的外国人，便有机会申请到2年期外国人居留许可，为他们在中国的工作和生活提供了极大的便利。2016年义乌市完成城市国际化"十项举措"，主要包括涉外审批服务、引进海外高层次人才、便利外国人医疗服务、完善在义乌外国人子女入学政策、丰富在义乌外国人文化生活、组织外国人参与社会事务等方面。2017年，义乌市实施新版《外国人来华工作许可证》，提升义乌国际化人才工作水平。

（二）搭建有利于外国人和少数民族嵌入社会的平台

义乌市不断为外国人和少数民族搭建发展平台和服务平台。义乌市每年"两会"，都要邀请外国人和少数民族参会，现场聆听政府工作报告，第一时间了解义乌的经济社会发展大计，并邀请代表参与座谈，他们可以直接向义乌市政府领导建言献策。2013年义乌市同悦社会工作服务中心成立，实现社工、社会组织、社区"三社"联动，开展以政府购买服务为主的涉外服务和少数民族服务，打造国际性融合社区服务项目。同悦社会工作服务中心为社区外国人免费提供语言培训服务，帮助外国人解决生活、法律咨询、商务交流、社会参与

等方面的问题，促进中外居民间的交流互动，开展中外居民暑期夏令营、新疆维吾尔族汉语学习班等服务项目，服务中心还经常组织各类公益活动，吸引不同群体参与活动，积极营造多元文化氛围，向本地居民介绍外国人的文化和风俗习惯，向义乌外国人介绍中国的文化、习俗和法律，提高双方的跨文化交往能力。项目受到中外媒体和专家学者的关注。义乌市开创性地成立涉外纠纷人民调解委员会，开展"以外调外"的涉外纠纷调剂模式。调解委员会是由20个国家30名中外商人组成的"联合国涉外纠纷调解队伍"，成功调解上百起涉外纠纷，为中外商人挽回损失上千万元。

（三）营造有利于外国人和少数民族嵌入社会的社会环境

从2015年起，义乌已经连续开展多次"商城友谊奖"评选活动，参评人员条件是模范遵守中国法律法规，具有良好社会声誉，在义乌从事经济贸易活动，积极开拓国内外市场，为义乌市场繁荣做出突出贡献，积极推进义乌对外交往。2015年8月，第四届中非民间论坛在义乌举行。2016年4月，中非智库论坛在义乌举行。国际性会议在义乌的举办，提高了义乌的社会影响力和美誉度，吸引了更多的外国人关注义乌。同时义乌市也获得多项国际性、全国性的荣誉称号，为嵌入型社会的建设创造了有利的外部环境。2015年义乌荣获全国首批创建社会体系建设示范城市，2017年义乌荣获国家城市信用建设创新奖。2017年义乌入选"全球100韧性城市"，城市韧性包括满足基本需求、支持民生和就业、保障公共卫生服务等12个驱动因素。

综上所述，全球化背景下，义乌多元族群社会的形成有其特殊的经济背景和社会文化背景。义乌互嵌型社会结构是在生成式互嵌方式和建构式互嵌方式的双重作用下的结果。多元族群社会的建设和治理已经成为全球化背景下各个国家必须面对的问题和挑战，今后这种情况还会更加复杂多变。因此，地方政府要更加注重多元族群社会建设中的规范性、持续性和国际性问题。2014年5月中央召开第二次新疆工作座谈会，首次提出推动建立各民族相互嵌入式的社会结构和社区环境。同年9月，在中央民族工作会议上，习近平总书记再次强调，推动建立相互嵌入的社会结构和社区环境。义乌的互嵌型社会建设和多元族群城市治理，可以为其他城市提供理论视角和实践样本。

多中心治理视阈下商会参与地方治理研究

——以义乌异地商会为例*

陆聂海**

一、问题的提出

政府职能的不断转变以及市场经济的阶段性发展，使改革开放以来我国的国家和社会关系逐渐发生变化。作为一种市场性社会组织，商会的兴起象征着地方治理中"政府—社会—市场"新权力格局下治理新体系的形成。① 艾伦·罗森伯姆认为要想建立有效的地方治理体系，就必须重视提高市场和社会组织参与度，建设公私伙伴关系。② 可以说，探讨商会的地方治理意义，并不局限于揭示商会在权力新格局和治理新体系下的产生和发展过程，更关怀于大转型时代地方治理的民主化可能以及未来"政府—社会—市场"关系演进的新进路。

尽管商会参与地方治理研究具有重要的理论和实践意义，然而已有研究大多聚焦于从经济学角度研究商会的经济服务作用，或者从政治社会学角度探讨商会的社会治理功能，或者从统一战线角度关注商会的参政议政和政治安排，缺乏从治理理论角度出发对商会参与地方治理的综合性和学理性分析。在国家

---

　* 本文原刊于《浙江社会科学》2020 年第 3 期。

　** 陆聂海，浙江省社会主义学院副教授。

　① 对于商会有不同的界定，本文认为商会是在市场经济条件下依法成立，介于政府与企业之间，代表某一区域或行业的工商业利益，并为会员服务的经济性社会中介组织。本文的商会是一个大商会的概念，包括工商联及直属商会、行业协会（又称行业商会）、异地商会以及其他类型的商会。

　② 罗森伯姆，孙迎春．地方治理与民主现代化［J］．国家行政学院学报，2005（6）：90-92，96.

治理体系和治理能力现代化的大背景下，本文基于多中心治理理论①，以义乌异地商会为例，从政府、市场、社会三者的动态关系角度探索地方治理新体系以及商会的地方治理功能，并试图去回答以下问题：商会参与地方治理的内在机理是什么？商会如何通过多中心治理的方式拓展其参与地方治理的路径？针对商会参与地方治理的困境采取怎么样的优化策略？

二、商会参与地方治理的理论逻辑：政府职能转变和新治理体系形成

政府职能是政府在公共管理中对政治、经济和社会等事务所承担的职能。从权力角度讲，政府职能是公共权力的外在表现，而治理可以看作公共权力对政治、经济、社会等资源做价值性分配的过程。一个国家或地方的政府职能及治理模式和经济形态密切相关。就我国而言，新中国成立之初采取的"全能政府"模式是建立在统分统配的计划经济基础之上，政府凭借庞大的职能体系可以直接对资源进行配置，不需要市场等任何中间环节。计划经济时代的"全能政府"是一种行政单中心治理模式，它是以工业化为象征性起点，更多地体现组织科层化和专业化的工业性实质。②

市场经济发展之后，我们发现市场机制配置资源更加合理和高效，这是一种间接性配置，主要工作由市场机制承担，政府负责监管和规制。从计划经济到市场经济意味着政府不再需要那么庞大的职能体系，而是应该把部分职能让渡给市场和社会。同时，随着市场经济的发展和社会的变迁，行政单中心治理模式由于缺乏有效监督以及僵化的组织形态无法应对日渐增多的治理问题。市场主体和社会主体的成长使权力关系发生了改变，产生了强制性制度变迁，打破了原来的治理均衡，促使多中心治理模式下的新治理体系的产生。按照埃莉诺·奥斯特罗姆的观点：所有的组织安排都有它的优势、弱势和不足。③ 官僚制治理、市场式治理、自主治理等各有其利弊。在新治理模式下，政府可以进行多重组织的安排，采取一种或多种方式进行治理，能够更有效、更充分提供公共服务。新治理体系的意义在于通过市场组织和社会组织作为治理主体在权力

---

① 一般认为，最早提出"多中心"概念的是朝圣山学社的波兰尼，奥斯特罗姆夫妇的多中心理论在波兰尼的基础上又有所发挥，实际包含了多中心理论和自主治理理论两种理论。

② 陆聂海. 复合型治理和政府治理现代化：一个官僚制的分析视角［J］. 行政论坛，2017，24（3）：75-79.

③ 奥斯特罗姆. 公共事物的治理之道：集体行动制度的演进［M］. 余逊达，陈旭东，译. 上海：上海译文出版社，2012：31.

结构和权力生产、分配过程中的作用，改变了过去完全垂直线性权力路径。当然，政府仍然是权力的核心，并对治理过程负最终责任，其不仅为新治理体系的形成提供法律和政策条件，同时对其他治理主体逐步放权和赋能，并在有效监管下促使其做出维护公共利益的行为选择。

在新治理体系中，社会组织是政府和市场以外的新治理主体。作为最重要、数量众多、发展最为充分的社会组织，商会是由企业家（商人）在相关政府政策指导下建立，具有政府和市场的双重要求。一方面，商会是市场经济体系中必不可少的基本要素，由于商会的存在，经济系统对于各种资源的分配变得更加合理。另一方面，商会也在承接政府转移出去的部分职能，并和政府在正向博弈中形成一定制度均衡，这种均衡反过来又强化了商会和经济组织及政府组织的合作，为三者带来共同利益，促进治理新体系的形成并使之趋于稳定，继而提高治理的整体绩效。

地方治理是治理的地方应用，具备治理的基本要素和功能结构。地方治理是在一个地方区域内，对地方社会、政治、经济等事务的公共治理。商会作为市场性社会组织参与地方治理，所要克服的是公共事务单纯由政府或是市场提供的"单中心"模式，既能避免完全依靠政府出现组织僵化且低效的政府失灵，也可以避免完全依赖市场出现的市场失效问题，因为单纯依靠市场式治理解决公益物品的配置并不能很好地实现，市场逻辑更倾向于应用在私益物品领域。由于地方治理仍然由政府主导，商会的地方治理功能体现为参与性和辅助性，两者在地位上并不对等。在此意义上，我们把商会的治理主体性质定性为参与型治理主体，其参与地方治理的前提是政府权力的有限让渡和主动合作，其过程是被动性调适合作的过程。

三、商会参与地方治理的多元路径

由于地方治理主要涉及地方政治、经济、社会事务的治理，商会参与地方治理的路径主要体现为经济服务、政治参与和社会治理，这对应了商会组织经济性、统战性、社会性（民间性）三种性质。

（一）经济服务

商会在地方治理中的重要职能是经济服务，首先体现为企业服务。商会是为了实现特定的经济目的，由企业根据一定的集体契约而成立，由于会员企业是参与市场竞争的自负盈亏的经济性经营主体，作为企业集体性组织的商会在逻辑上要为会员企业减少资源配置成本和交易成本，组织企业开展集体行动，如组织培训帮助企业加强经营管理，组织展销帮助企业拓展产品销路，等等。由于商会与会员企业的密切关系，使其比政府更清楚企业的真实需求，能够在弥补政府缺位的基础上提供一定的市场性公共服务，这些服务涉及企业所需的信息、技术、用工、资金、法律等各层面。商会的经济服务还体现为行业服务和地方经济发展服务。在市场竞争中，有些企业为了私利可能会采取低价倾销、以次充好、生产假冒伪劣产品等恶意手段。如果不加以规范，这种"搭便车"行为不仅会使整个行业或产业集群的声誉受损，甚至会产生柠檬市场风险，引发行业危机。对此，商会可以协调企业纠纷，建立诚信档案，制定行业自律公约，对会员企业的无序竞争进行规范，防止由于抑制创新、恶意竞争导致的行业整体性衰败。从更高层面讲，商会之间可以联合起来参与制定行业标准和行业发展规划，甚至就行业政策制定提出建议，从而促进地方行业良性发展，提高地方整体的经济发展水平。

（二）政治参与

随着民营经济的快速发展，如何吸收民营成分进入社会主义经济体系，甚至国家治理体系成为一个新的重大政治经济问题。在我国所有商会中，工商联所属商会数量最多且地位最为重要，除了镇街商会等基层商会，绝大部分异地商会也归属工商联领导，而在行业协会与行政机关全面脱钩后，很多行业协会也归口到工商联所属商会系统之中。当前工商联所属商会系统形成了严密的四级组织体系：全国工商联、省级工商联、市级工商联、县级工商联。通过工商联及商会的统战性，党和政府可以对民营经济进行政治吸纳，对民营企业家给予政治安排，对其进行政治引导，鼓励其参政议政。

商会的政治参与还体现为商会通过政治协商等方式进行政策参与。商会代表会员企业和行业的整体性利益，是企业的联合性组织，商会的政策参与功能体现在表达企业的整体性利益诉求，通过一定的渠道影响政府决策。目前，商会参与公共政策主要通过政治协商和政治沟通进行。一是通过建制性的政治协商。由于工商联的特殊性和重要性，在社会主义协商民主中，工商联不仅是政协的主界别之一参与政协协商，也作为政党协商主体参与政党协商。二是通过政策性的政治沟通。很多地方都建立了政府负责人与商会人士沟通机制、商会代表列席人大和政协制度，定期举办专题性协商会，这在一定程度上促进了商会、民营企业和党委、政府的互动，拓展了商会政策参与渠道。

（三）社会治理

商会在社会治理中的功能主要体现在社会管理和社会自治两方面。一方面，商会可以协助政府加强社会管理。社会管理是政府的职责，是对超出社会自治能力范围的社会事务，如社会群体性事件、族群冲突、公共卫生、环境污染、劳资矛盾、重大安全事务、流动人口管理等进行管控的过程。政府在社会管理中的主导性使其能够主动寻求商会的帮助和合作，其目的是更有效、更快捷地处理这些社会事务。商会则充当了政府社会管理的助手，通过承接政府职能、服从政府安排、购买公共服务等途径起到政府的补充和协同作用，期间所需的经费或资源对政府具有高度依赖性。

另一方面，商会可以深度参与社会自治。改革开放以来，社会领域的分化和社会公共空间的拓展使得很多社会组织快速发展，这些组织涉及经济、文化、环保、教育等诸多领域，并初步形成体系。① 与政府组织、市场组织的治理逻辑不同，社会组织更强调通过"自组织"的自主治理逻辑来处理内部事务。当前在政社分开、权责明确、依法自治的社会治理目标下，作为经济性社会自组织的商会要深度参与社会自治，如制定自律规范、构建社会信用体系，尤其要在一些"公共池塘资源"问题上组织企业进行自主治理，防止"公地灾难""囚徒困境"等集体非理性行为的出现。

四、商会参与地方治理的探索实践：以义乌异地商会为例

如前所述，在政府职能转变和市场经济发展中，商会得以成立和发展。商会参与地方治理的路径反映了治理体系与制度变迁的均衡演进过程。义乌异地商会的实践验证了商会作为参与性治理主体参与地方治理的理论逻辑，具有极强的典范意义。②

（一）义乌异地商会的产生和发展

义乌异地商会的产生首先要溯源到义乌小商品市场的发展。改革开放之初，很多"义乌货郎"在一些"马路市场"开始自发摆地摊，通过"鸡毛换糖"的方式将获得的小商品进行交易，但当时政府并不鼓励，甚至把其作为"投机倒把"行为进行管控。随着小商品经济的发展，当地老百姓表现出发展小商品市场的强烈要求和愿望。1982 年，义乌县委县政府经研究和讨论后决定顺应民意，开放并扶持小商品市场的发展，不仅允许农民经商，而且支持长途贩运，鼓励多渠道竞争。这一决定比中共十二届三中全会《中共中央关于经济体制改革的

---

① 俞可平. 敬畏民意：中国的民主治理与政治改革［M］. 北京：中央编译出版社，2012：210.

② 义乌异地商会是指在义乌市合法成立的带有异地区域名称特征的民间商会，其会员都来自同一原籍地的企业或个体经营者。

决定》发布早了两年多。① 1984 年，义乌明确提出"兴商建县"，把小商品市场作为经济发展的重要动力。1988 年，义乌撤县建市并开始向商贸型的城市经济转型。在 1992 年中共十四大提出"建立社会主义市场经济体制"之后，义乌更加注重地方政府在市场发展中的引导和规范作用并于 1993 年实行"管办分离"，即政府在退出市场主体角色的同时坚持控制市场摊位、土地使用权等基础性资源。2003 年，义乌市政府工作报告第一次提出建设"服务型政府"，明确政府要为小商品市场发展和建设国际性商贸城市服务。

从以上历史脉络可知，义乌小商品市场的产生不仅是民间生发的商业行为，也是顶层设计的政府行为。从义乌市场的发展来看，更是和政府职能转变过程紧密联系在一起的，即从早期对市场行为严格管治的管理型政府转变为放权并扶持市场发展的服务型政府。正是在政府的引导和推动之下，义乌小商品市场从无到有，由弱变强，现已成为世界最大的消费品市场和"全球超市"。大致而言，义乌异地商会的产生和发展过程与市场发展和政府职能转变是同步的。小商品市场建成后，由于市场开放性高，创业门槛低，物流方便、信息流畅，吸引了众多外地商人进入义乌创业，特别是第二代小商品市场建成后，本省，乃至全国各地客商更是蜂拥而至。在此背景下，以乡情、友情、亲情为纽带的异地商会应运而生，并随着市场的发展其规模逐渐壮大。截至 2019 年 12 月，义乌异地商会共有 75 家，已成为全国异地商会数量最多、地域最广的县级市。② 为了使这些带有自发性的异地商会合法化并促使其健康发展，义乌在国内首开先河，在县级层面最早设立异地商会试点并使之归口于工商联领导，同时出台《异地商会工作职责》《异地商会管理办法》，通过制度来对异地商会进行有效管理。

多中心治理是一种公共选择制度主义理论，它超越了集体行动的奥尔森模型。该理论认为制度是理性的人经过公共选择的结果，社会主义基本经济制度的调整为商会的产生奠定了制度基础，但集体行动逻辑的存在意味着良好的制度基础并不一定会产生良好的组织。义乌市场经济虽然发展了，政府客观上也需要商会组织的产生，但如果商人习惯于原有的制度运作，没有强烈的动机去追求更好的规则，商会组织同样不会产生。义乌商会的大量涌现，实际上是人们理性选择制度的结果。理性的商人非常乐意归属于商会组织，甚至愿意放弃

① 陆立军. "中国小商品城"的崛起与农村市场经济发展的"义乌模式"[J]. 经济社会体制比较, 1999 (1): 71-79.
② 相关数据来自义乌工商联。

一定范围的行动自由，主要是为了从其制度成员的身份上获利而愿意遵循规则。从政府和市场关系变化的角度，我们也可以清晰地看到义乌异地商会产生和发展的路径。一方面，市场经济发展中，义乌商人作为一个具有成长型利益的新社会群体，客观上需要一个组织对其进行整体性利益表达并开展集体行动。义乌异地商会就是基于上述动机成立，旨在克服激烈的市场竞争环境下商人单独行动产生的负效应。另一方面，义乌异地商会产生于政府职能转变和公共权力主体自上而下的强制性改革。政府在职能转变中有选择有控制地对异地商会进行赋权并扶持其发展，同时又加强监管使其能够有序政治参与，从而把其利益诉求和群体组织纳入有序的地方治理体系之中，并避免了非理性参与对地方治理新体系的冲击。

（二）义乌异地商会参与地方治理的绩效

凭借着上述政府途径和市场路径的有效结合，义乌异地商会成功嵌入地方新治理体系之中并表现出良好的治理绩效，主要体现在以下三方面。

1. 发挥经济服务作用，加强区域经济合作，促进企业发展和市场繁荣

一是以籍贯地为区域对同籍商人进行组织化整合，发挥协调作用，实现会员企业之间信息、技术、资金等资源要素的合理配置和优化组合，降低交易成本。当前，很多义乌异地商会的一个重要功能就是把分散的外来资金聚集起来形成规模效应，为会员企业提供担保及融资服务，解决"融资难、融资贵"问题。以在义乌市场中占有相当份额的温商为例，近几年在民营经济遇到新情况的背景下，资金和资金链问题成为企业发展的最大瓶颈。为了缓解这一问题，义乌温州商会通过合理化运作，试图将庞大但分散的温州资本聚集起来，形成资金所有者联盟并进行拆借，同时和一些银行合作，由商会出面争取一定的授信额度给予低息贷款，帮助企业度过危机。二是发挥桥梁纽带作用，促进区域经济合作，实现两地双赢。一方面，向原籍地宣传义乌，吸引当地企业来义乌投资创业，促进义乌市场繁荣。可以说，每年义乌义博会、文博会、旅博会、森博会等国家级展会的成功举办，离不开异地商会的积极宣传和大力支持。另一方面，利用义乌的贸易窗口优势和商会的渠道、资源优势，鼓励并扶持会员企业回乡创业投资，促进当地经济发展。如义乌市台州商会在台州椒江区成立"义乌市台州商会回归创业园"。义乌丽水商会发起"义乌丽商回归工程"，引导义乌丽水籍企业家回家乡投资创业，引导在义乌商人参加丽水生态经济博览会。

2. 履行社会责任，化解社会矛盾，协同参与社会治理

随着义乌小商品经济的发展和利益格局的分化，企业和行政部门、企业主

与劳动者、商家与商家、商家与消费者之间的矛盾也相应增多，成为义乌社会治理的重点和难点。为了更好解决这些矛盾，在司法、行政等相关部门的支持下，由工商联牵头，义乌在大部分异地商会中建立了人民调解委员会组织并制定相关制度。① 广大异地商会积极发挥"仲裁者"和"维权者"作用，利用自身的渠道和经验优势进行调解和维权，使大量社会矛盾在商会层面得以解决，促进了社会稳定，降低了行政成本和执法成本。此外，异地商会还扮演"协同者"的助手角色，协助政府进行社会管理。如新冠疫情期间，安徽、青田、路桥等众多异地商会纷纷成立应急小组，通过商会的引导、规范、自律作用的发挥，协助政府进行疫情防控。义乌潮汕商会更是在暂停相关航线运营的情况下，首次实现由商会包机返岗，以此助力义乌市场及企业复工复产。最后，异地商会还积极履行社会责任，开展社会服务，经常组织会员向弱势群体、落后地区进行慈善募捐，为建设新农村、助学助教等公益活动出钱出力，以此积极回报社会、支持地方发展。如义乌泉州商会专门设立社会服务部，成立志愿者服务队，深度参与西部扶贫工作，通过结对帮扶等形式捐助当地贫困大学生，凭借商会力量帮助困难群众脱贫。

3. 拓宽政治参与渠道，积极参政议政，助推新型政商关系建设

在义乌，外地商人占了大多数并已渗透到各行各业，不少已经在义乌安家落户，成为"新义乌人"。随着经济实力的增强，他们逐渐产生了政治参与的愿望和诉求。作为政商沟通的桥梁和纽带，义乌异地商会回应了这种诉求，积极组织和引导会员企业家参政议政。一方面，通过参加恳谈会、通报会、联谊会、座谈会等协商民主会的形式进行。在这种形式中，商会代表可以直接面对政府有关部门负责人，就企业和市场发展、产业规划、社会民生等各种问题提出政策建议，以此赢得更多"发声"机会，影响相关决策。另一方面，异地商会会长按规定参加政协开幕式并作为列席代表提交议案，少数异地商会人士则可以凭借正式代表或委员身份参加人大和政协会议。在这种途径中，异地商会代表可以采取调研、协商、监督等方式，通过提交正式提案、报送调研报告、撰写社情民意信息等形式进行参政议政，所提建议大多得到市委、市政府的重视和采纳，并得到有关部门的办理反馈。不仅如此，义乌异地商会还注重加强党的建设，实现党的组织和党的工作全覆盖，通过党员和党组织的活动来提高异地商会的政治地位，同时还发挥党员的带头作用和先锋模范作用，通过"清廉民

---

① 万润龙，尚启庄. 探索商会调解的"义乌经验"［N］. 中华工商时报，2013-03-28（7）.

企"工作净化民企政治生态，助推新型政商关系建设。

（三）义乌异地商会参与地方治理的困境

义乌异地商会独创了政商联结模式，能够协调并利用来自政府、市场、社会三方面的资源，在地方治理发挥了较大作用。但同样有不少问题，这些问题总体上可以归结于内部困境和外部困境两方面。

1. 内部困境：自主治理不佳影响商会地方治理功能的开发

多中心治理的重要内容是自主治理。义乌异地商会尽管实现了一定程度的自主治理，但似乎更倾向于精英治理。义乌各异地商会之间差异巨大，各自发展具有极大不平衡性，商会实力高低往往和正副会长、秘书长等精英人物的经济实力和资源汲取能力成正比。精英人物往往主导商会事务，商会问题的解决并不依靠一般会员，而是以商会精英的社会资本和资源动员来解决困境。自主治理和精英治理的关系涉及精英民主和大众民主的关系，实质是商会利益代表性问题。从利益关系的角度讲，商会汇聚会员利益，应具有充分的代表性，理应相对公平提供服务，这是实现商会自主治理的重要因素。但实际上，很多异地商会变成了商会骨干和大企业家的俱乐部组织（代表商会和政府沟通的也往往是这些人），不注重基层会员的意见和诉求。在服务会员企业过程中，很多商会更倾向于大企业和实力派的利益，小微企业（商户）会员的利益往往被忽视，除了缴纳会费，其余的事务似乎与他们关系不大。

另一方面，实现自主治理的关键是组织的自治程度和治理能力。但总体而言，义乌异地商会自治程度不高，作为社会组织的建设较为滞后。当前少数异地商会还没有在民政部登记注册，财政不透明，没有商会章程，没有建立起科学规范、权责明确的社会法人治理结构。在商会运行上，有些异地商会成立时轰轰烈烈，之后由于运作消极变得冷清。有些异地商会缺乏办公场地和经费，缺少为会员服务的平台和手段，甚至不召开会员大会，由于没有相应的退出机制处于名存实亡的状态。除了自治程度，一些异地商会的治理能力也有待提高。有些异地商会没有专门的管理人才，如专职秘书长，而会长等骨干成员平时又忙于企业，使得商会长期不开展活动。有些异地商会班子成员个性较强，彼此合作共事不够，没有形成领导合力和集体凝聚力，最终导致相互扯皮和管理不力。有些异地商会队伍结构老化，知识结构陈旧，习惯运用传统思维来开展商会工作，缺乏创新思维和创新意识，不能适应互联网时代到来。

2. 外部困境：参与型治理主体的定位使其有时不能实现公益最大化目标

近年来，我国地方治理中越来越多地运用多中心治理理论，在局部环境治理、城市社区治理等方面效果较为明显，但有些方面并没有取得满意的效果。

这些问题的根源主要在于多中心治理理论的适用性问题。在政府主导的地方治理中，多中心往往是一个变形的多中心，政府是地方治理的核心主体，而商会是地方治理的参与型主体。由于政府具有公益性，基于权力科层制的逻辑而运行，而企业则具有私益性，基于资本和交易的逻辑运行。作为政企之间的商会如果自我角色定位不清晰，找不到政府和企业的最佳平衡点，就会影响治理功能的发挥。

不同于改制前的行业协会，作为市场性社会组织的义乌异地商会更多是民间自发生成的，非政府色彩更为明显。有些异地商会成立之初就具有明显的短期利益指向，就是以集体的力量向政府争取摊位、土地等各种资源，然后在内部进行分配。这种原发性利益动机一直影响这些异地商会后来的发展，如有的商会会长需要通过暗地里竞价来获得，有的商会以"捐赠"金额或会费缴纳金额来排会员位次，有的商会领导职务长期由一个人把持，有的商会派系斗争激烈。这些利益驱动使得一些异地商会缺乏政府治理主体的公共性和责任性，其参与地方治理的逻辑更适用于经济性的成本和收益原则。当公共利益和企业利益冲突时，一些异地商会有时会联合企业和政府进行博弈，在缺乏有效监管的情况下，甚至会做出有损公共利益的行为，导致公共利益最大化的治理目标不能实现。

五、结论与讨论

在浙江民营经济版图中，温州和义乌具有特别重要的标杆性地位。但在发生学意义上，两者的民营经济模式并不一致。温州模式是温商走出温州创造温州人经济，义乌模式是吸引各地商人来义乌创业兴市，由此产生了两类截然不同的异地商会类型。当前学界对温州异地商会的研究已非常之多并已形成很多成果，但对于义乌异地商会的研究却非常罕见。本文认为和温州异地商会一样，义乌异地商会的研究同样具有重要意义。在实践意义上，本文的贡献在于从政府、市场、社会三者的关系维度考察义乌异地商会的产生和发展，从地方治理新体系角度考察义乌异地商会参与地方治理的内在机理，从经济服务、政治参与、社会治理三个层面考察义乌异地商会参与地方治理的路径和治理绩效。在理论意义上，本文的贡献在于创新性地运用了多中心治理理论，注意到了多中心治理的适应性问题，提出了"变形的多中心"观点和"参与型治理主体"的概念，拓宽了商会研究和治理研究的理论视野。

基于上述分析，本文认为义乌异地商会的经验不仅局限于义乌当地，它对于推进中国商会改革，加强社会组织建设，促进国家治理体系和治理能力现代化都具有重要意义。在新形势下，我国地方治理和商会发展都面临着新的环境和新的挑战。商会要在共建共治共享的地方治理新格局中发挥更加有效的作用，必须从以下方面进行优化和提升。

第一，找准政企间定位，实现政府和商会脱钩。商会是政府与企业的纽带，如果一个商会组织偏重于市场的属性，那么它有可能具有更多的私益性，如果偏重于政府代理人属性，它则接近于"二政府"。商会在地方治理中发挥什么样的作用，很大程度上取决于宏观体制环境，取决于政府对商会的态度，更取决于商会在政府和企业间的定位。由于政府干预市场的传统偏好，导致很多商会找不到政企间的合适定位，对政府依赖性过强，这需要政府和商会的脱钩。商会和政府的脱钩旨在实现五大分离：机构分离、职能分离、资产财务分离、人员管理分离、党建及外事分离。目前，脱钩的任务还是非常艰巨的，为此要加大政府脱钩步伐和力度，捉高商会组织的独立性和主体性，摆脱商会对政府的资源依赖。

第二，加快政府职能转变，推动商会承接政府职能。政府职能转变的核心是确定和处理好政府与市场、社会的边界和关系。要在"放管服"改革中进一步简政放权，推动行政审批改革，建立有限政府，将不该由政府承担的职能交给市场组织和社会组织。政府要推动商会承接政府职能，厘清政府向商会进行职能转移的具体事项和清单，对转移事项和保留事项都要进行科学评估，在制度上对政府通过财政购买的商会服务进行明确。商会则要创造条件来承接政府职能，在承接过程中做好相应的成本核算，对公共性弱的职能，履行成本大部分应由商会自筹；对公共性较强的职能，商会小部分承担履行成本；对公共性中等的职能，商会应与政府共同承担履行成本。①

第三，加强商会作为社会组织的建设，实现自主治理。商会是极为重要的市场性社会组织，其发展关系我国社会组织建设大局。只有在地位上自立，在组织上自主，商会才能真正参与地方治理。建议建立健全由会员大会、理事会、监事会等组成的法人治理结构，确保商会的独立法人地位，为商会开展活动提供法律和政策保障。推进商会登记制度的变革，褪去"二政府"的外衣，在依法自治基础上探索合规性监管模式。加强商会的章程建设和内部管理制度建设，尤其要按照社会法人的要求规范商会财务工作，会费的收取、使用、资产处置等应符合国家有关规定和商会章程程序，防止从事（或变相从事）营利性经营

---

① 杨卫敏.关于商会承接政府部分职能转移的探索与思考：以浙江省商会为例［J］.湖南省社会主义学院学报，2015，16（4）：47-51.

活动。

第四，发挥协商民主作用，强化政策参与功能。在地方治理中，协商民主是一种重要的治理方式，要发挥好商会在协商民主中的作用。一是组织开展企业协商。建立企业内部协商制度和会员企业间协商制度。以此汇聚企业的利益诉求和政策需要。二是组织政企协商。定期组织和策划专题性政企协商座谈会，企业可以把企业发展中存在的困难和问题直接向主管部门反馈，打通企业和党委政府之间的互动通道。三是开展政商协商（政府相关部门和商会的协商）。通过这一协商形式和过程，商会将形成的会员企业的集体意志和整体诉求纳入政府政策，形成商会、民营企业参与政府涉商公共决策的协商民主机制。

非政府组织对于外商在华跨文化
适应策略选择的影响

——以义乌外国商会为例*

崔 璨**

摘要：中国快速的经济发展大大增加了中外交流的频率与深度。虽然中国一直都不是一个移民国家，但是改革开放后的几十年里，越来越多的外国人来到中国生活、工作、学习、定居。巨大的中外文化差异是否给他们在中国的跨文化适应造成困难？如果有困难，他们应该向谁寻求帮助呢？中国政府、外国政府还是非政府组织？为了试图解答这些问题，笔者从非政府组织对跨文化社会适应的影响角度出发，选择了义乌作为调研样本。作为全世界最大的小商品市场，义乌每天都有大量的外商进出，有些甚至已定居多年，并建立了自己的商会。通过笔者多次实地调研，发现这些外国商会，虽然大多数仍然没有得到中国法律的认可，却在义乌外商跨文化社会适应过程中起着非常重要的作用。外国商会不仅可以全方位地帮助刚刚来到义乌的外商们，也给那些在义乌已经扎下根的外商们提供了无法替代的心理满足。

关键词：非政府组织；义乌；外国商会；跨文化社会适应；外商

一、文献综述

一般认为现代意义上的非政府组织出现于第二次世界大战前后。① "非政府组织"，即 NGO（Non-Governmental Organization）这个称谓最早是在 1945 年 6 月签订的《联合国宪章》第 71 款中正式加以使用的。这个概念当时用来特指一种非官方的，并且不以营利为目的的社会组织。②

＊ 本文原刊于《温州大学学报（社会科学版）》2021 年第 3 期。

＊＊ 崔璨，国际关系学院外语学院副教授。

① CLARKE G. Non-Governmental Organizations（NGOs）and Politics in the Developing World [J]. Political Studies, 1998, 46（1）：36.

② 车峰 . 我国公共服务领域政府与 NGO 合作机制研究 [D]. 北京：中央民族大学, 2012.

随着非政府组织的快速发展，不同国家的相关称谓五花八门，如英国的"慈善组织"，欧洲国家的"免税组织"，美国的"私人志愿者组织"，相关界定也见仁见智，光定义就有一百多种。① 但是不管定义如何，有几个基本要素得到了学术界一致的认可。首先，这个群体的性质必须是组织；其次，该组织必须独立于官方部门；再次，组织内部并不追求利益并不对其进行划分；最后，该组织的建立以及运行必须完全采取自愿原则。② 目前对于非政府组织的分类，国外主要有三种：联合国第 1296 号决议产生的国际标准产业分类系统，简称"ISIC 体系"；世界银行的两大分类（operational NGO 和 advocacy NGO）以及美国 John Hopkins 大学非政府组织设计的 ICNPO 体系。③

在中国，直到 1995 年，随着第四届世界妇女大会的召开，中国人民才第一次接触到非政府组织这一概念。同一年，世界妇女 NGO 论坛的召开意味着非政府组织第一次出现在中国。④ 之后，中国的社会组织的发展取得了巨大的进展。根据民政部发布的资料，截至 2015 年年底，中国所有社会组织的数量已经高达 66.2 万个。⑤ 当然，实际数据远远大于官方数据。有专家估计，国内现有的社会组织约有 300 万个。⑥

中国涉及非政府组织管理的相关法律规定仅仅有《外国商会管理暂行规定》《社会团体登记管理条例》《基金会管理条例》这三部。⑦ 目前，中国尚没有针对非政府组织的专门性、系统性管理法规，且相关立法尚存在不足之处。例如，基金会制度和中国法人制度的冲突，民办非企业单位立法混乱，同时也缺少对事业单位和草根 NGO 的相关立法。⑧ 与此同时，"准入门槛高，登记注册难"

---

① 郭欣蕾. 我国政府对在华境外非政府组织的监管研究 [D]. 长沙：湖南大学，2015.

② SALAMON L M, ANHEIER H K. Defining the Nonprofit Sector：A Cross-National Analysis [M]. Manchester：Manchester University Press, 1997：526.

③ 夏丹娜. 我国政府对在华境外非政府组织的分类管理研究 [D]. 长沙：湖南大学，2015.

④ 车峰. 我国公共服务领域政府与 NGO 合作机制研究 [D]. 北京：中央民族大学，2012.

⑤ 王恩博. 社科院报告：中国社会组织进入整体性变革期 [J]. 中国社会组织，2017 (5)：58.

⑥ 王存奎，彭爱丽. 境外非政府组织在华运行现状及管理对策：以维护国家政治安全为视角 [J]. 中国人民公安大学学报（社会科学版），2014, 30 (1)：122.

⑦ 夏丹娜. 我国政府对在华境外非政府组织的分类管理研究 [D]. 长沙：湖南大学，2015.

⑧ 杨正喜，唐鸣. 论我国 NGO（非政府组织）发展面临的法律障碍及解决途径 [J]. 北京交通大学学报（社会科学版），2007 (3)：88；陈晓春，姚尧平. 中国非政府组织走出去的 SWOT 分析 [J]. 经营管理者，2016 (21)：316.

是目前中国在非政府组织管理上存在的一大问题。[1] 中国非政府组织的登记部门是民政部门，而主要单位则必须要由党政机关和得到其允许的单位担当。如果想要向登记管理机关申请登记注册，必须首先得到主管单位的批准。这一规定某种程度上迫使部分非政府组织绕过政府部门，转为"地下"。因此，其真实数量往往不得而知。

跨文化适应这一概念最早出现于 20 世纪初期的美国。[2] Redfiled 等学者认为，跨文化适应是一个由载有不同文化来源的群体在连续接触的过程中对各自原生文化产生变化的过程。中国学者任裕海则将其定义为，在异文化里的居留者对新环境的适应。[3] 对于跨文化适应的种类研究，学界的观点莫衷一是。如Ward 认为跨文化适应有两个维度[4]：心理适应（psychological adaption）和社会适应（sociocultural adaptation）。而 Black 则认为应该有三个维度：一般性适应（general adaptation）、工作性适应（work adaptation）和交往性适应（interact adaptation）。[5] 在研究这些维度的过程中，学界也达成了一些共识：如 U 形模式[6]（Oberg）和金（Kim）模式[7]这两种适应模式得到了学界的广泛认可。[8]

为了更好地观察外国居民在义乌的跨文化适应能力，本文主要采取的是Berry 的多维度适应模式[9]，取决于群体水平和个体水平，存在四种情况：同化、

---

① 陈晓春，颜屹仡. 国家安全视角下在华境外非政府组织管理研究 [J]. 桂海论丛，2015，31（2）：21.

② 王丽娟. 跨文化适应研究现状综述 [J]. 山东社会科学，2011（4）：44.

③ 任裕海. 论跨文化适应的可能性及其内在机制 [J]. 安徽大学学报，2003（1）：105.

④ WARD C，RANA-DEUBA A. Acculturation and Adaptation Revisited [J]. Journal of Cross-Cultural Psychology，1999，30（4）：422.

⑤ BLACK J S，MENDENHALL M，ODDOU G. Toward a Comprehensive Model of International Adjustment：An Integration of Multiple Theoretical Perspectives [J]. Academy of Management Review，1991，16（2）：291.

⑥ OBERG K. Cultural Shock：Adjustment to New Cultural Environments [J]. Practical Anthropology，1960，7（4）：177.

⑦ KIM Y Y，GUDYKUNST W B. Cross-Cultural Adaptation：Current Approaches [M]. Sage Publications，1988：320.

⑧ 杨军红. 来华留学生跨文化适应问题研究 [D]. 上海：华东师范大学，2005；崔璨. 试析外国居民在义乌的跨文化适应策略：基于对义乌外国居民的问卷调研 [J]. 文化软实力研究，2016，1（3）：96.

⑨ BERRY J W. Immigration，Acculturation，and Adaptation [J]. Applied Psychology，1997，46（1）：5.

整合、分离、边缘。①

在这个模型里，适应模式主要取决于两个因素：跨文化者是否希望保持自己原来的文化特征以及其是否希望主动积极地与客居社会成员建立良好的社会关系。当两个回答都为正面回答时，也就意味着这一跨文化个体采取的是整合策略；而当两者均为负面回答时，则表示其被边缘化了；如果个体对自身文化表示高度认同且排斥异质文化，其采取的则是分离策略；最后，当这一跨文化者认为他们所处的异质文化比自身文化更具有吸引力或认同感时，个体就会自然使用同化策略。②

影响跨文化适应程度的因素有很多。内部因素有人口统计学因素（年龄、性别、教育水平、收入等）、性格、刻板印象、应对方式；外部因素有生活变化、价值观念、文化距离、社会支持等。③ 其中跨文化者能够接收到的社会支持对他们的适应程度起到了很大的作用。④ 社会支持这一概念最早是由 Cobb 提出的。⑤ 他认为，社会支持代表着，当个体有所需求时，可以从这个社会网络中得到爱、赞赏以及可能的依靠。⑥ 而 Caplan 则界定社会支持为，帮助个体利用相关资源、处理情绪问题以及提供物质和认知上的帮助。⑦ 这一划分得到了多数学者的认同，并沿用至今。国内目前关于社会支持的研究主要针对农民工群体、弱势群体、留学生群体等，在此不再一一赘述。然而关于社会支持对于外商的研究，仅局限在广州的非洲社团。⑧ 义乌作为全国，乃至全世界排名第一的小商品城，每天接待着来自世界各地的大量商人，他们的社会适应问题也同样是不

---

① 杨军红. 来华留学生跨文化适应问题研究 [D]. 上海：华东师范大学，2005；崔璨. 试析外国居民在义乌的跨文化适应策略：基于对义乌外国居民的问卷调研 [J]. 文化软实力研究，2016，1（3）：96.

② 崔璨. 试析外国居民在义乌的跨文化适应策略：基于对义乌外国居民的问卷调研 [J]. 文化软实力研究，2016，1（3）：96；夏天成，马晓梅，克力比努尔. 文化适应及其影响因素探析 [J]. 山西高等学校社会科学学报，2014，26（7）：91.

③ 王丽娟. 跨文化适应研究现状综述 [J]. 山东社会科学，2011（4）：44；陈慧，车宏生，朱敏. 跨文化适应影响因素研究述评 [J]. 心理科学进展，2003（6）：704.

④ 许涛. 广州地区非洲人的社会交往关系及其行动逻辑 [J]. 青年研究，2009（5）：71.

⑤ 冯超. 来华非洲留学生的社会支持网与跨文化适应研究：以 Z 大学的非洲留学生为例 [D]. 浙江师范大学，2014.

⑥ COBB S. Social Support as a Moderator of Life Stress [J]. Psychosomatic Medicine，1976，38（5）：300.

⑦ CAPLAN R D，COBB S，FRENCH J R. Relationships of Cessation of Smoking with Job Stress，Personality，and Social Support [J]. Journal of Applied Psychology，1975，60（2）：211.

⑧ 许涛. 广州地区非洲人的社会交往关系及其行动逻辑 [J]. 青年研究，2009（5）：71；牛冬. "过客社团"：广州非洲人的社会组织 [J]. 社会学研究，2015，30（2）：124.

可忽视的。

社会支持包括施者（Provider）与受者（Recipient）两个有意识的个体之间的资源的交换。① 在本研究中，施者指的是存在于义乌当地的大大小小、正式或非正式的外国商会，而受者即是所有在义乌工作与生活的外籍居民。全面地了解中国社会中存在的社会组织如何影响外国居民在中国的社会适应水平是一个工程浩大的任务。因此，本文希望可以管中窥豹，通过对在义乌生活的外国商人会与外国商会之间关系的研究，首先展示外国商会的运行模式、对外国居民的影响跨文化适应水平的影响及策略的选择，以期厘清 NGO 的存在是否对于外国人在中国跨文化社会适应的过程中选取的策略有影响，如果有，是如何影响的？需要强调的是，本文仅关注义乌外国商会对于外国人社会适应的影响，不涉及其日常生活及职业生活，该调研主要集中在 2016—2018 年，主要采取的是定性研究及观察法结合的研究方法，侧重于关注调研对象的日常生活和社会生活。本文采访对象一共 18 位，其中 8 位来自非洲国家，6 位来自阿拉伯国家（北非及中东）以及四位印度商人。平均采访时长为 1.5 小时，通常在采访对象办公室或咖啡厅进行。值得注意的是，采访对象（无区别对待情况下）均为男性，平均年龄 35 岁，义乌生活平均年限为 5 年。

目前，关于外国商人的来源、数量等信息，尚无公开的官方统计数据。但就实地调查情况来看，有 8000~10000 名常驻的阿拉伯商人，4000 名左右的撒哈拉以南非洲商人以及 2000 多人的印度商人群体。其中，越来越多的人选择定居在义乌，成为义乌的常住居民，经常被当地人亲切地称为"新义乌人"。随着他们在义乌的文化适应时间的增加以及程度的加深，他们也逐渐形成了自己的交流圈。这个圈子则构成他们在义乌工作生活的社会支持网络的重要组成部分。

二、义乌外国商会的运行模式

义乌的非政府组织有多种形式，其中有外国籍居民参与的主要有三个：义乌人民调解委员会、义乌世界商人之家以及外国商会。其中，前两个非政府组织虽然性质上并非政府部门，但是都挂靠于义乌市政府，具有很强的政府规划性。② 义乌人民调解委员会是由工商局下属管理的，其主要负责人本身也是义乌市政府（商城集团）的管理者。义乌世界商人之家的主要负责人也为义乌市工

---

① 丘海雄，陈健民，任焰. 社会支持结构的转变：从一元到多元 [J]. 社会学研究，1998（4）：33.

② 詹花秀. 论 NGO 在中国的发展 [J]. 财经理论与实践，2003（5）：114.

商局的工作人员，且此组织的咨询委员会成员全部为地方政府各个部门的官员。因此，为了客观把握非政府组织对外国居民跨文化的适应影响，本文主要集中讨论最后一种类型：外国商会。

中国 1989 年颁布的《外国商会管理暂行规定》规定：外国商会是指外国在中国境内的商业机构及人员依照本规定在中国境内成立，不从事任何商业活动的非营利性团体。① 此法律要求外国商会在民政部门注册，其业务主管部门为商务部。② 需要注意的是，虽然中国政府承认外国商会的法律地位，但因其标准较高，申请程序较为烦琐等原因，义乌的外国商会直到 2016 年才取得合法身份，且迄今为止只有四家。尚未得到认可的外国商会，其性质更类似于"外商同胞互助组织"。两者的组织架构和运行模式并无太大区别。然而，目前中国并不认可外国社团的地位，相关立法也是空白。但是，这些外国社团实际发挥的作用与已取得合法身份的外国商会相差无几，且它们正试图积极取得合法身份。因此，本文也将它们纳入了研究和考察范围，统称其为"外国商会"。

目前，义乌大大小小的商会数不胜数，甚至达到了"每一个国家都有一个商会"的程度。其中，绝大多数都处于地下社团状态。最早在义乌出现的合法商会是于 2000 年成立的韩商会，其性质为 1993 年在北京成立的中国韩国商会的分支。③ 因为多数商会活动均为私自举办，目前没有官方记录最早成立于义乌的外国商会是来自哪个国家的商人。具体的商会数量也没有任何记录。根据其国家人口在义乌的数量不同，外国商会也有大有小。就笔者实地调研了解到的情况而言，小的只有几十人，大的多达数千人。除去以国籍分类的商会，部分实力较大的商会还希望可以建立更大规模的组织，如有的非洲商会希望聚集所有的非洲籍商人共同成立一个"泛非洲商会"（African Union/Association africaine）。这一构想虽已提出了将近两年的时间，但因种种原因，目前尚未实施。这些外国商会虽然在国籍、大小等硬件因素方面存在着种种差异，但在组织架构、运行模式、组织目的等方面有着高度一致性。

在义乌生活的外商数量并无具体官方数据，但是大致可以分为三类：凭借旅游签证短暂停留义乌（通常一个月内）的外国人，主要目的为初步认识、了

---

① 张虎. 中国外国商会管理制度的问题及对策［J］. 大连海事大学学报（社会科学版），2017, 16（2）：17.

② 施卓宏，陈晓春. 在华境外非政府组织的注册制度探析［J］. 湖南大学学报（社会科学版），2015, 29（6）：58.

③ 王惠莲. 外商商会在推进义乌综合改革试点中的作用机制研究：以义乌的韩商会为例［J］. 商业经济，2015（2）：52.

解义乌市场；凭借旅游签证入境并非法停留于义乌（三个月到一年）进行商业贸易的外商，通常是刚刚开始接触义乌外贸业务，尚未扎稳脚跟，靠每三个月出境一次续签旅游签证在义乌持续工作；稳定居住在义乌超过六个月以上，拥有自己的外贸公司和合法工作签证的外商。因为前面两种群体，虽然也经历同样的跨文化适应过程，但因其在义乌时间太短，且目的性极强，并不适合本文的研究课题。因此，文章所指的外商主要是指长期定居在义乌，并拥有自己外贸公司的人群。

想要加入商会通常并不需要复杂的手续，仅需要出席会议，交会费，并保持适当的交流即被认为是商会的一员。这一过程完全取决于个人的性格与偏好。笔者在调研过程中也碰到过一些并不认为自己属于任何一个商会的外商。但是每一个商会都拥有一个选举出来的主席。有的规模较大的商会还会再由主席指定一个或数个副主席说明他进行日常的组织管理。商会会定期举行组织会议，频率一般是一个月一次，地点通常在商会主席的家里。会议采取较为随意的方式，讨论的主要内容通常是商会主席向商会成员通报这一个月以来有无新的政策推出，已有的政策有无变化。而成员们则会向其主席及同胞进行相关的询问。询问的内容并无限制，可以涉及行政手续、工作方式、日常生活、医疗教育等所有问题。虽然这些组织的自我定性为商会，但是它们与成员之间的联系往往非常紧密，所涉及的事宜也不限于商业方面。一旦遇到特殊情况，比如说，某个成员或者其家属遇到重大事故（重病、死亡等），主席会号召举行临时会议，尽量组织起商会内的同胞们给其提供帮助。这些帮助可能是心理上的，也可能是物质上的。

除了定期和不定期的交流以及金钱资助外，商会还通过平时定期、不定期的碰面形式，给外商们提供交流的平台。同时，每一个商会都会在微信平台上建立一个或数个（当商会成员人数较多时）微信群。这些微信群实际上起到了公告栏的作用：政策可以得到及时的宣传，消息可以直接传播到个体，活动的举行可以方便地通知到每一个成员并且也给予了成员们进一步私下交流的机会。这种直接的联系非常适合外商在义乌进行贸易往来，大大提高了交流的效率与范围，对帮助他们更好地适应义乌的工作生活起到了非常大的作用。

三、外国商会对外商跨文化适应程度的影响

义乌外国商会的成立与运行对商会的组织者、参与者以及当地政府都产生了深远的影响。

成立外国商会最初的目的就是希望成立一个互助组织，更好地团结组织内

的成员。作为远离祖国、客居异国他乡的外商，他们有着同样的经历、同样的外国人身份、同样的社会工作体验，面临着同样的跨文化适应问题。外国商会给他们提供了一个直接的交流平台。中非之间的巨大差异势必会短时间内极大地加强他们对来源国的身份认同，也会对处在同样境地的同胞们产生强烈的归属感。这时，商会代表的同胞群体则可以在心理上给需要的成员提供非常重要的情感共鸣和支持。作为一个群体组织，外国商会经常会在休息时间（晚上和周末）组织不同类型的休闲活动，如足球赛。这些运动比赛不仅可以缓和与释放外商在义乌承受的巨大压力，也可以帮助他们通过人际交往寻找新的情感支持。

　　这种帮助也体现在物质上。受非洲文化的影响，非洲人普遍具有非常强烈的分享观念，甚至包括金钱。牛冬甚至认为，这种观念构成了社团发育和运作的观念基础。① 上文提到商会所收纳的会费，主要也是用于帮助急需经济支持的成员。马里商会的一个主要成员在访谈中透露："我们一般一个人一次性交一百元，然后我们会有一个专门的成员管理这一笔钱。等到需要的时候我们就会拿出来用。用完了我们会接着往里面充钱。这笔钱就相当于我们的救助经费一样。"②

　　事实上，这种做法在义乌的外国商会中非常常见。而这也是因为，在义乌生活的外商碰到最大的问题就是金钱问题。比如，对不少非洲商人而言，如果他们的同胞在异乡死亡，如何将其尸体运回祖国则是一件非常重要且花费不少的事情。③ 这种情况下，这笔钱就会起到极大的作用。同时，鉴于一定数量的外商偏向于选择非法地使用旅游签证，甚至过期签证，留在义乌进行商业贸易活动，义乌市政府一旦发现这种行为，不仅会立即遣返涉案的商人，还要求其缴纳处罚金。而选择使用这种形式留在义乌的外商通常都尚未扎稳脚跟，甚至没有能力缴纳这笔费用。这种情况下，大部分商会也会协助义乌官方对案件进行后续的处理。

　　外国商会和当地权力机构的交流对商会成员们来说也具有非常重要的意义。微信平台的存在不仅仅可以协助举办各种活动，也可以帮助成员高效率地面对工作生活中会遇到的各种事件：签证政策的变化、特定手续的办理程序、某一餐馆的开门时间、租房信息、工作机会、上学就医等。这些事情，有些甚至看

---

① 牛冬."过客社团"：广州非洲人的社会组织［J］. 社会学研究，2015，30（2）：124.

② 引用来源：作者实地调研 2016 年 10 月 3 日。

③ 牛冬."过客社团"：广州非洲人的社会组织［J］. 社会学研究，2015，30（2）：124.

上去非常琐碎，但会直接影响每一个个体在义乌的适应程度。有了这个交流管道，大部分问题都可以快速地得到解决，极大地增强了外商对于在义乌生活工作的安全感。

总的来说，不管是从心理上、物质上还是生活上，外国商会的存在对每一个外商的个体来说，都是一个极大的"靠山"。尤其是那些尚未完全熟悉当地社会运行规则的"外来者"，商会可以给他们提供一种寻求心理慰藉、经济支持以及信息获取的途径，大大加快了他们在义乌的初步适应速度，为他们以后在义乌的进一步发展夯实了基础。

对外国商会的组织者们来说，也就是商会主席以及主席指定的副主席们，他们通常是已经在义乌工作生活了十年以上的"老义乌人"，共有的特征如下。(1) 熟练的语言水平。多年的中国生活使他们非常熟练地掌握了中文（通常是口语，能够熟练书写中文的占极少数），能够毫无障碍地与当地居民沟通。有些甚至可以较为熟练地使用当地方言。(2) 丰富的经济储蓄。能够在进行贸易活动之外仍有时间投入建立组织商会活动里去的外商，通常都已经在某种程度上达到了"经济自由"的程度。他们已经不需要花大量的时间和金钱去跑工厂、见客户。相反，很多商会主席成立的外贸公司已经形成了非常成熟的运行模式，雇用了多个中国籍秘书去帮助他们处理具体事项。(3) 乐于分享的性格特征。担任商会主席的职位需要投入非常大的时间和精力，而这些投入往往无法在短时间内给他们带来直接的经济回报。因此，只有那些具有乐于奉献、甘于牺牲的成功商人才会愿意去承担这个责任。(4) 与当地政府的密切关系。在笔者的调研过程中，义乌某一个非洲商会的会长就曾非常自豪地表示说："说真的，市政府真的很重视我们，你看×××（义乌某一高层领导）的私人微信就在我的手机里。我随时可以给他打电话。这就说明义乌政府对我们外商的重视。"他们经常去参加当地行政机构举行的封闭会议、座谈会、招商引资会等，可以非常直接地接触到义乌最中心的权力机构。除去这些之外，很多商会会长还具有非常强烈的个性特征和人格魅力。

当然，外国商会的组织者们也不是完全没有回报，商会会长、主席等职位不仅可以加强他们与义乌政府、官员之间的联系，而且可以使他们获得当地同胞的尊重、认可、敬佩，获得一种精神上的满足。对初到义乌，生意刚刚起步的年轻商人们来说，这些较为年长、经验丰富的前辈们就是他们的楷模。这种全方位的声望的获得，对已经积累了充足的经济财富的商人们来说，具有巨大的吸引力和诱惑力。根据马斯洛的需求金字塔理论，当人们在满足温饱、工作、娱乐等基本需求之后，他们会产生更高层次的价值追求和精神需求。

这些成功商人作为已经非常了解当地语言、社会、文化的"领先者"，他们觉得自己之前的付出都有了回报，认为其他同胞的认可是自身价值的体现。这种自我认可增强了他们的幸福感。当成员们遇到困难、纠纷时，他们也通常会扮演"仲裁者"的角色。通过调研观察得知，资历较浅的商人对于商会领导人态度非常恭敬。这种群体里"老大哥"的形象可以让商会主席们极大地满足他们更深层次的精神追求。而这种体验，他们通过其他方式往往是难以获得的。除此之外，他们在义乌取得的经济成绩和社会地位也让他们在家乡获得了高度的肯定和认可。义乌塞内加尔商人苏拉就已经成为塞内加尔总统的经济顾问。这种肯定和认可与其商会主席的身份有着不可分割的紧密联系。因此，对已经拥有殷实的物质条件的成功外商来说，"商会主席"这一职位有着不可替代的吸引力。也只有通过创建和管理外国商会，他们才可以在个人满足感上提升到更高一个层次。

外国商会的成立与发展与义乌的当地政府的态度与政策有很大关系。虽然很多外国商会并没有取得合法身份，既不受政府承认，也不受法律保护。但是近十年来它们的发展，说明了义乌当地政府对它们实际上采取的是"睁一只眼，闭一只眼"的态度：义乌当地政府一直观察与掌控着这些组织的成立与运行，但是并不对其进行不必要的干涉，甚至在某种程度上还提供相应的帮助与支持。在公开场合中，义乌市的政府官员从来不会介绍某一位商会主席的职位，而只是以名字相称。但是在有关于外商的会议、座谈会上，受邀的永远都是商会的主席或者副主席。当某一个商会举行纪念活动或者节日庆典时，政府代表也会前往参加，但并不把活动定性为商会活动。义乌市政府之所以采取这样的策略，一方面，从法律上而言，绝大多数外国商会组织相对松散，确实无法达到法定标准；另一方面，它们却又起着一些无法替代的积极作用。

这些外国商会组织起到的第一个积极作用就是可以快速直接地传递政府希望发布的信息。这些信息可能是关于相关政策的变化，如签证、租房等，也可能是关于招商引资的宣传。不管政府需要向外商们传达什么样的信息，外国商会都是一个非常高效的媒介。比如，2016年开学季，义乌市政府列出了一个当地所有可以接收外国籍小孩入学的小学列表，同时包括还有剩余名额的学校。这一信息被政府工作人员发送给外国商会的负责人们，紧接着，后者将同样的信息发布在自己的微信朋友圈和商会微信群里。而这样的通知如果放在政府网站或者报纸上，信息传递效果必会大打折扣。外国商会在义乌市政府提高对外商的工作效率方面扮演了不可替代的角色。

除此之外，外国商会还起到了"外国人管理外国人"的积极作用。一方面，政府很多行政手续和法规政策都可以通过商会进行传播。与此同时，商会组织以及商会主席都会提醒商会成员们遵守中国的法律，注意签证的有效期，预防违法行为的发生。另一方面，作为外商和义乌当地权力机关的桥梁，外国商会对其成员的工作与生活都非常了解。对这些基本信息的掌握可以使他们很好地帮助义乌市政府寻找、处理已经违规违纪的外商。虽然这一点可能会引起个别商会成员的不满，进而怀疑商会主席的动机，但是大多数外商都不愿意某个个体的不正确行为影响整个群体，因此他们宁愿疏远不遵守当地法律法规的外商，从而维护和改善外商团体的形象与声誉。因此对大多数外商来说，外国商会与当地政府、警方全方位的合作不仅可以大大提高当地政府、警方、签证机关等的工作效率，也可以改善当地权力机关和本地居民对他们的看法和评价。

从这两点出发，外国商会就对义乌当地政府有着不可替代的作用。而正因如此，后者也会给予前者必要及适当的支持。外国商会发展得越好，也就越利于当地外商的发展，进而进一步提高他们的跨文化社会适应水平。

四、策略选择及总结

可以说，外国商会的成立与发展对较为弱势的外商、已经取得巨大成绩的外商和当地政府都具有正面意义，并影响着他们在跨文化过程中采取的适应策略。根据上文所述，本人主要采取的是贝利的"同化、整合、分离、边缘"四种适应策略理论：对自身文化和异文化都不认同的则是边缘策略，两种都高度认同的是整合策略，逐渐被当地异文化影响进而疏远自身文化的是同化策略，而分离策略则是仍然坚守对原文化的认可并拒绝异文化的影响。

对新来的外商们来说，巨大的文化差异可能会直接导致他们采取分离或者边缘策略。采取分离策略是因为，一旦他们采取了这一策略，他们就不需要继续经历文化冲击，可以继续留在他们的舒适圈。但是因为有了外国商会这个组织，他们与群体及当地社会的交流变得容易了许多。商会会首先帮助他们度过跨文化适应起初的最困难阶段，进而让这个相对来说处于弱势的群体更愿意接受新鲜的人或事。一旦他们有了这个意愿，商会也会提供各种与当地社会打交道的机会。这个过程就将这批外商的跨文化适应策略从分离转向了整合，甚至转向同化。

而边缘策略是更为强烈的跨文化冲击的结果。当新来的外商们感到无所适从时，他们可能会在情绪激动之下选择"边缘化"自己，不接触原有文化也不接触当地文化，这样他们也就不用做出选择，也不用经历这个对他们来说相对痛苦的跨文化适应过程。而外国商会的存在则会给予他们非常多的机会去接触自己的传统文化。对于已经决定采用边缘策略的人，商会并无多大作用，因为是否加入商会完全取决于个体的意愿。然而一旦个体有了想要回归原有文化的动机与欲望，商会则给他们打开一扇永远敞开的大门。因此，外国商会可以大大减少采用边缘策略的人，并引导他们采用整合或同化策略。

而对已经较好地适应了当地社会的成功外商来说，他们本来已经选择的跨文化适应策略是整合或者同化。这时，他们已经完全适应了当地的日常生活，工作上也得心应手且积累了一定财富。外国商会的存在使他们有机会通过整合策略，奉献同胞群体、当地社会，获得更高层次的精神满足和价值体现。他们在外商群体中扮演的是"中间人"的角色，一方面，帮助了同胞弱势群体，维护自身利益；另一方面，帮助了当地政府与社会，更好地了解、接收与管理外商，同时可以帮助他们极大地提高自己的"整合程度"。

需要特别指出的是，已经选择"同化"策略的外商们通常情况下已经与当地居民组建了家庭，并且不希望被贴上"外商"的标签，且希望像一个普通中国人一样生活。因为外国商会对他们来说并不具有多大的影响。

总体而言，选择在义乌定居的外国商人普遍以追求商业利益为主要诉求，多数希望再获得所需财富后即离开中国回到非洲与家人团聚，因此提高该群体跨文化适应程度最直接最有效的方式则是通过其商会共同体对其加以辅助及引导。将义乌外国商会放入多维度适应模式的分析框架下，在进一步充实该理论应用领域的同时，也给当地政府在城市管理时提供了借鉴与指引。

当然，义乌的外国商会也存在一些需要改进之处。他们中间还有非常多商会处于非常散乱的状态，并没有一个成熟坚固的组织架构。因此，还没有获得法律的认可。同时商会之间的沟通与交流也有待加强。比如，非洲商人们一直渴望建立一个"非洲商会"，将所有的非洲同胞们都包括进去。然而，由于各个国家商会之间的交流不畅，无法确定那个国家商会主席担任"非洲商会"主席的职位等因素，这个想法一直处在被搁置的状态。

不可否认的是，外国商会在义乌的成立是建立在义乌快速的经济发展以及外商在义乌已取得一定的经济成功的基础之上的。而这些商会的发展也表明了外商们希望进一步融入义乌的意愿以及当地政府对外商群体的重视。外国商会的运行给每一个外商都提供了直接快速高效的全方位支持，对他们的跨文化适应起到了非常积极的促进作用。

资产为本视角下城市互嵌式民族社区治理研究

——基于义乌鸡鸣山社区的个案分析*

史诗悦**

一、问题提出与研究述评

中国特色社会主义进入新时代，我国城乡人口跨区域频繁流动极大地改变了原有的社会结构和整体布局，城市少数民族流动人口规模和比重逐年增加，总人数已超 3700 万。① 党的二十大报告明确指出："以铸牢中华民族共同体意识为主线，坚定不移走中国特色解决民族问题的正确道路，坚持和完善民族区域自治制度，加强和改进党的民族工作，全面推进民族团结进步事业。"② 城市已成为新时代加强和改进党的民族工作的重要空间场域。2014 年 9 月，习近平总书记在第四次中央民族工作会议上强调了城市民族工作的重要性并指出："要把着力点放在社区，推动建立相互嵌入的社会结构和社区环境，注重保障各民族合法权益，坚决纠正和杜绝歧视或变相歧视少数民族群众、伤害民族感情的言行，引导流入城市的少数民族群众自觉遵守国家法律和城市管理规定，让城市更好接纳少数民族群众，让少数民族群众更好融入城市。"③ 立足基层社区打造民族互嵌的社会形态已成为当下城市民族工作的重点议题，也将互嵌式民族社

* 本文原刊于《西南民族大学学报（人文社会科学版）》2022 年第 12 期。本文系 2023 年度浙江省哲学社会科学规划年度课题"资产为本视角下城市互嵌式民族社区治理研究——以义乌鸡鸣山社区为例"（编号：23NDJC436YBM）阶段性成果。
** 史诗悦，浙江警察学院讲师。

① 国家民委：铸牢中华民族共同体意识 为实现中华民族伟大复兴汇聚磅礴力量［EB/OL］. 中华人民共和国国家民族事务委员会，2022-08-11.
② 习近平. 高举中国特色社会主义伟大旗帜 为全面建设社会主义现代化国家而团结奋斗：在中国共产党第二十次全国代表大会上的报告［M］. 北京：人民出版社，2022：39.
③ 中央民族工作会议暨国务院第六次全国民族团结进步表彰大会在北京举行［N］. 人民日报，2014-09-30（1）.

区研究引入了全国视野。

基于对"民族互嵌"这一理论的关切与回应，学界主要围绕其概念生成、关联逻辑及建设路径等方面展开论述，在理论与实践层面积累了丰富的研究成果。首先是互嵌式民族社区的概念生成。第四次中央民族工作会议将"民族互嵌"推向了研究主舞台，学界对其内涵和外延展开了深入探索。有学者将"民族互嵌"指代为在民族交往联系中，民族之间在社会、经济、文化、思想等方面的联结互动或民族间的社会联结镶嵌。① 也有学者将"互嵌式民族社区"界定为由两个以上（包括两个）民族共同居住并形成空间相错的同一区域内的共同体，这一共同体中的具有不同民族身份的成员之间形成自由交往交流并相互包容的关系。② 首先，整体来看，学界对互嵌式民族社区概念认知趋于统一，多指具有两个以上不同民族身份的群体共同居住且形成交错空间形态和稳定社会关系的新型社区，其居住主体为当地汉族居民和外来少数民族流动人口，是各民族城市融入和族际整合的社会基础。其次，互嵌式民族社区的关联逻辑。有学者认为互嵌式民族社区与新型城镇化战略、与国家及社区治理体系和治理能力现代化紧密关联。③ 也有学者认为，互嵌式民族社区与各民族交往、交流、交融有着密切的逻辑关系，是构建和谐民族关系的前提基础。④ 在现有研究成果的基础上看，互嵌式民族社区与城市民族工作、民族关系、新型城镇化及社区治理等关键词关联度较高，是新时代党的民族工作高质量发展的基层治理之维。最后，互嵌式民族社区的建设路径。学界围绕互嵌式民族社区的建设路径进行了多角度、宽领域研究，形成了政策指导论、文化引领论、国外借鉴论等多种观点。有学者提出城镇是民族互嵌生成与建构的重要场域。⑤ 也有学者提出通过公共权力的理性引导与自觉建构培育他者与异域认同推动互嵌式民族社区建设。⑥ 还有学者提出，建设互嵌式民族社区时，应当着重把握社区认同、文化涵

① 吴月刚，李辉. 民族互嵌概念刍议［J］. 民族论坛，2015（11）：5-9.
② 杨鹍飞. 民族互嵌型社区：涵义、分类与研究展望［J］. 广西民族研究，2014（5）：17-24.
③ 张会龙. 论各民族相互嵌入式社区建设：基本概念、国际经验与建设构想［J］. 西南民族大学学报（人文社会科学版），2015，36（1）：44-48.
④ 郝亚明. 民族互嵌与民族交往交流交融的内在逻辑［J］. 中南民族大学学报（人文社会科学版），2019，39（3）：8-12.
⑤ 严庆. "互嵌"的机理与路径［J］. 民族论坛，2015（11）：10-13.
⑥ 张会龙. 论我国民族互嵌格局的历史流变与当代建构［J］. 思想战线，2015，41（6）：16-20.

化、抵制渗透和民族整合这四个功能定位。①

综上所述，互嵌式民族社区是新时代民族工作高质量发展的关键之维，但整体上看现有研究多注重应然路径研究，缺乏对实然的跟踪追寻，在理论深度和实践成果对话上仍有改善之处。尤其在第五次中央民族工作会议上进一步提出的，逐步实现各民族在空间、文化、经济、社会、心理等方面的全方位嵌入。② 互嵌式民族社区该选择何种路向加强建设，如何实现族际整合和社区善治仍有较大探讨空间。本文将运用相关理论，结合具体个案确立研究框架，并尝试对互嵌式民族社区治理的主体、工具和过程加以分析，以期为打造各民族全方位嵌入的社会形态和工作格局做出边际性探索。

二、资产为本：一个互嵌式民族社区治理的分析框架

（一）理论依据

随着新型城镇化的深入推进，传统社区治理模式在面对社区成员多元异质性和治理复杂性时暴露出内生动力不足、参与活力下降等结构局限。20 世纪 90 年代，基于对传统社区模式的反思，约翰·克雷茨曼（John Kretzmannn）和约翰·麦克尼（John L. McKnigh）提出"资产为本"的社区发展模式（Asset-Based Community Development，简称"ABCD 模式"）。该模式倡导摆脱传统社区"需求导向"的介入思路，强调应确立社区资产或社区优势为取向的建设理念。③ 在"资产为本"视角下，社区资产能够激活社区内在动力，重视社区内所有资源与关键力量，发挥社区组织和机构的主导作用，并被广泛应用于我国扶贫减贫、灾区重建、城市移民等领域中。④

约翰·克雷茨曼和约翰·麦克尼将社区资产界定为个人资产（Individuals）、组织资产（Associations）、地方制度资产（Local Institutions）和自然资源及物质资产（Natural Resources and Physical Assets）四种类型。个人资产与社区居民的主体性相关，指社区内居民的天赋、才能、知识、技能、资源、价值观及投

---

① 杨鹍飞. 民族互嵌型社区建设的特征及定位 [J]. 新疆师范大学学报（哲学社会科学版），2015，36（4）：21-28.

② 以铸牢中华民族共同体意识为主线 推动新时代党的民族工作高质量发展 [N]. 人民日报，2021-8-29（1）.

③ 文军，黄锐. 论资产为本的社区发展模式及其对中国的启示 [J]. 湖南师范大学社会科学学报，2008，37（6）：74-78.

④ 周晨虹. 内生的社区发展："资产为本"的社区发展理论与实践路径 [J]. 社会工作，2014（4）：41-49.

入感（Values and Commitments）等；组织资产是社区建设的重要支撑，指社区文化、娱乐、社交、公民组织或小组等；地方制度资产能够促进社区资产的有效流通，指社区居民参与社区事务的主要途径，包括地方政府部门、非政府机构等；自然资源及物质资产是社区建设的硬性条件，通常指社区内公园、图书馆及自然环境等设施和设备。① 作为西方社区建设的创新理念，资产为本社区基本遵循了绘制地图、构想规划和实施评估的建设思路。第一，绘制资产地图（Assets Map），又被称为"制作社区能力清单"（Capacity Inventory），指寻找社区内关键资产和社会资源，是社区能力开发的关键。第二，明确社区构想和规划，指结合社区实情和愿景构建一个长远清晰可实施的规划蓝图。第三，全面实施和效果评估，指按照社区内部人际关系网络和制度标准动员社区资产开始执行规划蓝图，并结合社区建设成效开展考核和评估，为社区建设提供参照。

资产为本的社区建设理念对我国社区发展具有启示性意义，在我国城市基层社区具有一定应用空间，但在实操层面仍然存在实践程度偏低和地方拓展不足的内部局限。究其原因在于国内对该理论的回应多停留在理论层面，若要借鉴该理论的正向经验，彰显我国社区实践特色就要解决中国话语和中国范式转化问题。与西方社区不同的是，我国社区建设在协调基层党组织领导和社区参与的关系上具有特有的以执政党为中心、为主导的特征。西方社区并不存在相关议题，而是以社会组织为主要工具，开展网络式治理形式。与此同时，中国社区建设主要呈现中心化治理态势，需要依靠建制性居委会实现政策输出。② 党的十八大以来，党建引领逐渐成为我国社区治理的主导话语，这一转变也给我国社区建设注入了新动能。有学者将这一转变总结为基层党组织权威塑造的特征。③ 我国城市社区建设中心也在党建引领逻辑驱动下，完成了社区党组织与居委会权力结构和运行机制的相互融合，中国式社区治理呈现政治引领和秩序复合的特征。我国社区的政治发展和政治建设逐渐被纳入国家政治议程，成为推进国家治理体系和治理能力现代化的重要基础环节。加强社区建设，尤其是政治建设和社会建设逐渐贴近中国社区实情，也为我国互嵌式民族社区治理提供

① MCKNIGHT J L, KRETZMANN J P. Building Communities From the Inside Out：A Path Toward Finding and Mobilizing a Community's Assets［M］. Chicago, IL：ACTA Publications, 1993：1-11.

② 吴晓林. 理解中国社区治理：国家、社会与家庭的关联［M］. 北京：中国社会科学出版社，2020.

③ 王浦劬，汤彬. 基层党组织治理权威塑造机制研究：基于T市B区社区党组织治理经验的分析［J］. 管理世界，2020，36（6）：106-119.

了延展思路和拓展空间。

（二）分析框架

从既有研究看，我国资产为本社区实践处于起步探索阶段，仍需要更多贴近中国社区实情的具体案例加以佐证。本文对既有的中国制度背景下的资产为本社区建设进行梳理研究，结合我国互嵌式民族社区治理个案，尝试构建"政治资产引领—物质资产保障—组织资产赋能—文化资产育导"的分析框架（见图1）。

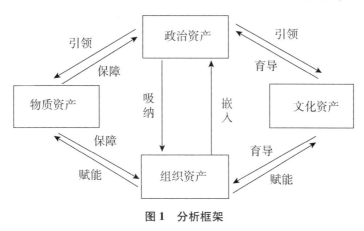

图1　分析框架

第一，政治资产引领。在社区建设中，有学者提出，在中国制度背景下政治资产指以基层党组织和社区党员为代表的社区成员、集体和组织为实现社区善治所拥有的影响社区公共资源配置的能力。[①] 本文对该概念认定表示认同，并进一步指出政治资产在社区建设中居于核心位置，通常涵盖基层党组织及其派出机构整合社区资源、优化资源配置的能力。在社区治理中，政治资产的行为主体是基层党组织、社区党员及相关工作人员。面对多元、异质和复杂的社区成员，通常发挥着结构嵌入和社区引领功能。在社区建设中，政治资产对社区物质、组织及文化等资产汇聚出政党统合合力，并能从其他社区资产中相互转化得来。政治资产生成的政治力量对社区治理网络具有自上而下的整合功能，其自身的政治性、组织性和规范性是衡量社区治理能力的重要标准。

第二，物质资产保障。中国制度背景下的社区物质资产是指社区内的物质资源和自然基础，通常包含社区成员的经济资本、人力资本及相应的社会资本。在自然基础变化不大的形势下，以经济资本为资产核心的可货币化的变量在社

---

① 朱亚鹏，李斯旸．"资产为本"的社区建设与社区治理创新：以S社区建设为例［J］．治理研究，2022，38（2）：85-97，127.

区建设中具有基础保障功能。物质资产既可满足社区建设需求，也可为社区边缘性群体提供基本生活保障，进而提升自身的可持续生计能力。因此，优化社区物质资产结构是实现社区善治关键之维，更是改善社区边缘性群体政治参与、生计水平和城市融入的"动力引擎"。

第三，组织资产赋能。在该分析框架内，组织资产继续沿用了社区文化、娱乐、社交、公民组织或小组等相关概念。结合中国社区实情，本文所指的组织资产是更鲜明地指向社区居民团体、群团组织以及相关志愿服务队等非正式社会组织。在社区建设中，组织资产自下而上地参与社区治理，有团结性吸纳具有多元特征社区成员的功能。社会参与是组织资产的重要来源，其能力的强弱取决于社区成员参与程度的大小。在吸纳社区居民成为社会组织成员后，社会组织力量实现了对社区治理网络的赋能和拓展，社区居民也在该过程中获取到人际关系资源，并进一步提高参与主动性。

第四，文化资产育导。资产为本社区内的文化资产，包含显性和隐性两个类别。显性文化资产指可感知、可视化的文化遗产，包括物质文化和非物质文化遗产。隐性文化资产则包含社区内部人际关系、社区成员的心理归属和认同，是难以测量但质性程度较高的无形资产。① 文化资产是实现社区善治的柔性环节，是内化于心、外化于行的重要资产，但易被忽视。文化资产能够对社区成员起到育导和感化的作用，进而提升社区成员的心理归属感和认同感，是社区共有精神家园建设的"最后一公里"。

本文按照理论指导与个案分析相结合的研究思路尝试对中国制度背景下的资产为本社区建设进行剖析，侧重考虑中国互嵌式民族社区集体层面的资产，试图展现我国互嵌式民族社区的治理结构和过程。通过对义乌市江东街道鸡鸣山社区的个案研究，以期展示资产为本理论在我国互嵌式民族社区建设中的实践应用，并为该类型社区实现善治提供理论与实践的关照。

三、个案描述：互嵌式民族社区的能力建设

（一）背景及特征

1. 个案背景

作为全球最大的小商品批发中心，义乌市内常住人口已超 200 万，其中本市人口 74 万，外来人口 143.3 万。从传统的农业县到如今的国际化小商品城，义乌的社会环境和人口结构发生了巨大转变，开放、包容和多元成为义乌城市

---

① 思罗斯比，潘飞.什么是文化资本？[J].马克思主义与现实，2004（1）：50-55.

的重要标签。伴随经济吸纳能力的大幅提升，有超 15.4 万的少数民族人口流入义乌，其社会身份也从普通流动人口逐步转变为拥有一定资本的新的社会阶层人士，城市融入水平逐渐提升。城市社区为该群体生活定居提供了空间场域，也为各民族交往、交流、交融创造了必要条件。在此过程中，互嵌式民族社区逐渐形成，并成为义乌社会发展的常态现象。

作为其中的典型代表，鸡鸣山社区成立于 2003 年 6 月，被称为"联合国社区"，社区成员呈现多民族、多国籍、多地域的复合特征。在跨境经商和特色劳务输出的动力牵引下，社区内常住人口 3512 人，流动人口 2.5 万人，少数民族人口 2317 人，外籍人员超过 2000 人。社区共有 29 个少数民族，其中回族 1624 人，苗族 117 人，土家族 92 人，朝鲜族 68 人，彝族 51 人，其他少数民族 365 人。2016 年，鸡鸣山社区被命名为"全国民族团结进步创建活动示范单位"。2019 年，鸡鸣山社区又被国务院授予"全国民族团结进步模范集体"称号。成立初期，鸡鸣山社区成员文化差异大、流动能力强，社区治理能力不足，治理网络碎片化，极易面临"一管就死、一放就乱"的治理困境。仅依靠政府力量推动社区建设已无法满足鸡鸣山社区善治需求，需要转化治理思维，为社区绘制新的治理图景。在社会转型节点，鸡鸣山社区通过整合社区资产，集中优势资源实现各民族在社区的全方位嵌入，既激活了社区成员多元能力，还推动了社区自身建设，为实现互嵌式民族社区善治奠定了现实基础。

2. 个案特征

作为典型的互嵌式民族社区，多民族共同和谐生产生活是鸡鸣山社区最鲜明的特征。在社区成立初期，鸡鸣山社区少数民族人口较少，随着经济发展和时间推移，少数民族人口在小商品市场的做大做强下快速涌入，改变了社区原有的社会格局。由于文化水平偏低和劳动技能不足，社区少数民族流动人口呈现身份边缘性、需求多样性以及利益复杂性等群体特征。

首先，身份边缘性。进城初期，由于可持续生计能力较弱，鸡鸣山社区少数民族流动人口大多面临政治参与、经济能力和社会身份边缘性难题。尤其在与当地居民交往时，表现为交往渠道狭窄和认知认同薄弱。随着社会融入程度的提升，最早进城的少数民族流动人口成为社区新的社会阶层，人口结构得到优化，边缘性难题得到改善。

其次，需求多样性。进城初期，鸡鸣山社区的少数民族流动人口大多以房屋租赁或集体宿舍实现空间嵌入，人口流动性较强，城市定居能力较弱，部分少数民族人口曾辗转于东部多个城市。随着城市定居能力的提升，社区少数民族人口社会交往意识增强，参与政治活动和社区事务的需求日趋多样。除去生产生活等基本需求外，对文化、心理等发展层次的需求也与日俱增。

最后，利益复杂性。随着劳动技能的提升和社会交往面的延展，鸡鸣山社区少数民族流动人口从原先大多从事劳动密集型产业向从事新兴产业转型，社会交往格局从原先的地缘、亲缘和血缘向趣缘和业缘转变。社区部分少数民族流动人口不仅与当地汉族进行商贸往来，还通过外贸行业与境外人士搭建交往桥梁，利益格局从原先单一型向复杂型转向。

（二）主要做法

1. 重视政治资源

面对社区人员复杂、需求多元和事务繁多的社会形势，鸡鸣山社区党委重视挖掘社区政治资源，从 2012 年开始就确立了乐众惠民党群志愿服务品牌，着力探索红色党建与基层网格有序互动的社区治理体系。2016 年，社区党委启动"民族团结一家亲"工程，将民族互嵌建设与"基层党建+社会治理"新模式有机结合起来，有序引导少数民族流动人口在社区的全方位嵌入。2018 年，按照《义乌市加强城市基层党建标准化建设三十条》实施细则，鸡鸣山社区逐步构建"1+X+Y"的社区大党委组织架构，组建起区域化党建联盟，实现了社区 4 个群团组织、20 家共驻共建单位和 6 家社会组织党员资源的梳理和整合。2019 年，鸡鸣山社区作为基层党建标杆社区承办了金华市"城市基层党建+社会治理"现场推进会，标志着社区基层党建卓有成效。经过一系列探索实践，鸡鸣山社区治理体系逐渐完备，基层党建对社区优势资源动员能力得到提升，为实现各民族全方位嵌入和精细化治理提供了坚实保障。

2. 立足物质基础

鸡鸣山社区地处义乌市区核心地段，社区业态大致呈现物流仓储类 923 家、餐饮类 441 家、生活服务类 239 家、外贸企业 213 家、网商 164 家依次递减的分布格局。社区周围商业发达设施齐全，个体户和自由职业者众多。社区丰裕的物质基础衍生出少数民族流动人口与当地居民的二元型社会关系。一是当地居民在与少数民族流动人口的商业租赁中参与社区建设。以少数民族为代表的大量外来人口的进入为当地居民提供了房屋租赁营收的契机。当地居民与少数民族流动人口建立房屋租赁关系，一方面，获取物质收益；另一方面，与该群体建立长期交往联系。房屋租赁的物质收益也为当地居民参与社区建设提供了动力来源。二是少数民族流动人口在物质资本提升中参与社区建设。少数民族流动人口的社会融入伴随劳动技能、经济资本的提升，进而不断满足自身对于美好生活的向往。在可持续生计能力提升的基础上，少数民族流动人口参与社区建设的动力也在不断提升。

3. 搭建组织平台

推动乐众惠民志愿服务、民族互嵌和国际融合三大特色工程建设，为满足鸡鸣山社区成员多样化现实需求创造工作平台，是社区实现善治的有力手段。而在推动各民族全方位嵌入上，鸡鸣山社区党委主要依托乐众惠民志愿服务工程和民族互嵌社区建设工程为社区提供治理载体。乐众惠民志愿服务工程立足社区党员及群团骨干等政治力量，建立起网格民意收集、议事会商议、志愿服务站认领落实和居民评议的工作机制。民族互嵌社区建设工程则以少数民族流动人口为服务主体，综合应用个案、小组和社区工作方法为该群体提供服务保障，促进社区各民族"互助、共创、同文、合心"。除此之外，社区党委注重社区自治组织建设，专门培育出民族民生自治委员会等 6 个互助委员会，孵化出红石榴志愿服务队、新乡贤志愿服务队等 35 支社会组织队伍共同参与社区治理，通过社会组织嵌入为社区治理网络赋能增权。

表 1　鸡鸣山社区建设内容概况

	工作类别	治理对象	治理主体	议程设置	治理方式
乐众惠民志愿服务工程	党群工作	全体社区成员	社区在册党员、在职党员、流动党员及群团骨干等	重大决策类公共服务类	自治、法治、德治
民族互嵌社区建设工程	民族工作	社区少数民族流动人口	少数民族精英、骨干以及相关志愿服务队伍	公共服务类自助服务类	自治、法治、德治
国际融合社区建设工程	涉外工作	社区外籍人士	外籍人士精英和骨干	公共服务类自助服务类	自治、法治、德治

4. 联结文化纽带

鸡鸣山社区针对社区多民族共同生活的局面以传统节庆为纽带促进各民族文化互嵌。社区通过开展社区邻居节、红色研学行、国际夏令营等活动促进各民族文化交流互鉴。例如，在元宵节，鸡鸣山社区组织各民族群众开展猜灯谜、歌舞庆元宵，将手工灯笼、画扇面等中华传统文化元素融入节日活动中，增进社区各民族文化交流交融。在端午节，社区也会组织少数民族志愿者与当地居民一起开展包粽子送温暖活动，通过节庆活动增进社区各民族群众的相互认知和认同。除此之外，鸡鸣山社区注重联结社区文化纽带，通过志愿服务和文娱活动为各民族群众创造文化交流契机，社区各民族交往、交流、交融程度显著提升。

（三）建设成效

在鸡鸣山社区党委的统筹领导下，乐众惠民志愿服务、民族互嵌和国际融合三大特色工程有效激发了社区治理活力，实现了对社区内各类事务、社区居民公共服务等事项的全覆盖。在推进社区各民族全方位嵌入工作上，少数民族流动人口成为乐众惠民志愿服务工程重点关注人群，社区也专门为之搭建议事协商平台，有效打通了治理主体议程设置治理方式民意反馈渠道。截至2021年，乐众惠民志愿服务工程已累计服务时长超27312小时，服务6万多人次，解决问题3400余个。而民族互嵌社区建设工程则专门针对少数民族需求，着重开展困难帮扶、儿童帮教、民族团结家庭结对以及志愿服务队伍建设等事宜。截至2021年，该工程共计推进语言文化、政策宣传、就业及法律法规等各类培训123场次，服务少数民族群众1778人次，有效解决了该群体社区融入遭遇的现实难题。除此之外，社区建有健全的文化交流平台，为各民族文化交流交心"保驾护航"，社区内各民族群众文化归属感和认同感显著提高。

四、个案剖析：互嵌式民族社区的运作机制

面对治理困局，鸡鸣山社区通过政治资产引领、物质资产保障、组织资产赋能和文化资产育导四项机制，汇聚政治力量、做足物质供给、推动组织嵌入和增进文化认同，发挥出社区优势资源参与社区建设的重要作用。在此过程中，少数民族流动人口边缘性的社会身份得到转变，与当地居民的交往、交流、交融程度得到提升，有利于鸡鸣山社区打造各民族全方位嵌入的工作格局。

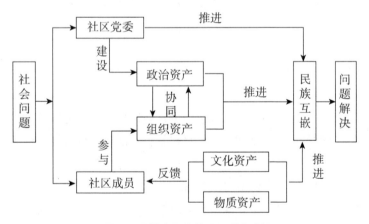

图2　互嵌式民族社区运作机制

（一）引领机制：汇聚政治力量，整合治理网络

鸡鸣山社区治理的最大难点在于社区成员文化异质和身份多元。社区内流动人口众多，既有少数民族流动人口，又有大量外籍人士。这些人口大多以房

屋租赁的形式实现社区的空间嵌入，但仍然基于血缘、地缘和亲缘抱团生活，各民族间相互嵌入程度仍然不高。不同民族、不同群体彼此间缺乏必要的交流和沟通，极易使社区交往共同体分隔成边界性强的各类网格，降低了社区治理网络的工作效能。面对社区这一工作局面，鸡鸣山社区充分发挥政治资产的引领作用，打造"党建+单元+社会治理"巷战体系，为整合社区治理网络及弥合社区治理张力提供了破题之路。

鸡鸣山社区的政治资产主要包含以社区党委为核心的"战斗堡垒"以及社区在册党员、在职党员、流动党员及群团骨干等基层力量。面对社区治理困局，鸡鸣山社区充分发挥党建引领社区治理的能力优势，依托具有特色党建品牌的乐众惠民志愿服务工程促进社区政治资产与其他优势资产的互动与交流，打造出党组织与工会、共青团、妇联、科协及新时代文明实践站互动的工作体系。鸡鸣山社区党委还与义乌市委组织部、流动人口服务管理局等部门合作，创新成立义乌市流动人口临时党委和临时党支部，实现对社区流动党员的有效管理。对有意向加入中国共产党以及符合党员发展要求的人群，社区流动人口临时党支部也按照程序进行政治吸纳，实现了对流动人口政治资产的再整合。为引导少数民族流动人口更好地实现全方位嵌入，社区党委尤其重视发挥少数民族党员的模范带头作用，通过树立少数民族党员先锋带动少数民族群众参与社区事务。对未加入中国共产党的少数民族精英和骨干，社区党委将之归为基层统战的重点对象，采取推荐担任各级政协委员、各级工商联会员或者社区顾问等形式，将之团结性地纳入社区政治系统，并成为社区重要的政治力量。例如，由少数民族党员组成的少数民族党员先锋文明队在政治引领和社区服务中发挥了桥梁纽带作用。这支队伍依托于乐众惠民志愿服务工程，是社区政治资产的重要组成部分，也是促进各民族交往、交流、交融的重要力量。该项举措既拓宽了社区多元群体政治参与渠道，又有利于发挥互嵌式民族社区政治优势和能力，为提升社区各民族政治参与水平、整合社区治理网络奠定政治基础。鸡鸣山社区通过发挥政治资产引领功能，实现了对社区多元群体的思想引领和认同再造，加快了社区价值共同体的塑造，为社区建设汇聚政治力量。

（二）保障机制：做足物质基础，提高生计能力

鸡鸣山社区人员复杂的原因在于义乌小商品市场巨大的经济吸纳能力。为了满足物质层面生计需要，以来自我国中西部地区少数民族为代表的流动人口大量进入义乌，成为城市建设的重要力量。在进城的初始阶段，少数民族流动人口通常面临由于教育程度偏低和劳动技能不足带来的身份边缘、融入困难等现实阻隔，在社区生活中表现为生计能力弱、交往渠道窄和治理难度大等特征。

为了提高少数民族流动人口经济嵌入水平，鸡鸣山社区充分发挥物质资产保障作用，从就业层面做好社区成员的语言培训、劳动技能培训和法律法规宣传等，引导相关企业进社区开展劳务对接服务，为社区成员提供充足的经济机会。

鸡鸣山社区的物质资产是社区成员实现可持续生计的基础，主要包括物质资源、自然基础以及金融资产等。在社区物质设备、硬件设施等自然基础更新较缓的局面下，对社区成员影响较大的物质资产主要是社区的金融资产以及能够为社区成员创造直接就业机会的经济资本、人力资本和社会资本等。调查发现，鸡鸣山社区流向社会治理领域的金融资产一般具有公益性色彩。公益资产在引导社会资金流向社会治理上具有促进作用，是当下弥合社会治理张力的新兴手段。鸡鸣山社区党委通过公益创投、购买服务和资源下沉等方式引导社区优势资源参与社区治理，以项目化运作为以少数民族流动人口为代表的社区成员提供全方位服务，满足了社区成员多元化现实需求。例如，社区引入义乌工商学院优势资源，对社区少数民族群众开展专业培训，在语言学习和劳动技能等方面提高了少数民族流动人口的社区嵌入水平。此外，社区党委也通过行政吸纳服务的举措优化社区资源配置，引导少数民族群众加入居委会、业委会，或招募有意向者为社区专兼职工作人员，为其提供就业岗位。例如，社区少数民族群众代表 A，他既是一名自由职业者，同时也担任社区少数民族兼职委员，在处理社区事务时既能获取一笔劳务补贴，还能发挥民主管理和民主监督作用。而在社区成员生计能力提升上，在初始阶段，鸡鸣山社区少数民族流动人口大多从事生产加工或工程施工等劳动密集型产业。随着人力资本和经济资本的提升，工作类型逐渐向社会组织、中介组织、民营和外商投资企业的管理或专业技术人员转变，成为义乌新的社会阶层人士，就业机会和经济嵌入水平得到提升。例如，少数民族群众 B，他曾辗转于广州、深圳等地务工，但最终在十多年前选择在义乌定居，从事物流仓储行业，且实现了当地落户和定居。在资本累积过程中，鸡鸣山社区少数民族群体的社会资本也从机械团结向有机团结转变，更有利于扩大社会交往，改善了社区物质资产整体结构，加快了社区经济共同体的塑造。

（三）赋能机制：推动组织嵌入，搭建参与平台

不同于政治资产自上而下引领社区建设的运作机制，社会组织嵌入社区治理网络呈现出自下而上的灵活性和专业性的行动特征。社会组织作为社区可持续发展的治理主体，是社区发掘优势资源彰显内生动力的能力体现。在进城的初始阶段，少数民族流动人口大多基于血缘、地缘和亲缘抱团生活，社区参与渠道单一，利益诉求表达不畅，极易面临社会身份边缘化难题。社会组织基于自身专业能力可以为少数民族群众提供社区参与平台，畅通其利益表达渠道，

进而改善其边缘性身份。充分发挥社区组织资产专业赋能功能，可以在社区打造多主体共同参与的平台载体，进而增进社区多元化成员社会交往与情感交流，提升其全方位嵌入水平。

鸡鸣山社区的组织资产主要包括社区社会组织、自治性群团组织以及与之紧密相关的服务保障机构。当社区党委在治理过程中遭遇工作失灵问题时，组织资产的介入可以为社区实现政治目标，提供专业化和灵活性的破题之路。鸡鸣山社区通过搭建社区组织服务中心、社会组织服务中心委员会和青年议事会为架构的"一中心两会"工作体系，引导社会组织参与社区治理，实现了社区党委与社会组织的互动协同。2016年，鸡鸣山社区通过购买服务引入专业化社工，成立同悦社工服务中心，促进了社区治理的专业化和精细化。为了满足社区少数民族群众公共参与需求，社区党委设立了具有少数民族主题的民族民生自治委员会和民族团结进步促进会，在社区自治中团结少数民族群众。例如，少数民族商人C，她既担任民族团结进步促进会副会长，又面向社会大众不定期开展网络电商培训，带动了包括当地居民在内的各民族群众线上就业。此外，社区内还成立了具有少数民族品牌特色的红石榴志愿服务队和新乡贤志愿服务队等社会组织，为少数民族群众参与社区文体活动、教育培训及生活服务提供了路径保障。以新乡贤志愿服务队为例，该社会组织汇聚了包括社区少数民族人口在内的各民族社会精英。例如，少数民族商人D，他曾是一名阿拉伯语翻译，其后自己经营一家外贸公司负责产品的采购和零售，工作之余还兼任新乡贤志愿服务队队长，在社区各民族群众中具有较大影响力。他不仅组织开展社区志愿活动，还时常对接义乌总会等商会组织，实现信息共通共享，释放了各族群众社区参与活力。组织资产向社会治理网络的嵌入方式与政治资产的引领路径呈现出双向协同的耦合特征。在该过程中，政治资产在价值层面构建认同体系，发挥思想引领的作用。而组织资产则从专业角度给社会治理网络赋能，吸纳社区成员成为社区建设的参与对象。二者的协同发力能够极大调动社区治理的主动性和灵活性，共同发挥出社区治理主体的定位功能，进而推动社区建设，加快社会共同体的塑造，打造政社联动的协同治理格局。

（四）育导机制：增进文化认同，共建精神家园

作为典型的互嵌式民族社区，鸡鸣山社区除拥有大量少数民族群众外，来自不同国家、不同地域的众多流动人口使社区空间呈现多元异质的特性。在与当地居民交往过程中，以少数民族为代表的流动人口首先要面对的就是文化挑战，具体表现为语言、风俗不通和心理落差大等特征。整体来看，少数民族群众的文化挑战明显小于外籍人士，但与当地居民交往仍然存在文化认同感和心

理归属感不强等现象。在进城的初始阶段，少数民族群众的文化不适尤为明显，但随着城市生活的深入，该群体的文化适应不断增强，文化挑战相应减弱。在此过程中，社区文化资产的介入能够为打造开放包容的社区文化氛围提供支撑，从而为社区成员提供全方位育导服务，进而有效提升少数民族群众对地方文化的认同感和归属感。鸡鸣山社区的文化资产是全体社区成员共通共享的社会资源，可以为社区差异性文化群体提供现代化文化服务和体验，进而重塑其城市精神风貌。鸡鸣山社区文化资产主要包括社区文化阵地、文化符号和形象以及潜在的文化教育和文化关系等。面对文化差异较大的社区现状，鸡鸣山社区在尊重差异文化基础上搭建文化交流平台。首先，在文化阵地建设上，鸡鸣山社区党委承担了搭建文化"连心桥"的责任。社区确定"联合国社区"为特色品牌，将多元文化符号和形象融入党群服务中心阵地建设，并依托社区志愿服务为各民族群众和谐共融提供保障。其次，社区以提升各民族群众文化体验为契机，通过美食、音乐、绘画、体育等文化活动增进社区成员的相互了解。社区还致力打造共有精神家园，通过组织各民族群众参加社区邻居节、户外骑行、暑期儿童国际夏令营等活动，促进少数民族群众与当地居民的交往、交流、交融。最后，在社区精神文明建设上，鸡鸣山社区依托新时代文明实践站推动社区成员养成新的行为方式。例如，以文明城市创建为契机开展爱心餐桌、垃圾不流浪等专项行动，促进社区成员培育绿色生活方式，提高社区成员的整体文化素养。鸡鸣山社区文化资产最终以柔性治理的形式融入少数民族群众的日常生活中，加快了社区情感共同体的塑造，促进了各民族社区嵌入与社会融入，实现了以人为中心城镇化的身份转型。

五、结论与讨论

创新互嵌式民族社区治理模式是新时代推进国家治理体系和治理能力现代化的内在要求与应然之举。在社会转型的关键时期，"新移民运动"使得城市社区成员异质性、流动性和复杂性加剧。少数民族流动人口大量进入城市社区给传统需求为导向的社区治理模式带来了严峻挑战，建设资产为本的互嵌式民族社区越加紧迫重要。作为各民族交往、交流、交融的基层单元，互嵌式民族社区为城市各民族实现全方位嵌入提供了空间场域。通过"政治资产引领—物质资产保障—组织资产赋能—文化资产育导"的分析框架审视鸡鸣山社区治理的过程、内容和成效，可以为中国制度背景下互嵌式民族社区建设及治理创新提供一些启示。

首先，政治资产是互嵌式民族社区建设及善治的核心力量。在中国语境下，以基层党组织及党员为代表的政治资产对推动互嵌式民族社区善治具有自上而下的统领作用。当社区治理网络面临碎片化风险挑战时，政治资产能够有效发挥对社区公共资源配置的能力，并通过公共价值引领社区治理或通过公共产品输出的形式整合社区治理网络。在打造各民族相互嵌入的社会形态和社区环境时，为了弥合少数民族流动人口带给社区治理网络的张力，政治资产依靠社区党员带头发挥先锋引领作用，通过基层党组织的价值传播和理念输出有效凝聚社区向心力。在此过程中，各民族群众可以跨越地域、民族、文化等差异在价值层面开展社会交往，有利于打造各民族全方位嵌入的社区格局。

其次，物质资产是互嵌式民族社区建设及善治的基础保障。通过对鸡鸣山社区个案的分析发现，在少数民族流动人口进城的大趋势下，社区人员需求日趋多样化和复杂化，这给社区治理带来了前所未有的挑战和考验。传统需求为本的社区治理模式在面对这些瓶颈时难以及时跟进，出现社区工作清单与少数民族需求清单脱节的情况。在此形势下，社区物质资产能够从经济层面为少数民族流动人口带来基础保障，进而提升整体的可持续生计能力，城市融入和定居能力得到加强。尤其在鸡鸣山社区多样性和复杂性极其明显的情况下，以少数民族流动人口为代表的社区成员能够与当地居民，甚至与境外人士和谐共同生活的重要原因就是实现了经济层面的相互嵌入。

再次，组织资产是互嵌式民族社区建设及善治的动力来源。以社会组织、自治性群团组织为代表的社区组织资产能够为社会身份边缘、参与渠道狭窄的少数民族流动人口提供社区参与的平台和载体，进而改善其边缘性社会身份，为其实现全方位嵌入赋能增权。组织资产自下而上的结构性嵌入方式与政治资产自上而下的团结性吸纳方式互动结合，能够最大程度释放互嵌式民族社区的治理效能。以鸡鸣山社区为例，社区拥有丰富的社会组织，极大满足了少数民族流动人口在社区生活的多样化需求。此外，组织资产也为社区各民族群众和谐交往搭建了全方位平台，在社区活动中，各民族能够从初期的空间、经济等层面的交往向文化、社会，甚至心理层面的交往深入，提高了社区各民族相互嵌入水平。

最后，文化资产是互嵌式民族社区建设及善治的柔性指标。社区文化资产能够从心理层面增进少数民族流动人口的归属感和认同感，进而消解少数民族流动人口心理层面的疏离感，将互嵌式民族社区建设成为真正的情感共同体。以鸡鸣山社区为例，少数民族流动人口进城初期，社区文化异质性较强，但在社区文化育导机制作用发挥下，社区成员对地方文化、中华传统文化的认知和认同明显提升，真正在心理上将自己视为社区共同体的一分子。文化资产既能够联结差异群体间的心理纽带，又能够通过润物无声的方式增进社区情感，提高社区认同，是互嵌式民族社区建设和善治不能忽视的重要资源。

中国外来移民小社会治理研究

——基于上海、义乌和广州的实证分析*

吕红艳　郭定平**

一、问题的提出

全球化时代，移民浪潮汹涌澎湃，席卷全球。几乎没有任何国家可以完全置身国际移民潮之外，大部分国家同时扮演着移民输出国、输入国和过境国的角色①，中国也不例外。改革开放以来，中国不断加大力度吸引国际人才。2016年，中国正式加入国际移民组织，这意味着中国将以更加开放的态度对待外来移民。"一带一路"倡议的推进，使得我国与世界各国的人才交流更加紧密。近年来我国所采取的一系列国际移民"新政"，无不表明中国挖掘"移民红利"的决心。经济的飞速发展、国际形象的大幅提升和移民政策的逐渐放宽，使得中国从原来单纯的移民输出国向重要的国际移民接纳国转变。联合国经济和社会事务部的统计数据显示，截至 2017 年已有将近 100 万外来移民常住中国。②

越来越多外国人涌入我国，渗透各城市空间，并通过族裔聚居的形式塑造着中国城市社会空间景观，使得越来越多的异质空间在中国城市社会里出现，如北京的望京韩国城、上海的日本人族裔经济聚居区、广州的非洲人聚集区、义乌的中东人一条街等。外来移民群体在中国城市社会里不断建构着自己的社会空间及社会关系网络，并且通过族群效应鲜明地嵌入当地社会，从而在中国城市里呈现出独特的"外来移民小社会"形态。而我们对中国外来移民小社会

＊ 本文原刊于《湖北社会科学》2019 年第 9 期。

＊＊ 吕红艳，复旦大学国际关系与公共事务学院博士研究生；郭定平，复旦大学国际关系与公共事务学院教授，博士生导师。

① 科泽. 国际移民 [M]. 吴周放，译. 南京：译林出版社，2009.

② UNDESA Population Division. International Migrant Stock 2017 [EB/OL]. United Nations，2017-09.

的发展形态、特征、功能和运作机制等还知之甚少。外来移民小社会的出现，是中国改革开放和经济全球化不断深入的表现。与此同时我们也注意到外来移民小社会、国家移民管理体制和地方治理实践之间还存在着多重社会政治张力。一直以来，中国都缺乏对待移民流入的管理经验，现行的社会管理体制对具有非国民性的、高流动性的、喜欢抱团的外来移民群体缺乏有效性，使得这些移民社会空间"脱嵌"于国家治理体系之外，成为国家社会治理的"真空"。这给中国社会治理带来重大挑战：一方面，这些"治理真空"有可能成为移民非法居留、犯罪、吸毒等问题的温床，威胁国家安全和社会秩序；另一方面，外来移民聚居区及其社会组织有可能成为一种强有力的集体行动的中介，挑战国家社会治理的支配性地位和权威。

虽然中国对外来移民的管理，在制度和实践上还处于"盲人摸象"阶段，但是面对"游离"于国家治理体系之外的外来移民小社会，国家并非任其自由发展或只扮演消防队的角色，而是通过主动采取一系列措施试图将这些外来移民小社会空间变成其密切管控的领域。总体而言，目前中国政府对外来移民采取以管控和防范为主、以服务和培育为辅的治理方式。具体而言，地方政府根据外来移民群体及其小社会带来的不同挑战，采取不同的适应性调控策略。地方政府的治理行动使得国家与外来移民小社会产生了密切联系。由此引发的核心问题是，全球化背景下的跨国移民社会与民族国家如何在"地方"场域内相遇、碰撞和重构？国家是如何试图将外来移民小社会纳入其社会治理体系的？为何地方政府对外来移民群体及其小社会的治理会呈现出不同的治理景观？外来移民群体的社会空间建构与地方政府对其治理过程形成了怎样的互动关系？这些是本研究关注的主要问题。

二、"外来移民小社会与国家"互动关系的视角

根据联合国经济和社会事务统计局 1998 年公布的《国际移民数据统计建议》的定义，国际移民是指离开其常住国而迁到另一国家的人。该文件还将国际移民分为迁移到其祖籍国以外的其他国家至少一年以上的"长期移民"和三个月至一年的"短期移民"。① 国际移民组织对移民的最新定义认为，不论其法律身份、出于自愿或不自愿、迁移原因为何、停留时间的长短，只要是进行或

---

① UNDESA Statistics Division. Recommendations on Statistics of International Migration Revision 1 [R]. New York：United Nations Publication，1998.

者正在进行跨国移动，或者是在一国范围内离开其常住地的人，都是移民。① 本研究将在我国常住的外国人都称为"外来移民"②。同时，将"外来移民小社会"定义为外来移民群体在其跨国实践过程中建构的，具有明显族群特性和内在统一性的社会共同体。这主要体现在：一是形成与特定区域相联系的族裔经济聚居区；二是建立内部社会结构，如族群关系网络、社会组织等。在这个社会共同体内部具有一系列独特的联系方式、社会组织、宗教文化、生活习惯等，并通过族群效应嵌入与之不同的中国主流"大社会"，从而凸显出其"小社会"的形态。

学者对跨国移民社会的关注一般是从族裔聚居区（ethnic enclave）开始的。他们的研究表明，移民族裔聚居区具有相对独立的社会结构，有一定的边界（无论是地理性的还是社会性的），在功能上能够自给自足，实际上是一个可以观察到的移民社会，是外来移民社会生活各方面紧密相连而成的整体。③ 移民社会建构既表现为对一定地理空间的占有、使用、支配而形成族裔经济聚居区，又体现为在超越地理空间之上形成各种族群社团组织、族群网络和社会关系。列斐伏尔认为，社会空间由人类社会关系生产并同时生产着社会关系。④ 空间不仅是社会性的，还是政治性的、战略性的、意识形态性的，人们占有空间是为了管理它，对它进行加工、塑造。⑤ 福柯也认为，空间是"任何公共生活形式的基础"，空间也是"任何权力运作的基础"。⑥ 列斐伏尔和福柯的研究都表明，空间与权力之间存在着密切关系。一方面，人们对空间的占有、利用和控制，使其成为权力运作的载体；另一方面，空间的产生又是权力运行的结果，这些空间是权力化了的空间。作为外来少数族群，外来移民往往在语言文化、经济条件、社会地位、社会资本等方面处于劣势地位，他们占有和使用的某一社会空间是其开展工作和生活的基础。采取族群聚居的方式可以更大程度地占有某一空间，并通过其独特的社会结构、社团组织、互动方式和运作逻辑构建"自我维系的生活秩序"。这些社会空间以及社会秩序的建立，不仅使外来移民群体

① 王辉耀，苗绿. 中国国际移民报告（2018）[M]. 北京：社会科学文献出版社，2018.
② 根据各地方公安出入境管理部门的做法，一般将居留半年以上的人称为"常住外国人"。
③ 周敏. 唐人街：深具社会经济潜质的华人社区 [M]. 鲍霭斌，译. 北京：商务印书馆，1995.
④ LEVEBVRE H. The Production of Space [M]. Oxford：Blackwell，1991.
⑤ 列斐伏尔. 空间与政治 [M]. 李春，译. 上海：上海人民出版社，2015.
⑥ 福柯，雷比诺. 空间、知识、权力——福柯访谈录 [M] //包亚明. 后现代性与地理学的政治. 上海：上海教育出版社，2001.

在生活、工作和社会活动等方面拥有更大的自主权，同时也生产出一种非正式权力，与国家力量的直接进入和干预对抗。

我们调研发现，上海的日韩人、义乌的中东人和广州的非洲人都在不同程度上形成了自己的族裔经济聚居区，这些移民群体在其族裔经济聚居区内基本能够实现日常生活和社会交往的自给自足。同时，这些外来移民群体通过熟人圈子、社团组织和宗教组织来构建移民社会网络。但是，这些移民群体的社会网络建构能力具有很大差异，其社会组织化程度也有所不同。我们发现，这些组织网络发育越完善，联系越紧密，其组织化程度就越高，对抗国家进入和干预的力量也就越强大。面对"脱嵌"的外来移民群体及其社会空间，地方政府试图将他们纳入治理体系。总体而言，地方政府都采取了"管理与服务并重"的外来移民治理方式，但是在不同的外来移民小社会的"脱嵌"程度、国家移民政策体制、地方社会认同状况等多种治理压力下又采取了适应性治理策略，从而呈现出不同的治理生态。这实际上反映的是地方政府以追求外来移民治理"绩效合法性"的行动逻辑。国家移民政策、地方认同和移民类型之间存在多重张力，以及外来移民社会空间"脱嵌"所带来的治理风险、社会维稳与问责压力等都给地方政府带来巨大治理压力。地方政府必须采取相应措施对这些移民社会空间进行治理和回应。

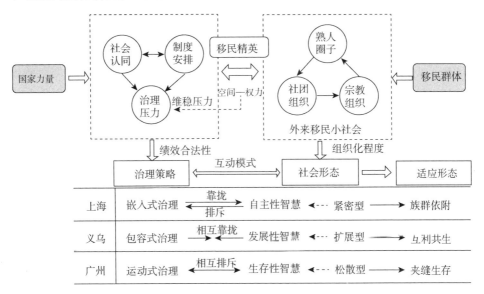

图1　基于"外来移民小社会与国家"互动关系的分析框架

国家与社会关系是政治社会学研究中的重要范式，并经历了从二元对立到互动关系的研究转变。20世纪90年代以前，人们大多讨论国家与社会之间此消彼长的关系。① 20世纪90年代以后，米格代尔、埃文斯等人开始超越国家与社会二元对立关系的视角，提出了"社会中的国家""嵌入性自治""国家与社会共治"等概念，他们认为，国家与社会之间不仅仅有此消彼长的关系，同时也存在互补和合作等多种复杂的互动关系。受此启发，笔者开始思考，外来移民小社会的建构过程以及地方政府对其治理过程是否也形成了某种互动关系？通过对这个问题的深入分析与思考，笔者发现，外来移民小社会与国家之间形成的是一种"另类"的"国家—社会"关系。第一，外来移民小社会的独特性。在全球化背景下，中国的外来移民情况越来越复杂，呈现出来源广泛、身份复杂、层次多样、流动性高、异质性强等特点。无论定居与否，移民群体似乎都采取一种"和而不同"适应策略②，从而在中国城市社会里呈现出一个高异质性的亚社会空间和亚文化景观。第二，外来移民小社会治理的复杂性、艰巨性和敏感性。在全球化时代，跨国流动人口对一个国家的政治、经济、社会和文化等方面的影响比以往任何时候都要大。外来移民及其社会空间的管理同时牵涉国内政治与国际政治两个话语体系。在国内政治层面，外来移民管理与国家主权、社会稳定、民族认同等问题相联系；在国际政治层面，外来移民问题涉及国家间双边与多边的合作与博弈。第三，外来移民小社会与国家互动关系的多样性。在全球化不断加深的时代背景下，跨国流动人口，无论是国籍观念还是国家认同都趋于淡薄，但是民族国家对这些人的入境、居留、出境和福利待遇等方面仍然发挥关键性作用。面对强大的民族国家，这些在跨国活动中寻找生存和发展空间的移民群体不得不舍弃一部分公共政治生活的权利，在家庭和族裔社会空间领域中寻求私人性和局部公共性的价值与意义。所以，这些在迁入国家不具有公民身份的外来移民就表现为对国家忠诚度减弱和集体主义精神的普遍缺失，进而呈现为外来移民小社会与国家关系的普遍疏远。正因如此，与国内迁徙的移民相比，这些迁入的国际移民面对中国这个国家时就具有权利和义务上的根本性差异。所以中国政府对待国内流动人口的管理方法和传统的社会治理体制都不适用于这些外来移民及移民社会。

以往有关国际移民聚居区和跨国移民社会空间的研究，主要是将这些移民聚居区或社会空间当成一个自成体系的空间领域来研究，考察族裔文化、族裔

---

① 邓正来. 市民社会与国家：学理上的分野与两种架构［M］//邓正来，亚历山大. 国家与市民社会：一种社会理论的研究路径. 北京：中央编译出版社，1999.

② 广田康生. 移民和城市［M］. 马铭，译. 北京：商务印书馆，2005.

经济、族裔网络等对这些社会空间形成和发展的影响，而鲜有研究这些空间及其内部的非正式权力和权威是如何挑战国家的支配性地位的。同时也极少关注外来移民小社会的发展形态与国家特定的治理策略之间存在着的紧密相关性，更没有看到国家的外来移民治理在不同场域下的具体分化情况。因此，本研究将外来移民群体的社会空间建构过程与国家空间治理过程联系起来，并希望通过构建"外来移民小社会与国家"互动范式，为外来移民小社会的发展形态及中国外来移民治理的理论和实践问题提供可行性思考路径。

本研究建立在田野调查基础上。从 2011 年开始，笔者就对上海的日本人和韩国人聚居区陆续进行跟踪调查。而对义乌和广州的社会调查主要集中在 2018年 5 月至 2018 年 12 月。调查方法主要有参与观察和深度访谈等，其间，笔者参加了二三十场由外国人社会组织或地方政府部门举办的活动，无数次进入国际社区、清真寺、基督教堂、礼拜点、外国人餐厅、外国人公司、酒吧等外国人聚集的场所，访谈的外国人达 100 多人，涉及 40 多个国家，深入访谈了 17 位商会/协会的领袖，还多次通过座谈会的方式同时与多名访谈对象沟通与交流。笔者的访谈对象除了外国人，还有出入境警察、派出所民警、社区及社会组织的工作人员、社区保安、政府相关部门工作人员等。

三、上海日韩人小社会与嵌入式治理

上海以优越的地理位置及开放型的经济发展，不断聚集国际资本，同时吸引了大量外国人，成为当前中国外籍人口集聚规模最大的城市。[①] 改革开放以来，来沪外国人数量呈波动增长态势。从来源国看，常住上海的外籍人口主要来自日本、美国、韩国、法国、德国等发达和邻近国家。从类型看，在职工作人员和随行家属是在沪外来移民人口构成的主体，如外资企业工作人员、外国专家等都是全球化和跨国主义浪潮下出现的"新移民"，这些人具有教育程度高、经济条件好、移动能力强等特点。移民研究学者一般用"高技术移民""跨国精英"等概念来描述这一群体。[②] 这些群体的跨国流动主要是由跨国公司的全球崛起带动起来的，雇主的特殊需求和企业的组织方式都会影响他们的迁移路径或居留期限。正如索特所言，个人职业道路、工作性质和公司迁徙要求之

---

① 周雯婷，刘云刚. 上海古北地区日本人聚居区族裔经济的形成特征［J］. 地理研究，2015，34（11）：2179-2194.
② 亨廷顿. 我们是谁？美国国家特性面临的挑战［M］. 程克雄，译. 北京：新华出版社，2005.

间存在着密切联系。① 这种跨国流动的模式又被称为"公司主导的移民模式"（company-led migration model）或者是劳动力本身因为国际流动所带来的升迁预期及职业满足而进行的"职业路径"（career path）式的迁移模式。②

表1　2000—2017年上海常住外国人口（单位：人）

类别		年份																	
		2000	2001	2002	2003	2004	2005	2006	2007	2008	2009	2010	2011	2012	2013	2014	2015	2016	2017
总计		60020	50586	61610	72895	90409	100011	119876	133340	152104	152050	162481	164359	174192	176363	171874	178335	175674	163363
居留许可外国人							95384	115326	129475	147826	147213	159303	163124	172551	174457	169686	175931	172647	157924
国籍	日本	12270	10838	13861	17409	22563	27812	29326	31025	33472	31490	35075	37223	39091	37671	33948	33440	31230	28870
	韩国	3294	3811	5703	7135	9441	14047	17020	18600	22736	20700	21073	20297	20456	20578	19976	21178	21497	20823
	美国	6354	5150	6766	8248	10695	14329	15877	18152	21730	21284	24358	16805	26000	26279	25396	25537	23974	21903
	加拿大	1361	1400	1843	2352	3189	4279	4572	5376	6455	6121	7306	7407	7669	7832	7868	8012	7880	7439
	新加坡	2808	1603	2390	3263	4472	5547	6336	7001	7717	7209	7545	6955	6935	6717	6445	6421	6134	5786
	德国	1511	1631	2054	2541	3496	4591	5636	6333	7264	7253	8023	8040	8680	8948	8461	8446	8111	7583
	英国	2357	934	1285	1627	2135	2904	3725	4228	5008	5137	5591	5728	6196	6457	6402	6543	6446	5993
	澳大利亚	6420	1722	2136	2499	2891	3729	3927	4478	5635	5257	6165	6207	6545	6917	7143	7444	7400	6995
	法国					3133	4181	5437	6203	7426	7437	8238	8751	9472	9828	9607	9993	9453	8659
类别	留学人员及家属						10224	12555	13368	14655	14654	16064	14203	14467	6067				
	驻华机构代表及家属						9769	11281	11589	12179	10754	8933	6480	6174	4285				
	外资企业工作人员及家属						60137	76873	87271	98925	96750	95623	88114	95303	89468				
	外国专家及家属						4586	4942	5753	6238	6582	6638	6817	7528	7580				
	永久居留外国人						295	435	604	715	948	1181	1587	1886		2188	2404	3027	5439
	半年以上长期签证外国人						4255	3430	3694	4122	2230	54	54	20					

数据来源：上海统计年鉴（2004—2018年），网址：http://www.stats-sh.gov.cn/html/sjfb/tjnj/。

（一）日韩人小社会：族群依附与主动隔离

本文将上海的日本人和韩国人放在一起考察，一是因为二者的迁移模式类似，即基本上都属于跨国企业派遣员工，是组织化迁移的精英移民；二是因为二者在居住空间和族裔经济区上有诸多重叠之处，在社团组织和社会网络建构上也有类似之处。笔者田野调查的切入点是有大量日本人和韩国人聚居的长宁古北地区和闵行虹桥镇一带。凭借其毗邻虹桥机场的地理位置和外企云集的商业环境，古北地区至虹桥镇一带已然形成了一个以日韩族裔经济为主的外来移民聚居圈。聚居圈里拥有大量的日本食品店、日本餐厅、日本学校、韩国餐馆、美容美发店、韩语培训机构、跆拳道馆等日韩族裔经济基础设施。相对而言，日本族裔经济多集中在古北地区，而韩国族裔经济多集中于虹桥镇。但二者并

---

① SALT J. Level Manpower Movements in North-West Europe and the Role of Careers：An Explanatory Framework ［J］. The International Migration Review，1984，17，（2）.

② BEN-ARIE. The Japanese in Singapore：The Dynamics of an Expatriate Community ［M］// GOODMAN R，et al. Global Japan：The Experience of Japan's New Immigrants and Overseas Communities. New York：Routledge Curzon，2003.

非是截然分开的，在日本族裔经济设施集中的古北地区也掺杂着不少韩国超市、韩国餐厅、韩式美容美发店等。同样，在韩国族裔经济设施集中的虹桥镇一带也有很多日本餐厅、日本食品店等。由于族裔经济的吸引，大量日本人和韩国人都居住在这一带，形成"大杂居，小聚居"的居住形态。如有着"小小联合国"之称的古北新区里就有越来越多的日本人或韩国人倾向于居住在同一自然小区或同一栋楼，逐渐形成"族裔小聚居"的居住形态。社区工作人员把日本人或韩国人密集居住的楼栋叫作"日本楼栋"或"韩国楼栋"。"日本人很喜欢扎堆的，国际广场7号楼住的几乎全是日本人。韩国人住在上城国际（小区）那一带比较多。他们去中介公司租房子很多时候都是老乡带去的，所以也比较喜欢挑选老乡居住的楼栋，这很正常。"①

笔者长期参与观察的金太太一家就是通过公司同事帮忙租到房子的，金太太告诉笔者，韩国人喜欢扎堆居住更重要的原因是避免由于文化习俗和生活方式的不同而与本地人产生邻里矛盾。帕克认为，移民聚居区的出现有可能重构当下碎片化、冷漠化的邻里生活，尤其是那些存在种族歧视的地方，更有可能进一步强化邻里生活的亲密性和团结性。② 这些移民群体都有自己的关系网络和生活方式，并通过私人小圈子、教会、商会、俱乐部等组织来构建一个跨区域的族群社会网络空间。这个族群社会网络空间由内而外具有"最私密—较私密—半公共"属性。

首先，内层主要由家庭、太太圈子组成。在古北地区和虹桥镇一带居住的日本太太和韩国太太大部分是作为团聚类移民而来的，这些太太由原来的留守型妻子转变为随夫跨国迁移者。她们移居上海是为了陪伴丈夫和照顾孩子，由于人生地不熟，又不谙当地语言，只能通过定期参加同乡联谊活动或者宗教活动，将自己从跨国迁移的失落和家庭主妇的无聊生活中解脱出来，如韩国太太们平日一般会结伴参加育儿、韩国料理、烘焙、健身等培训班。这些培训班一般由韩国太太自己开设，通过熟人或朋友介绍学员，非韩国人一般难以加入这些圈子。日本太太们也存在类似的小圈子。这些太太小圈子主要围绕技能培训、生活娱乐、情感交流、精神支持等方面的内容展开。这属丁最私密的社会空间网络，主要建立在家庭、私人朋友、同乡等血缘和地缘关系基础之上，具有私人性、非正式性和不稳定性，对外具有封闭性和排他性。

---

① 古北新区某物业公司经理的访谈记录，2012年10月16日。
② 帕克. 城市：有关城市环境中人类行为研究的建议 [M]. 杭苏红，译. 北京：商务印书馆，2016.

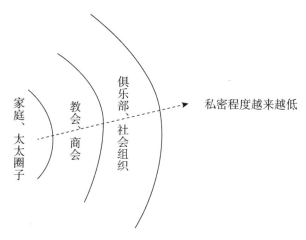

图2 上海日韩人三层社会网络结构

其次，中间层由教会、商会等组织组成。上海的外来移民群体中，韩国人的宗教生活最稳定，并且已经形成规模化、常态化和制度化的宗教组织和宗教活动。[①] 韩国人主要信仰基督新教和天主教，天主教徒主要在浦东的金家巷天主堂和黄浦区的伯多禄堂做弥撒，基督教徒则主要在浦东福音堂和闵行区迦南酒店做礼拜。这些礼拜点规模宏大，设施完善，如迦南酒店礼拜堂一共由五层组成，包括咖啡厅、主日教室、礼拜堂和办公场所等，可容纳几千人。这些礼拜点开展的活动丰富多彩，除了每日早上的早祷会和周日的专场礼拜以外，还有诵诗班、查经班、凌晨祷告会、奋兴会和各种户外活动等。相对而言，日本人对宗教生活态度普遍比较冷淡，没有建立民族宗教组织，也没有公开开展宗教活动。中间层网络中另一重要组织是商会。上海的日本商会和韩国商会成立较早，现已形成比较完善的规章制度，开展的活动包括投资经营、培训与就业、社会公益事业和休闲互益等方面。这些商会在连接和协调当地政府与跨国企业、离散族群与其母国之间的关系，以及为移民群体争取权益、丰富外来移民的社会文化生活方面都发挥重要作用。这层网络属于较私密的社会网络，主要建立在血缘、地缘、业缘和宗教缘基础之上，其人数规模庞大、结构稳定、活动丰富、凝聚力强大。实际上，上海日本人或韩国人群体最大的族裔网络是通过宗教或商会纽带构建起来的。教会和商会的各种活动把分散在全市乃至全国的日本人或韩国人整合在一起，构建起一个跨区域乃至跨国的社会组织网络。而且，

[①] 徐剑，曹永荣．外国人在华宗教行为及特征：基于上海国际社区的实证调查［J］．上海交通大学学报（哲学社会科学版），2013，21（2）：29-36.

这层网络不仅起到族群联系、互帮互助和精神支持的作用，还不断强化其族群归属和身份认同。

最后，外层由俱乐部、社区组织等具有更大开放性的社团组织组成，具有半公共性。这层网络的建构常常体现在不同族群之间或外来移民与当地社会组织之间的互动与合作，但是由于语言文化、行为模式等方面存在差异而难以完全融合，不同的移民群体对俱乐部和社区组织活动具有选择性偏向，如虽然日本人和韩国人都喜欢剑道，但是韩国人一般会加入韩国人开设的剑道馆，日本人更倾向于加入日本人开设的剑道馆。

可见，上海日韩人群体通过族裔经济聚居空间和族群关系网络构建起一个紧密型的小社会，在这个小社会里，他们不仅能获得物质上和精神上的自给自足，还不断强化其族群意识和身份认同，表现出强烈的族群依附和主动隔离倾向。当然，日韩人族群依附与主动隔离现象的出现，不得不考虑其特殊迁移模式。上海大部分日韩人的跨国活动都属于公司派遣而形成的短期循环流动。很多日本或韩国公司实行终身聘用制，为了保持员工对企业的忠诚而建立海外岗位"旋转原则"，将职员派遣到海外工作 3~5 年。在这种情况下，企业为员工的跨国迁移建立一整套从入境、居留到出境，从物质、休闲到精神的有效衔接系统。如直接或间接提供住房、建立俱乐部和社交组织、建立相应的族裔学校等，使员工的物质和精神需求都在公司系统内部得到极大满足。可以说，在企业主导的迁移路径下，外来移民还没到达上海之前就已经有了完善的族裔经济基础设施和紧密的社会关系网络。正因为拥有以企业系统为基础的族群资源和族裔网络的支持，这些高技术移民群体"身在曹营心在汉"，并没有融入主流社会的热切愿望。与其说他们来华是追逐"中国梦"，不如说他们是在追逐"日本梦"或者"韩国梦"，因为他们出来是为了回去。

（二）日韩人小社会的治理：组织嵌入与功能扩张

上海对外来移民的治理，除了公安出入境管理体系以外，更多是下沉到社区层面。上海政府在社区建设上呈现出一种非常浓厚的主动嵌入色彩而被冠以"强政府"的治理模式。[①] 同样地，上海政府在国际社区建设和外来移民治理上也表现出强烈的主动嵌入色彩。在中国政府看来，只有与社会形成紧密的嵌入关系，才能保证国家的统一稳定和社会的有序发展。所以一直以来，中国共产党都通过人事、权力和文化等方式嵌入社会，以实现对社会的嵌入式吸纳、监

---

① 郭圣莉．上海社区建设强政府色彩的反思与启示［J］．上海城市管理职业技术学院学报，2004（4）：33-36．

管与渗透。① 但是国家对外来移民空间的监控和整合有一定的限度，从进入到治理都遭遇了前所未有的阻碍和挑战。为此，国家不得不对此做出适应性调整。地方政府开始从组织、制度、功能等多方面加强嵌入力度。对上海政府而言，在外来移民治理和国际社区建设上，上海承担着树立典型的使命。因此，其对外来移民治理的政绩要求是，不仅要实现保障稳定有序和回应利益需求等多重目标，还要引领外来移民社会空间的发展方向。

现有研究发现，除了封闭管理的别墅式国际社区，居委会所代表的国家力量在形式上都成功地进入了国际社区。以上海第一个大型国际社区——古北新区为例。起初，古北新区是由物业公司独立管理的，在物业公司看来，这些高档社区里没有居委会也能管理得很好。但对国家而言，如果国际社区里没有居委会，就缺少向社区推行其行政性工作的组织机构，也没有了解外国人情况的制度性渠道和消除文化冲突的权威性资源。因此，自 1996 年 6 月上海第一个涉外居委会——荣华居委会在古北新区成立以后，就开启了国家嵌入国际社区并重建其治理结构的过程。经过二十多年的建设与发展，古北新区已经建立了完善的党政结构体系，同时还建立了"两委三站一中心"的社区治理组织架构。通过大力打造社区多功能服务平台和机制，社区服务功能不断拓展，不仅为中外居民提供多样化、个性化、专业化的服务，还深入挖掘沉淀在社区内的治理资源，将热心公益事业、具有群众威望和办事能力较强的外籍居民骨干请出家门，为社区治理献言献策，促进基层社会民主自治、协商共治的发展。

在现代国家能力建设话语体系下，嵌入式治理成为国家对社会实施治理的主要方式之一。在上海日韩人小社会治理中，国家采取强势嵌入的治理策略，这种嵌入不仅仅是在居住空间上的嵌入，还包括在社会组织上的嵌入。如在对韩国人宗教活动的管理上，为了避免涉外宗教渗透，以及宗教机构化、组织化发展，自 20 世纪 90 年代起，上海市政府不仅将这些宗教活动场所纳入其重点管理范围之内，还成立专门的联络小组对其宗教场所和宗教活动进行监督管理，尤其是对神职人员认可和重大活动报备两方面进行管理。但是这样的管理方式遭到韩国人宗教组织的抗议，认为这妨碍了他们宗教信仰自由。经过多年协商与磨合，双方信任增强，上海政府部门开始转变思路，在把握主导权力的情况下不再派人员直接参与管理，这样反而取得了很好的治理效果。②

---

① 丁远朋. 嵌入式治理：政党与社会关系视阈下的党组研究 [J]. 理论与现代化, 2017 (2)：43-48.

② 朱晓红，钱铁铮. 韩侨基督在上海的宗教生活 [J]. 当代宗教研究, 2013 (1)：15-28.

像日韩人小社会这样组织化程度较高的外来移民小社会，有着强烈的自我组织、自我管理、自我服务的愿望，虽然国家已经嵌入外来移民的居住空间之中，但实际上其治理效果有限，而且我们对其社会组织网络的了解和认知还非常缺乏。彼得·埃文斯认为，单纯的嵌入或者单纯的自治都不能形成强大的国家能力，只有具有官僚体制的国家与具有自治能力的社会镶嵌，形成嵌入式自治（embedded autonomy）才能促进国家的转型和发展。换句话说，只有实现国家嵌入与社会自治的有机统一才能保证国家和社会的健康、有序和稳定发展。那么，如何实现国家嵌入与外来移民小社会自治之间的有效衔接是摆在我们面前的重大课题。

四、义乌中东人小社会与包容式治理

从昔日小打小闹的"鸡毛换糖"到今天世界瞩目的国际商贸，义乌走出了一条富有特色的区域发展之路。虽然义乌只是中国的县级市，但其国际化程度走在绝大多数城市的前面。每年到义乌采购的外国商人就高达 50 多万人次，有100 多个国家和地区的 1.5 万境外客商常住这里。截至 2017 年 12 月 20 日，义乌外国人住宿登记量达到 510125 人次。在这些入住外国人中，散居登记 57848人次，宾馆登记 452277 人次。其中涉及伊斯兰国家 244458 人次，占比 47.9%，同比上升 11.4%，涉及非洲国家 101986 人次，占比 20.0%，同比上升 9.4%。[①]常住义乌的外国人中以也门、伊拉克、叙利亚、埃及、约旦等国家的人口最多，而这些外来商人大多信奉伊斯兰教，为此，义乌也被大众媒体称为中国华东地区的"阿拉伯村"[②]。

与北京、上海等城市以来自发达国家的专家、高管和老总等精英移民为主的外籍人口结构不同，义乌的外籍人口以跨国商人为主，这些跨国商人在义乌主要从事中间贸易。这些商人的跨国活动与广州非洲商人的跨国活动如出一辙，用麦高登的话来说，这是低端全球化（low-end globalization）的过程。[③] 值得注意的是，虽然义乌的外来移民规模远不及上海、广州等城市，但是由于义乌地域空间小，外国人的可见度反而比上海、广州等地高。

---

① 义乌市调研数据。
② 马艳. 一个信仰群体的移民实践：义乌穆斯林社会生活的民族志 [M]. 北京：中央民族大学出版社，2012.
③ 麦高登. 香港重庆大厦：世界中心的边缘地带 [M]. 杨旸，译. 上海：华东师范大学出版社，2015.

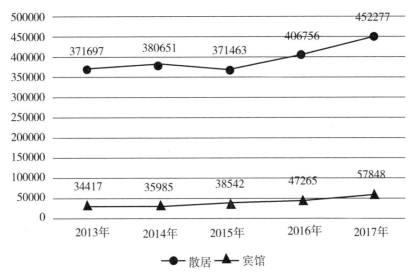

图 3 义乌市 2013—2017 年外国人住宿登记情况
资料来源：义乌市调研数据

（一）中东人小社会：族群分化与宗教融合

20 世纪 90 年代开始，便有不少西北地区的穆斯林商人和来自巴基斯坦、阿富汗、伊拉克等国家的外籍商人进入义乌从事商贸活动。2000 年以后，随着穆斯林人口的增加，在义乌商贸市场、五爱、端头、山口等穆斯林集聚的区域，涌现了大批清真餐厅、兰州拉面馆、清真食品店、烧烤店、牛肉店、穆斯林礼拜用品店等穆斯林经济和文化设施，这不仅满足了外籍穆斯林的饮食和生活服务需求，而且成为他们社会交往和风俗文化表达的主要场所。尤其是近几年来，义乌的穆斯林经济更是取得了长足发展，穆斯林文化景观随处可见。大街小巷到处都是同时标有中文、英语、阿拉伯语招牌的外贸公司、清真寺、餐厅和咖啡厅、翻译公司、阿拉伯语学校、美容美发店等。在义乌中心城区已然形成一个集衣食住行商宗教为一体的穆斯林经济与文化聚居圈。这个穆斯林经济与文化聚居圈是中外穆斯林群体共同打造的，是穆斯林群体贸易与信仰相辅相成、相得益彰的重要体现。

像孔飞力研究的海外华人和查尔斯·蒂利所关注的意大利移民一样，中东人从其祖籍国迁移到义乌的过程也存在着一条明确的移民链，基于家族资源和族群网络而形成一个与众不同的移民小生境，并在此过程中产生从事中阿贸易或者为这些商人提供服务的类型化移民。在义乌从事商贸活动的同时，中东商人又通过饮食起居、宗教弥撒、社团活动等日常实践建立起一个既多样又统一的社会空间网络。

首先，穆斯林餐厅、咖啡店等场所不仅是中东人聚会和交流的重要场所，更是他们建构族群社会空间的重要体现。

"我一般没什么事都会来阿拉伯餐厅吃饭、喝茶、与朋友聊天。不用特意预约朋友一起过来，义乌这个地方就只有这么大，只要你来这里，肯定会遇到很多朋友。来这里喝茶的也门人最多，其他国家的也有一些。"①

对很多中东商人而言，像诺曼一样在工作之余去穆斯林餐厅与朋友一起聚会、聊天、喝茶、打牌和吸水烟是最好的休闲放松方式。

其次，在清真寺和临时礼拜点等场所，以宗教文化和宗教活动为中心的一系列日常交流和社会网络得以构建起来。这些宗教场所和宗教活动为外籍穆斯林之间提供了频繁互动的机会，尤其是在每周五主麻日聚礼结束后，很多中东人都聚在一起聊天、喝茶、娱乐，分享信息、增进感情。

最后，社团组织也是中东人之间相互联系和强化认同的重要纽带。在义乌成立了很多以国籍为基础的中东人商会，如也门商会、苏丹商会、叙利亚商会、埃及商会等，但这些商会组织比较松散，没有建立正式的规章制度，会员流动性较大。这些商会一般具有以下功能：一是代表本国人与义乌政府打交道，主要涉及签证事务；二是提供内部帮助，如有成员遇到经济纠纷，商会帮忙安排律师，协助调解；三是举办各类文化娱乐活动，如开斋节晚宴等。

义乌中东人在族群网络建构和族群认同上既具有多样性又具有统一性。一方面，义乌中东人小社会由不同的子群体构成，这些子群体基于血缘、国家、语言、地域、职业等因素建立，具有明显的群体分化。另一方面，义乌中东人群体又普遍具有分享、合作的观念。相同的宗教信仰与饮食文化增加了彼此的信任与理解，进而强化其身份认同。通过共同的宗教文化与宗教活动，如主麻日一起参加聚礼，一起庆祝重大节日，等等，一个跨国别的泛族裔社会空间在不同群体的日常互动及共同的信仰体系中建立起来。

（二）中东人小社会的治理：开放包容与多元互动

义乌的外籍人口具有来源广泛、构成复杂、流动性高等特点，在外来移民治理上，义乌也和其他城市一样建立了"管服并重"的治理体系，但是义乌还不断探索创新外国人服务与治理模式，逐渐形成了一种开放包容、多元互动的包容式治理生态。包容式治理是一种"各种利益相关者能参与，影响治理主体结构和决策过程，公平分享政策结果、治理收益和社会资源，各种利益相关者

---

① 在也门人开的加夫尔餐厅对诺曼的访谈记录，2018年5月14日。

的权益能得到尊重和保障的公共治理"①。即包容式治理强调治理主体多元参与、治理过程合作互动以及治理成果利益共享。② 就义乌的外来移民治理而言，包容式治理生态的形成有其社会基础及现实必然性。

从"鸡毛换糖"到国际商贸，义乌各方面的发展在很大程度上都是依靠商贸活动来维持的，民众的日常生产生活以及官员的政绩等都已经与市场建立了密切联系。2001 年，中国加入 WTO 以后，随着外籍商人的增多以及义乌市场从国内市场向国际市场的转型，外籍商人开始成为义乌"兴商建市"发展战略中的主力军，义乌逐渐形成了一种开放包容的"亲商"环境和社会氛围。那么，随着外籍商人的增多，如何将外来移民多样性的潜在冲突成功转变为多元融合的城市创新财富与价值，是义乌外来移民治理面临的一个严峻挑战。针对义乌中东人小社会的治理极具复杂性和敏感性的现实情况，如果采取传统打击整顿式的"硬治理"方法必然会引发大量社会矛盾和族群冲突。为此，多元互动式的"软治理"创新实践开始推行。

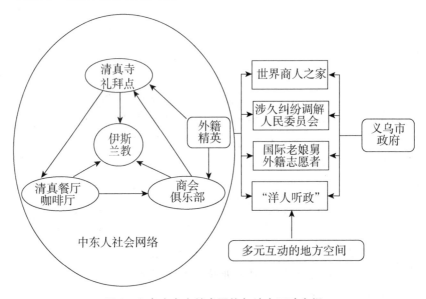

图 4　义乌中东人社会网络与地方互动空间

第一，成立义乌世界商人之家，汇聚世界商人力量，促进国际贸易繁荣和社会治理。2015 年 5 月，义乌世界商人之家成立，世界商人之家下设一批涵盖

---

① 李春成. 包容性治理：善治的一个重要向度 [J]. 领导科学，2011（19）：4-5.
② 徐倩. 包容性治理：社会治理的新思路 [J]. 江苏社会科学，2015（4）：17-25.

商贸、体育、文化、娱乐、公益等内容的俱乐部，吸纳不同国家和地区的外籍精英以促进义乌的商贸发展，让精英们参与社会治理。自成立以来，义乌世界商人之家在聚集创业人才、搭建外商服务平台、畅通交流合作渠道、促进多元文化融合、发展国际性体育和慈善公益事业等方面发挥了积极作用。第二，开创"以外调外"的涉外纠纷调解模式，让"老外"参与涉外矛盾纠纷调解，有效维护市场和社会的和谐稳定。针对义乌国际商贸城里涉外商业纠纷多样复杂，在调解处理过程中又存在语言不通、文化差异大、信任度不高等问题。2013 年 5 月，义乌国际商贸城司法所成立涉外纠纷人民调解委员会。截至 2018 年，先后聘请了 21 名来自新加坡、埃塞俄比亚、约旦、几内亚、韩国、菲律宾、伊朗、苏丹、埃及、阿富汗等 19 个国家的外商担任调解员，调处涉外纠纷共 720 起，涉案金额达 8240.42 万元，为中外商人挽回经济损失 3737.47 万元，调解成功率达 96%。① 第三，创新国际社区涉外服务与治理模式，让国际"老娘舅"参与社区治理，促进外来移民文化适应与社会融合。如在被称为"联合国"社区的鸡鸣山社区不仅建立了乐众惠民议事会机制，邀请社区里的外国居民为社区事务出谋划策。同时还设立国际老娘舅中外调解室，邀请在社区里居住时间长、中文水平高、在外商中比较有影响力，并且乐于助人的外国居民作为调解室的志愿者，调解社区里的邻里涉外纠纷。第四，建立"洋人听政"机制，在"人大代表旁听外籍人士座谈会"上，让"洋顾问"们畅谈心声、建言献策。自 2003 年起，义乌市就邀请外籍人士旁听人大代表会议，会后还举行专门的旁听外籍人士座谈会。这些外籍人士不仅可以现场听取政府工作报告，第一时间了解义乌市社会经济发展的动向，还可以为义乌社会经济发展建言献策。外籍人士不仅提出一些与自身利益相关的签证政策、外籍子女教育、外籍人医疗保障、涉外组织注册等问题，还在义乌的国际贸易、社会治理、环境优化等方面提出意见和建议。

　　基于以上创新举措和做法，义乌逐渐建构了一个多元互动的地方空间。不仅为外来移民提供了多重互动平台，让他们共同参与城市建设与治理，同时也让这些外来移民享受到更多优质服务与治理成果，强化其地方认同和"新义乌人"的身份意识。在这个多元互动的地方空间里，外籍精英扮演了相当重要的角色。义乌的外籍精英主要被吸纳到世界商人之家、涉外纠纷人民调解委员会、社区志愿者队伍、外国人商会及俱乐部等组织中。而这些外籍精英在这些组织中又具有高度的重合性，一人分饰多角的情况比比皆是。通过这群外籍精英，

---

　　① 义乌市涉外纠纷调解委员会调研数据，2018 年 5 月 16 日。

一个联结义乌主流社会和外籍人小社会的地方网络空间得以构建。

五、广州非洲人小社会与运动式治理

自20世纪90年代起就有大量非洲人进入广州从事商贸活动。2000年北京成功举办首届中非合作论坛以后，中非商贸合作及人员往来进入飞跃发展阶段。可以说，21世纪最初的十多年是非洲人在广州做生意的"黄金时期"。随着非洲人的大量增加，广州小北、三元里一带逐渐形成规模化的非洲人聚集空间，人们将其称为"巧克力城""黑人聚居区/族裔经济区""小非洲"等。

（一）非洲人小社会：组织松散与被迫隔离

广州非洲人聚集空间是以小北的天秀大厦为中心向四周辐射而形成的。自20世纪90年代末，以天秀大厦为中心的小北一带最先成为非洲商人的栖身之所。2000年以后，随着广园西路各大商贸城相继开业，非洲人聚集区逐渐扩大到三元里及周边社区。在市场吸引力下，大量非洲商人聚集到"巧克力城"，中国人看到了商机，除了向非洲商人出租房屋，更多迎合非洲人日常生活需求的族裔经济开始形成，如中国少数民族在非洲人聚集区里开穆斯林餐厅、烧烤店、酒吧等。非裔"坐贾"在"巧克力城"族裔经济的形成过程中也扮演了重要角色，他们开设非洲餐厅、理发店、物流公司等，为非洲人的日常生活和商贸提供服务。在市场和非裔经济的向心力作用下，"巧克力城"的范围已经由小北一带扩大到其方圆10公里之外。广州"巧克力城"虽然与北京、上海的国际社区一样都是多族裔杂处，但是广州"巧克力城"的聚集性更多体现在非洲人对市场和街头的共享与利用上，而不是在居住空间上。陆续进入广州的非洲人"扎堆"到"巧克力城"而形成独特的非洲人聚集空间，并且以该聚集区为载体构建非洲人社会网络。田野调查发现，广州非洲人基于血缘、地缘、业缘或宗教缘而建立社交圈子、社团组织、宗教组织等社会支持网络。

第一，社交圈子。基于血缘关系的兄弟姐妹之间的联系是广州非洲人社会联系中最基础的部分，除此以外，他们还可能因为语言、文化、情感、利益或身份认同而结合组成一个个小圈子。如每天夜幕降临时分，三五成群的非洲人徘徊在小北和三元里的街头，他们称呼彼此为"兄弟"，聚在一起分享信息，联络感情。也有一些非洲人为了利益而结合在一起形成帮派，做违法犯罪的事。第二，社团组织。社团组织是外来移民小社会中被观察得到的社会结构和族群网络关系，也是外来移民小社会发展成熟的重要标志。广州的大部分非洲人群体都自发成立了以国籍为基础的社团组织，但与非洲移民在西方移民国家的社

会组织不同，广州非洲人的社团组织具有发育单层次、运作非正式、功能不完善和规模不稳定等特征。① 这些社团组织具有半官方性质，是同时连接其领事馆和地方政府的中介机构，也是同国籍移民群体与其他组织或人群互动的代表性机构。在功能上涵盖了经济、社会、文化和政治等多方面，但其最重要的功能是为了满足功利性需求，尤其是与地方政府进行对话，为族群争取更多的权益和发展空间。第三，宗教组织。在广州的绝大多数非洲人都有宗教信仰，他们主要信奉基督新教、天主教和伊斯兰教。除了聚集到公共宗教场所参加宗教活动以外，更多非洲人群体成立了自己的宗教组织。他们一般在酒店或宾馆租用固定的礼拜场所，教会的组织者、管理者和牧师往往是其他社团组织的领袖。这些宗教组织不仅仅是举行宗教仪式、寻求内心平静的地方，也是非洲人进行社会交往、分享信息、互帮互助的平台。

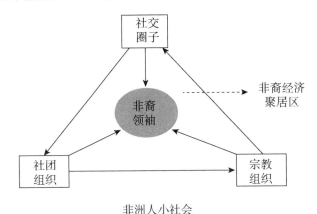

非洲人小社会

图 5 广州非洲人小社会

以上可见，广州非洲人已经基于语言、情感、利益、国籍、宗教、身份认同等因素建立自己的社交圈子、社团组织和宗教组织等。这些社会网络在加强非洲人团结互助、联络感情、互通信息和防范欺凌等方面发挥了重要作用。一个基于族裔经济聚集区、内部社会网络和泛族裔认同的非洲人小社会初见雏形。但是由于这些社会组织和社会网络还处于比较松散和不稳定发展阶段，使得非洲人小社会的自治能力不足，在其聚集区内呈现出"脏、乱、差"和"三非"移民及违法犯罪不断增多的"失序"状态。为此，广州非洲人群体常常成为引发各种社会问题、社会偏见和文化歧视的主要目标群体，从而遭到人们不同程

① 牛冬．"过客社团"：广州非洲人的社会组织 [J]．社会学研究，2015，30（2）：124-148，244.

度的排斥、隔离与污名化。①

（二）非洲人小社会的治理：管查控打与相互排斥

随着非洲人的增多，"巧克力城"里"三非"移民和违法犯罪活动也越来越多。无论是新闻媒体、研究学者还是政府部门，似乎都无法给出一份被普遍认可、能体现在穗非洲人的数量或来源国的数据。迫于各种舆论压力，广州政府部门于 2014 年首次公开常住广州的非洲人数据。② 最近两年，广州市政府开始通过"广州市政府部门定期新闻发布会"等渠道发布在穗外国人的数据，但是公布的都是一些粗略数据，并没有形成有效的数据发布机制。学者、媒体和网络不断夸大的广州非洲人人口数量与官方公布的数字形成强烈反差，加之"巧克力城"里抢劫、毒品交易、性交易等严重违法犯罪活动增多，逐渐形成了一种广州政府"外国人管理失控"的舆论氛围。③ 这给相关管理部门及管理者带来巨大压力，并促使其采取一系列措施对非洲人群体及其聚集区进行管控和整治，形成一种从自上而下政治动员开始的运动式治理。作为制度化常规治理机制治理失效后的补充工具和纠偏机制，运动式治理主要用于"对某些突发性事件或重大的久拖不决的社会疑难问题进行的专项治理"，"具有疾风骤雨式的有组织、有目的、规模较大的群众参与"的特点。④ 广州政府对"巧克力城"进行治理的过程，就是一种专项治理行动，通过调动和整合大量资源，迅速推广实施。

首先，证件查处。从北京奥运会前的 2007 年开始，在广州的大街小巷，尤其是在非洲人较多的越秀区和白云区，随处可见警察拦截外国人盘查签证的情况。除了在街头拦截盘查，警察还定期或突击入户查处证件。一时间，广州市轰轰烈烈地上演着一场警察检查和非洲人躲避检查的"猫和老鼠"的游戏，即使是合法的非洲人也会闻警色变，绕道而行。其次，以屋管人。如在外国人散居规模在 200 人以上的街道建立外管服务工作站，并在工作站设立专门办理外国人临时住宿登记和居留许可证窗口；成立外管专业队，加强临时住宿登记情况倒查工作，开展"洗楼式"的逐栋、逐层、逐户核查，狠抓登记、走访、核

---

① 邹逸杰．广州非洲人消费文化的"污名化"［M］//李志刚，等．广州国际移民区的社会空间景观．南京：东南大学出版社，2016.

② 牛冬．移民还是过客？——广漂非洲人的现状观察［J］．文化纵横，2015（3）：62-69.

③ 牛冬．困境之民：中国"新移民法"影响下的广州非洲人［M］//李志刚，等．广州国际移民区的社会空间景观．南京：东南大学出版社，2016.

④ 冯志峰．中国运动式治理的定义及其特征［J］．中共银川市委党校学报，2007（2）：29-32.

销三个环节，对辖区内外国人的居留情况进行全程监控；对社区物业管理中心、房屋租赁中介、出租屋业主、旅馆等相关单位提出要求，凡是有外国人入住一定要及时报备，并上传外国人相关信息，并对不配合的单位进行处理。再次，亮化工程。例如，2014年11月开始，越秀区就抽调了大批公安、城管、工商、食药监、街道等部门的精干力量，组成一支300人的队伍对辖区内"脏、乱、差"现象进行全面整治。尤其是对宝汉直街、登峰村地道等地方横行霸道、烟雾弥漫的众多小贩、烧烤摊档进行清理。清理之后，为了防止这些摊贩重新经营，公安、特警、城管等队伍在这些地方实行联勤联动，24小时无缝值守。还采取制服与便衣，固定与流动相结合的方式，加强治安巡逻与防控。同时，整合治安、交通、城管各类视频，实现街区、社区摄像头监控管理全覆盖。① 此外还对室内乱象进行整治，如对天秀大厦里无证经营的低劣产品、餐饮和茶饮小作坊及美容美发等摊点进行全面清理整治。

通过管查控打多种手段的综合整治，"巧克力城"发生了翻天覆地的变化。2014年开始，在穗非洲人口大幅下降，街区环境焕然一新，"三非"移民及违法犯罪活动也得到一定程度的遏制。当然，除了从"强基础""治乱象""改环境"等方面对非洲人聚集区进行治理以外，广州政府还通过"优服务""建机制"来巩固治理效果。如越秀区就以构建"大外管"工作格局、实行"全链条"工作机制、提供"全方位"融入服务为主线，逐步建立起外国人服务管理体系和工作平台。虽然说以上治理措施一定程度上缓解了"外国人管理失控"的社会舆论压力，但同时也产生了相当大的"副作用"。笔者的访谈对象无一不向笔者抱怨广州警察在查证过程中存在态度恶劣、语言不通、方式粗暴等问题。久而久之，非洲人与广州警察之间形成了一种相互忌惮和相互排斥的关系。为了避免警察的盘查，无论合法与否，非洲人都会选择绕道而行。非洲人社团和宗教组织的领袖也常常叮嘱其组织成员要避免与警察产生正面冲突。警察对非洲人也有所忌惮，怕他们在辖区内惹出麻烦。

六、结论

通过对上海日韩人、义乌中东人和广州非洲人小社会的建构，以及地方政府对这些外来移民群体及其社会空间的治理过程的考察，笔者发现上海日韩人、义乌中东人和广州非洲人都在不同程度上形成了自己的族裔经济聚居区。并且，大量以熟人圈子、社团组织和宗教组织为核心的跨国别、跨区域的族群社会网

---

① 对登峰街派出所及登峰街外国人综合服务中心的参观访谈记录，2018年7月25日。

络空间也被建构起来。值得注意的是，这些外来移民社会空间并非完全处于国家权力管辖的真空之中，相反，它们已经成为外来移民群体和国家争夺对空间、身份及另一类城市生活模式控制权的新场域。外来移民小社会具有独特性和复杂性，因此对其治理具有敏感性和艰巨性。外来移民聚居空间和社会关系网络的形成，迫使原来嵌入式的国家管控有所"稀薄"，但国家试图通过外来移民管理与服务体系的适应性调整和多种治理策略的综合运用，来将这些外来移民群体及其小社会纳入其密切管控的领域，在此过程中形成了"另类"的"外来移民小社会与国家"互动关系。

表2 外来移民小社会与国家的互动关系

外来移民	熟人圈子	社团组织	宗教组织	社会形态	互动关系	治理转变	地方政府
日韩人	紧密	紧密	紧密	紧密型	排斥 → ← 靠拢	从嵌入管理到嵌入服务	上海
中东人	紧密	松散	紧密	扩展型	相互靠拢 →←	从传统管理到包容治理	义乌
非洲人	紧密	松散	松散	松散型	相互排斥 ↔	从放松限制到严密管控	广州

从表2可以看出，因在熟人圈子、社团组织和宗教组织等方面的建构能力不同，从而形成了不同类型的社会形态，如上海日韩人的熟人圈子、社团组织和宗教组织发育都比较完善，彼此之间又具有非常高的重叠性和交织性，组织化程度相当高，因此其小社会呈现出紧密型的社会形态，他们与地方政府互动过程中表现出一种主动隔离的自主性智慧。义乌中东人和广州非洲人的社团组织都处于初步发展阶段，都存在着发育单层次、运作非正式、功能不完善和规模不稳定等特征。但义乌的中东人群体在不断建构一个既多样又统一的宗教组织网络，他们通过紧密的宗教组织网络而被整合在一起，从而呈现出一种扩展型的社会形态。他们在与政府互动过程中，表现出一种不断向政府靠拢以寻求更大发展空间的发展性智慧。相对而言，广州非洲人小社会的自主性最弱，其小社会呈现出一种松散型的社会形态，加之地方政府对其采取"管查控打"的治理行动，使得他们在空间建构以及和政府互动过程中更多地表现出一种生存性智慧。具体而言，在国家的治理行动与外来移民的组织建构实践的相互影响下，上海日韩人小社会、义乌中东人小社会、广州非洲人小社会与地方政府之

间分别形成了"排斥—靠拢""靠拢—靠拢""排斥—排斥"的互动关系，这些不同的互动关系又表明，不同外来移民小社会与国家的距离不同。相较而言，义乌中东人小社会与国家的距离较近，上海日韩人小社会次之，广州非洲人小社会最远。需要强调的是，这些互动关系只是阶段性的，随着外来移民小社会的发展形态、国家移民政策和地方政府治理实践的变化而发生改变。

外来移民聚居空间是一个可以观察到的、物质化的移民小社会。随着中国全球化的加深和外来移民的增多，将会有越来越多的外来移民社会空间在中国城市空间里出现。由于外来移民聚居空间里有着人员结构复杂、族群隔离明显、宗教文化多样、利益诉求多元等特点，这更加突显其治理的复杂性、挑战性与前沿性。为此，上海、北京、广州、深圳、杭州、义乌等地都把创新外来移民聚居空间治理作为创新社会治理的先锋"试验田"，并形成各种各样的创新实践模式。但同时存在治理体系与外来移民社会网络之间有巨大"脱节"、相关法律制度远远滞后等重大问题。为此，探索外来移民群体及其社会空间治理的有效机制，不仅有助于理解"世界走进中国"新态势下的社会空间、社会认同和城市治理的深刻变迁过程，还对促进"异质共存"城市社会发展以及全球移民治理具有重大理论和实践意义。

中篇 **02**

市场实践：小商品贸易中的
运行逻辑与规制

"爱拼不能赢":草根电商主播的现实困境及其成因探析[*]

姚建华　张申博^{**}

一、研究缘起与研究问题

新冠疫情期间,电商直播凭借其在技术、媒介和用户等方面的优势,成为推动中国数字经济创新发展和助力中小企业复工复产的重要力量,"世界的尽头是带货"也化身为新的网络热梗。^① 淘榜单的数据显示,2020 年仅淘宝网站上就诞生了近 1000 个年交易额过亿元的直播间。电商主播作为"人—货—场"的关键节点,吸引了众多媒体的关注,除一些头部电商主播外,中小电商主播也开始走进公众的视野。与高度专业化的"头部主播"相比,这些中小电商主播的直播带货过程呈现截然不同的特征——质朴但却粗糙,具有明显的草根特点。2020 年 12 月 2 日,中新经纬网站上的一篇题为《底层带货主播:一天直播 13 小时,3 人围观也得播》的报道全景式地展现了草根电商主播"流量不够、时间来凑"的无奈与辛酸。在现实生活中,他们大多怀揣着"爆单梦",期待产品订单量的巨幅增长带来丰厚的报酬,因而主动选择延长工作时间、增加劳动强度。但事实上,除了极少数"一夜暴富"的幸运儿外,他们中的绝大部分人在"淘金梦"破碎之后,只能选择黯然离开电商直播行业。基于此,本文选择"中国网红直播第一村"——浙江省义乌市北下朱村的草根电商主播为研究对象,揭示出他们面临工作时间长、劳动强度大,却难以积累财富和改善生活条件的

* 本文原刊于《新闻爱好者》2022 年第 11 期。本文系"部校共建复旦大学新闻学院上海新媒体实验中心项目""复旦大学义乌研究院文科类项目"阶段性成果。

** 姚建华,复旦大学新闻学院教授,复旦大学全球传播全媒体研究院研究员;张申博,复旦大学新闻学院硕士生。

① 钱霖亮."嘉年华"的阴影:中国电商行业的数字资本运作与创业劳工的形成 [J]. 江苏社会科学,2020 (3):88-99.

现实困境，并在此基础上，探究"爱拼不能赢"这一现实困境的成因。

二、研究方法与草根电商主播的"群像"

浙江省义乌市不仅拥有全球最大的小商品批发市场，集中了全世界 80% 的小商品、8 万多个店铺和工厂，而且是浙江省中部最大的交通枢纽，庞大的发货量使其拥有极具竞争力的物流成本。此外，2020 年 4 月和 6 月，义乌市政府先后出台《关于支持市场发展的六条意见》和《义乌市加快直播电商发展行动方案》，表明当地政府大力拓展线上市场和支持网络直播的鲜明态度与坚定立场。在货源充沛、物流廉价和政策支持的合力作用下，2021 年义乌市网络零售额总计达到 1856.23 亿元，位居全省第一，被国务院列为全国跨境电子商务综合试验区之一。① 在义乌市内，与国际商贸城相距仅 2.2 公里的北下朱村也乘风而起，借由"造富神话"摇身变为"中国网红直播第一村"，频繁在各大媒体露面。相关数据显示，北下朱村不断吸引着电商主播的到来，2020 年 8 月，该村就聚集了 5000 多名草根电商主播和近 2 万名相关从业人员。②

本研究以这群草根电商主播为研究对象。笔者分别于 2020 年 8 月和 2021 年 1 月前往该村，进行了为期 3 周的参与式观察，并通过滚雪球和在直播间打赏等方式，与该村的 13 名电商主播取得联系，面对面和他们展开了 2 小时及以上的半结构式访谈。在近 5 个月的研究时间内，笔者每周 1~2 次使用微信或进入直播间与他们聊天，以朋友的身份关心他们的日常生活，及时获悉他们直播带货的情况。每位受访者都与笔者分享了他们的个人背景、入场原因、直播带货的故事，交流的内容涉及选品、策划、拍摄、直播等大量直播带货的具体操作环节。按照学术惯例，文中所有受访主播的姓名均已经过化名处理。此外，笔者还联系并访谈了北下朱村村委会的工作人员，以期更系统地认知该村电商直播的运行模式与管理路径。

通过参与式观察和半结构式访谈，笔者发现北下朱村草根电商主播的"群像"具有以下四个基本特征：其一，在年龄结构上，北下朱村电商主播群体以中年人为主。本研究受访者的年龄下至 23 岁、上达 51 岁，主要集中在 30 岁左右，这恰好反映出这一群体的年龄结构特点。其二，这些电商主播都是异乡客。他们来此创业主要是因为旧日的谋生方式受到新冠疫情的冲击，经济上难以为

---

① 全省第一！1856.23 亿元！[EB/OL]. 义乌新闻广播公众号，2021-12-22.
② 朱玲玉. 草根"低成本创业天堂"：义乌带货主播生存实录 [EB/OL]. 虎嗅网，2020-08-28.

继。有 7 位受访者背负数额不等的债务。10 位受访者已婚，肩负着供养整个家庭的重任。其三，他们普遍缺乏良好的教育，此前出身于各行各业，并不掌握与电商直播直接相关的专业能力。其四，他们在生活和工作中都比较简朴，身穿低价的衣服，住在简陋的出租屋里。毫无疑问，电商主播是北下朱村的草根群体，他们在与笔者的对话中也普遍流露出对"草根"这一身份标签的认同。

三、"爱拼不能赢"：草根电商主播的现实困境

借助于社交平台的病毒式传播和各类媒体的持续报道，电商直播与"暴富"的话语紧密相连，而这种对新媒体技术"乌托邦式"的想象，一定程度上消解了理想与现实之间的巨大差异。① 与此同时，和结构复杂、专业性强的平台自建电商带货模式相比，北下朱村个体电商直播带货模式的门槛并不高。因此，大量主播涌入北下朱村，他们来此创业，坚守"爱拼就会赢"的信条，沉浸在"只要愿意打拼，凭借一部手机和一个账号，也能搭上电商直播快速发展的便车，打开个人财富密码"的美好想象中。

北下朱村电商主播的现实困境主要表现为长时间和高强度的劳动难以积累财富和改善生活条件。究其原因，他们带货的产品大多为义乌市场上廉价的日常生活用品，客单价低、利润空间狭窄，所以他们唯有靠"走量做爆款"的模式才能获得"可观"的回报，而这一模式往往又以电商主播"不分昼夜"地拼命工作为前提条件。

在北下朱村，两次从家乡重返义乌的"小布"，每天忙碌到凌晨三点，依旧没能实现梦寐以求的"大爆"；来自东北的"应姐"，每天连续直播 18 小时，举着放大镜辨别观众的评论并予以回复，最多也就几十单的交易量；"陶总"直言来到北下朱村后，自己因作息和饮食不规律胖了 20 斤，每天至少需要抽两包香烟来提神，即便是凌晨四点，只要有观众来直播间，他就会立刻恢复清醒的状态，时间一长，身体明显"不行了"。受访的主播们纷纷表示，在北下朱村打拼远比想象中更为艰难，长时间、高强度的劳动已是"家常便饭"，每时每刻等待"爆单"的煎熬更加剧了他们工作中的焦虑感与无力感，不断透支着他们的身体。

---

① 燕道成，李菲. 场景·符号·权力：电商直播的视觉景观与价值反思［J］. 现代传播（中国传媒大学学报），2020，42（6）：124-129.

四、草根电商主播现实困境的成因探析

为什么草根电商主播无论如何拼搏，都很难实现"爆单"，深陷"爱拼不能赢"的困境而难以自拔呢？研究发现，草根电商主播的困境主要有三大成因：在微观层面，他们缺乏必备的专业能力；在中观层面，他们的直播过程受平台流量逻辑的支配；在宏观层面，他们面向的下沉市场购买力不足。

（一）微观层面：个体专业能力的匮乏

在电商直播产业的发展过程中，成熟的 MCN 机构不断入局，将大量资源用于主播的筛选、孵化、内容开发管理、平台资源对接、商业合作变现在内的全套营销工作，打造出一个又一个带货奇迹。① 与他们相比，北下朱村的草根电商主播不但没有团队可以依靠，甚至连直播带货前期、中期和后期各阶段所必备的专业能力都极度匮乏。

首先，直播带货前期的学习与选品能力。在学习方面，大部分电商主播表示他们几乎是自行摸索直播带货的基础操作，只有少部分人曾自费报名参加本地短期培训。在选品方面，头部主播通常有专业团队挑选可信赖的好货，个别顶部主播还能凭借个人影响力与品牌建立长期、稳定的合作关系，形成牢固的"人带货"模式。与此形成鲜明反差的是，在北下朱村单打独斗的草根电商主播并没有长期、稳定的货源供给，选品尤为困难，有些产品进价虚高，减去邮费和平台分成，主播可能还要"倒贴钱"；有些产品质量堪忧，主播时刻面临着退货和被打差评的风险；有些供应商供给能力弱，会导致主播陷入"爆单"后无法发货的尴尬境地。基于上述情况，草根电商主播需要花费大量时间走街串巷、挑选出自认为具有"爆单"潜质的产品和稳妥的供应商。对这个既没有系统学习过直播带货策略，又没有相关选品经验的群体而言，这是一项极具挑战性的任务。

其次，直播带货中期的创意与拍摄能力。为了吸引更多的观众进入直播间，草根电商主播通常需要围绕带货产品制作有趣的短视频，搭配极具吸引力的文案，最终发布在抖音平台上。这种短视频通常被称为"段子"。不过，"产自"北下朱村的每个段子都仿若"孪生"，且以怪诞，甚至是粗暴的风格为主——不管售卖何种商品，大多数主播都以狂野嘶吼的方式直接呈现产品及其价格，并用"家人们！今晚来我直播间，9.9 米包邮到家"的话语将段子引向高潮。究

---

① 郭全中 . MCN 机构发展动因、现状、趋势与变现关键研究［J］. 新闻与写作，2020（3）：75-81.

其缘由，草根电商主播自身缺乏创意思维，难以巧妙地融合产品的主要卖点与竞价优势，于是模仿、照抄"爆单"主播的段子就成为他们的必然选择。这种同质化的生产方式进一步加剧了主播们内部的激烈竞争。① 此外，运镜方式、构图技法都会影响观众的观看体验，而大多数草根主播并不了解不同手机之间不同的拍摄与收音效果，更遑论通过各种渠道去提升他们拍摄和剪辑视频的专业能力。

最后，直播带货后期的控场与售后服务能力。将产品成功售卖给直播间的观众是电商直播的核心，所以主播在直播过程中必须将产品的用途、价格和用户体验作为讲述的重点。专业机构在培训中会传授主播们相应的话术，包括怎样在短时间内介绍引流产品、提高观众的留存转化率等。然而，草根电商主播缺乏这种技巧的培训，较难把握好直播间的解说节奏，控场能力明显不足，有时过分紧张会导致他们在直播过程中不断"犯错"，观众也会随之流失。此外，"出单"并非直播带货的终点。对草根电商主播来说，采取有效的沟通方式，积极且妥善地解决消费者的问题、回应相关质疑也很重要。当抖音平台出台了产品评分影响观众对主播评分的相关规则后，主播们更是投入大量的时间、精力和金钱在带货产品的售后服务上，但还是无法获得令人满意的效果。在访谈中，"淇淇"讲述了她朋友的一段经历：

> 主播卖出货后，还需要维护评分，处理中差评。处理一个差评要8元，公司的话会找一个团队专门处理差评，而我们都是自己做，就会忙不过来……之前一个朋友碰到了货源问题，顾客下单了，但是供应商发不出货。他为这件事忙了一个多月，想各种办法解决问题，但因为时间太久，那个账号的流量没了。原本他的流量很好，也爆过几次单。 （访谈记录：20210113，淇淇）

概言之，电商直播对从业者的专业能力存在诸多要求，包括学习与选品能力、创意与拍摄能力、控场与售后服务能力等。这些能力的掌握和家庭环境、教育背景皆有关联，且涉及表达能力、创作能力、市场敏锐度等综合素质，这在无形中为草根电商主播的成功设置了不易跨越的门槛。

（二）中观层面：受平台流量逻辑的支配

在北下朱村，大部分草根电商主播选择在以抖音为代表的社交平台上进行

---

① 姚建华、陈曦. 网络直播的政治经济学分析：资本和权力的视角［J］. 现代视听，2019（8）：36-39.

带货。在"流量为王"的平台上，直播带货遵循"主播推荐—平台导流—消费者买单"的内在逻辑。① 在此逻辑下，流量是主播们实现"爆单"的关键因素。他们主要采用两种方式来博取流量，即所谓的"起号"。

第一种方式是"拍段子"。在抖音平台上，每当一条短视频被成功发布，就会进入一个"流量池"，系统将通过短视频在其中获得的点赞率、评论率、转发率、完播率这四个主要指标来衡量作品是否受欢迎，并据此判断是否推送至下一个"流量池"。因此，主播在开播前和直播过程中都会发布引流视频，以此增加直播间被推荐上"热门"的可能，吸引更多的观众进入直播间或直接点击产品链接来完成购买。

第二种方式是"卡直播广场"。相比于"拍段子"需要设计剧本、掌握拍摄和剪辑技巧，"卡直播广场"的方式较为"取巧"。在抖音平台上，直播的流量推荐机制主要是由点赞评论、停留时间、送礼数据等指标决定的，因此电商主播会想方设法让直播间内的上述数据在短时间内大幅提升——以此形成良性循环，让直播间登上平台的直播推荐广场，聚集人气后再开始卖货。

但在现实的直播场景中，流量分化的马太效应尤为突出。② 当绝大多数流量都被头部主播牢牢垄断时，草根电商主播通过上述方式获取流量的效果并不明显，因此"花钱买流量"成了北下朱村电商主播"不得已而为之"但被普遍接受的选择。笔者在访谈中了解到，目前他们普遍使用DOU+（抖音平台的官方工具）来购买流量。当主播选择方案并完成支付后，系统就会将视频推荐给更多的人以提高播放量。在访谈中，"启哥"告诉笔者，在DOU+上花费100元大概可以分配到2000~3000人次的流量，转换为播放量一般是1万~4万次。但在与MCN机构为实现商业利益而进行的买流量、买粉的竞争中，草根电商主播并没有庞大的资金持续投入，因此其在直播平台上的"可见性"十分低。

总之，对北下朱村草根主播而言，一方面，"拍段子"和"卡直播广场"的方式很难使他们从流量池中脱颖而出，哪怕他们昼夜不分地拍段子、开直播，也并不能迅速积攒"爆单"所需要的超高流量和大量粉丝。另一方面，即使电商主播采用"花钱买流量"的方式直接获取流量，但因其在投入上无法与MCN机构相提并论，他们能够获得的关注度极为有限，其"爆单"的机会也就变得微乎其微，更不用说购买流量的费用往往会让草根电商主播产生不小的经济

---

① 姚建华，陈曦. 网络直播的政治经济学分析：资本和权力的视角 ［J］. 现代视听，2019（8）：36-39.

② 胡翼青. 透视"种草带货"：基于传播政治经济学的视角 ［J］. 西北师大学报（社会科学版），2020，57（5）：29-36.

压力。

（三）宏观层面：面向的下沉市场购买力不足

在抖音平台上，北下朱村草根电商主播的目标消费群体主要是三四五线城市以及农村乡镇的人群。虽然近年来经济发展的良好趋势使得这些群体的需求不断被挖掘与满足，但因城镇化进程中该类地区的发展速度仍较为缓慢，这部分消费群体往往收入水平有限，缺乏足够的购买力。[1] 在访谈中，"大徐"说道：

> 我们深夜才直播，就是为了避开晚上八点左右的黄金时段，避免和那些大主播去抢流量，我们当然抢不过他们。到了大半夜才进直播间、凌晨才有空买货的人，肯定没什么钱买东西啊。（访谈记录：20210112，大徐）

下沉市场的购买力不足主要表现为，其一，直播间的观众更倾向于购买日常生活用品或"劳动集约型"产品，这些产品一般比较便宜，且在短期内复购率低。其二，他们更愿意选择高性价比而非高端、含有品牌溢价的产品。北下朱村电商主播带货的产品正是靠着价格低、性价比高的特点受到下沉市场消费者的青睐。在此，下沉市场的现实状况对电商主播带货产品的品质产生了重要影响。于是，草根电商主播普遍面临着三个无法破解的难题：其一，提升产品的质量必然会导致产品价格上涨；其二，价格的上涨则会导致产品不易打开销路；其三，如果保持原状，作为中间环节的电商主播很难持续从中获利。在此情况下，下沉市场的消费升级之路荆棘密布，电商主播唯有通过增加订单的数量来提高自身的收入，即如前文所述，采用"走量做爆款"的模式。这在无形中要求他们分秒必争、不断延长工作时间和增加工作强度以抓住各时间段的每一位潜在顾客。

五、结语与余论

统而观之，在草根电商主播的直播带货过程中，主播、平台与下沉市场三者之间呈现出层层嵌套的关系：电商主播经由选品、策划、拍摄、直播等一系列对专业能力有着较高要求的步骤完成对产品的挑选与展示，抖音平台凭借自身社交媒体的属性、依托精准的算法分配机制，将量化的点赞、评论、转发、涨粉、打赏等指标整合至主播的劳动过程之中，打通了与其颇为对口的下沉市

---

[1]　付一夫. 深度解码"下沉市场"：人群画像、幕后推手与掘金之道 [J]. 大数据时代，2020（11）：6-19.

场，三者共同构成一个完整的闭环。在这个闭环中，资本发挥着至关重要的作用。不管是对草根电商主播专业能力的培育，还是在竞争激烈的"直播圈"博取流量，抑或是下沉市场购买力的提升，都和资本的投入、积累与运作息息相关。在资本逻辑的支配下，草根电商主播很难单纯依靠个人奋斗而取得成功，时间和精力上的投入与经济上的收益不成正比，使得"爱拼不能赢"成为一种常态。

凭借得天独厚的地理位置、"机缘巧合"的疫情影响，在风口上火热一时的北下朱村作为电商直播模式的试炼场，完成了孕育和催生中国电商直播产业的使命；而如今，伴随着电商直播经济的迅猛发展与日趋成熟，不少从业者已敏锐地洞察到直播带货的新格局正在形成——联手品牌产品的头部主播日渐成为金字塔尖端，无数中小主播则作为塔基争夺已然不多的流量。因此，作为个体草根电商主播聚集地的北下朱村难以再翻覆起2020年疫情后满街摩肩接踵、人声鼎沸的盛况。① 其典型标志便是2021年"双十一"期间那几近于无人的安静的街道，唯余偶尔作响的三轮车和个别埋头装箱的打包工。从业经验丰富的受访者"当当"说道："今年'双十一'不是我们的主场，头部主播才是这个牌局上的主角。"喧嚣退去，草根电商主播的生存空间实际上更加受到挤压，"爱拼不能赢"的现实困境也更为严峻与残酷。

但在研究中，笔者也注意到一个有趣的现象：在摸索直播的一般规律和观察其他主播带货直播的过程中，不少电商主播逐渐意识到个体摸爬滚打的局限性，发现了抱团、组队的竞争优势，并纷纷付诸实践。如在受访者中，"玲玲"和自己的弟弟妹妹就"模仿"MCN机构的专业分工模式，各自负责直播带货过程中的不同环节，并齐力打造专业化的直播运作方式。这种个体劳动者之间的团结策略会成为一种更具普遍性的实践，进而对电商直播过程中资本逻辑的支配性地位提出挑战，甚至成为打破草根电商主播现实困境的有效途径吗？

---

① 杨海.他们还在北下朱村［EB/OL］.中青在线，2021-01-06.

电商经济中的差序格局：产业集聚、空间想象与数字消费不平等*

钱霖亮**

引言

中国电商经济的繁荣已在学界引起广泛关注。迄今为止，相当多的研究都在探讨这一新经济形态的积极影响，包括助力农民上网销售产品来脱贫致富。[①] 通过电商产业集群的规模效应来促进农村的工业化和城镇化，缩小城乡差距；[②] 通过增加农村就业机会来吸引外出打工的青年人返乡，解决空巢老人和留守儿童问题；[③] 通过重塑农村家庭代与代之间的劳动分工来实现家庭的团结和睦；[④] 通过鼓励农民参与市场经济活动来推动农村生活方式和农民观念的现代化。[⑤] 更宏观

* 本文原刊于《浙江学刊》2023 年第 1 期。本文系江苏省"高层次创新创业人才引进计划"项目阶段性成果，同时受到东南大学"至善青年学者"项目资助。

** 钱霖亮，东南大学人文学院社会学系副教授。

① 邱泽奇，张树沁，刘世定，等. 从数字鸿沟到红利差异：互联网资本的视角［J］. 中国社会科学，2016（10）：93-115.

② 李孜. 农村电商崛起：从县域电商服务到在线城镇化［M］. 北京：电子工业出版社，2016；LIN Y. "E-Urbanism：E-Commerce, Migration, and the Transformation of Taobao Villages in Urban China"［J］. Cities, 2019, 91：202-212.

③ 阿里巴巴（中国）有限公司编. 中国淘宝村［M］. 北京：电子工业出版社，2015；ZHOU J, LI Y, CHOGUILL C. "Co-Evolution of Technology and Rural Society：The Blooming of Taobao Villages in the Information Era, China"［J］. Journal of Rural Studies, 2021, 83：81-87.

④ 邱泽奇. 三秩归一：电商发展形塑的乡村秩序：菏泽市农村电商的案例分析［J］. 国家行政学院学报，2018（1）：47-54.

⑤ 吴昕晖，袁振杰，朱竑. 全球信息网络与乡村性的社会文化建构：以广州里仁洞"淘宝村"为例［J］. 华南师范大学学报（自然科学版），2015, 47（2）：115-123；LIN G, XIE X, LV Z. "Taobao Practices, Everyday Life and Emerging Hybrid Rurality in Contemporary China"［J］. Journal of Rural Studies, 2016, 47：514-523.

地来看，以"淘宝村"为代表的数字乡村建设模式也被世界银行等国际组织视为其他发展中国家减少贫困、实现共同富裕可资借鉴的经验。① 上述研究展示电商经济对我国经济、社会、文化等领域都产生了系统的正面影响。某种程度上，我们可以将它们都视为支持"数字红利"假说的论据。也正是看到了这些正面影响，各级政府积极投身于发展电商经济和更广泛的互联网经济，提出"互联网+""大众创业、万众创新"等口号，在农村推广"农村电商"，在城镇中建设产业孵化园，意图进一步发挥这一新经济形态的正面作用。②

　　然而电商经济是否只有正面的影响？近期已有少数学者开始深入具体实践，发现了一些鲜有关注的问题。例如，邵占鹏、甄志宏注意到电商平台通过集成数据和信息资源塑造出了一个网商与同行、消费者相互监视的场域，并借此让网商们陷入价格竞争的泥沼，最终达成对这一群体的系统控制。③ 于海青、崔丽丽的研究指出，尽管电商经济确实帮助了许多地方的农民家庭实现了脱贫增收，但这些家庭中的女性并没有因为经济条件的改善而获得更高的社会地位，反而沦为了受数字资本和父权制家庭双重剥削的廉价劳动力。④ 还有学者留意到某些地区的地方政府对不同规模的网商在政策支持力度上有着天壤之别，大网商可以获得财政补贴、税收优惠、房租减免等诸多好处，而力量薄弱、尤需帮助的中小网商基本上享受不到政策福利，地方政府的产业政策由此加剧了网商群体

---

① E-Commerce Development：Experience from China［EB/OL］. World Bank Group, 2019-11-01.

② KEANE M, CHEN Y. "Entrepreneurial Solutionism, Characteristic Cultural Industries and the Chinese Dream"［J］. International Journal of Cultural Policy, 2019, 25（6）：743-755；电商经济作为广义的互联网经济或数字经济的一部分，见 HONG Y. Networking China：The Digital Transformation of the Chinese Economy［M］. Urbana：University of Illinois Press, 2017.

③ 邵占鹏，甄志宏. 全视监控下网商价格竞争的形塑机制［J］. 社会学研究，2022, 37（3）：45-67. 相近的讨论也见钱霖亮. "嘉年华"的阴影：中国电商行业的数字资本运作与创业劳工的形成［J］. 江苏社会科学，2020（3）：88-99. 这一论述还牵涉时下流行的关于平台经济的讨论。作为互联网经济发展到垄断资本主义阶段的产物，学界对平台经济的研究主要关注互联网平台企业在经济社会运行中日渐突出的垄断地位及其造成的影响，包括对依附于平台的劳动者的劳动控制。

④ YU H, CUI L. "China's E-Commerce：Empowering Rural Women?"［J］. The China Quarterly, 2019, 238：418-437. 也见聂召英，王伊欢. 复合型排斥：农村青年女电商边缘化地位的生产［J］. 中国青年研究，2021（9）：96-103.

的内部分化。① 相对于先前那些支持数字红利假说的文献，这些新近的研究揭示了电商经济运作过程中出现的一些新的数字鸿沟形态，包括平台与网商、不同性别网商之间以及不同规模企业之间的数字不平等。本文尝试进一步拓宽讨论的范畴，揭示电商经济目前可能造成的更大范围的数字鸿沟，尤其是卖家与买家，以及买家与买家之间在电商交易过程中的数字消费不平等问题。②

本文的切入点是另一个经常被视为是电商经济带来数字红利的例子。有不少学者认为电商经济为偏远地区的消费者创造了更为平等的消费机会，因为它打破了地理空间的限制和商品下沉到三、四线城市乃至乡镇的障碍，让乡镇甚至农村买家足不出户就能以同样的价格购买到与大城市消费者一样的商品。③ 为彰显自身对社会的贡献，电商平台企业也常宣扬上述观点，认为这是电商经济给消费者带来的一项普惠型福利。④ 上述这些看法很大程度上源自学界对包括电商技术在内的信息技术在地理空间上具有"去地域化"（Deterritorialization）特征的认知。在社会科学界，信息技术缩短空间距离的作用广受认可。马歇尔·麦克卢汉（Marshall McLuhan）在互联网尚未成型的年代就预言媒介将会使世界缩小成一个"地球村"⑤。约书亚·梅罗维茨（Joshua Meyrowitz）将此趋势描述成"地域的消失"，指出地域差异的社会意义在电子媒介普遍使用的情况下会不断地减弱乃至消亡⑥。戴维·哈维（David Harvey）提出了"时空压缩"（Time-Space Compression）的概念，他也认为信息技术的发展使得人类交流的空间明显收缩。⑦ 与上述学者的角度相反，研究中国互联网社会影响的学者更强调信息技

---

① QIAN L. "Experiencing Developmentalism：The State（s），Grassroots Traders and the E-Commerce Boom in a Chinese City"［J］. China：An International Journal，2021，19（1）：68-89.

② 有学者认为数字消费具有扩大内需、增强社会参与等积极作用，见朱迪. 新兴中等收入群体的崛起：互联网消费特征及其经济社会价值［J］. 社会科学辑刊，2022（1）：46-58. 数字消费的不平等则会侵蚀这些积极作用的发挥。

③ 罗震东. 新自下而上城镇化：中国淘宝村的发展与治理［M］. 南京：东南大学出版社，2020；FAN J，TANG L，ZHU W，et al. "The Alibaba Effect：Spatial Consumption Inequality and the Welfare Gains from E-Commerce"［J］. Journal of International Economics，2018，114：203-220；ZHANG X. "Investigation of E-Commerce in China in a Geographic Perspective"［J］. Growth and Change，2019，50（3）：1062-1084.

④ 阿里研究院. 普惠发展和电子商务：中国实践［EB/OL］. 阿里研究院，2017-05-12.

⑤ MCLUHAN M. Understanding Media［M］. London：Routledge，2001.

⑥ 梅罗维茨. 消失的地域：电子媒介对社会行为的影响［M］. 肖志军，译. 北京：清华大学出版社，2002.

⑦ 哈维. 后现代的状况：对文化变迁之缘起的探究［M］. 阎嘉，译. 北京：商务印书馆，2003.

术可以通过去地域化造成时空的扩展。例如，刘少杰认为网络社会区别于传统社会的特征在于超越了时空限制，是交流者身体不在场却仍能进行互动的"缺场社会"①。邱泽奇等学者则从市场空间的维度判定线下市场只是局部市场，而在电商市场中任何一个售卖者面对的市场范围理论上都是整个互联网社会，是一个趋向于无穷大的市场。② 不论是时空压缩还是时空扩展，互联网的去地域化特征早已深入人心，以至被写入大学电子商务课程的教科书中。③

然而互联网世界是否真的不再有地理边界，毫无距离感？社会学家曼纽尔·卡斯特（Manuel Castells）认为网络时代并不意味着地理的终结，互联网有其自身的地理，它是由处理从位置产生信息流动的网络和节点组成的，借用信息技术重新定义了距离。④ 卡斯特用较为宏观的数据论证了他的观点，而另一位研究巴西里约热内卢市程序员群体的学者则用丰富的民族志素材展示了去地域化与高度地域化的双重特征如何在互联网世界中并存。作为去地域化的表征，里约的程序员可以毫无限制地通过互联网获得和利用他人在世界其他地方上传代码文件，与此同时他们又将自己书写的代码产品分享给全球的同行。另一方面，作为高度地域化的表征，里约的程序员清楚地意识到自己身处互联网地理空间的边缘，而这个空间的中心是聚集了全世界三分之一互联网企业的美国硅谷，他们的码农工作（从技术语言到产品开发）一直围绕着这个中心运作。去地域化和高度地域化由此叠加形成了硅谷和里约之间的中心——边缘格局。⑤ 这一全球范围内的信息产业中心——边缘格局同样也在项飙关于印度裔程序员跨国流动的研究中呈现。如果说硅谷是世界互联网企业的中心，那么印度的班加罗尔便是世界码农劳动力配置的中心。那里培养的程序员不远千里在澳大利亚、马来西亚、美国等信息产业聚集地之间流动，在促进互联网经济繁荣的同时也加固着这一新经济形态造成的不平等关系。⑥ 这些不平等关系既牵涉程序员个人

---

① 刘少杰. 网络社会的时空扩展、时空矛盾与社会治理 [J]. 社会科学战线, 2016 (11)：197-203.

② 邱泽奇, 张树沁, 刘世定, 等. 从数字鸿沟到红利差异：互联网资本的视角 [J]. 中国社会科学, 2016 (10)：93-115.

③ 张福德. 电子商务概论 [M]. 北京：清华大学出版社, 2004：38.

④ 卡斯特. 网络星河：对互联网、商业和社会的反思 [M]. 郑波, 武炜, 译. 北京：社会科学文献出版社, 2007：224.

⑤ TAKHTEYEV Y. Coding Places：Software Practice in a South American City [M]. Cambridge, Mass：The MIT Press, 2012.

⑥ 项飙. 全球"猎身"：世界信息产业和印度的技术劳工 [M]. 王迪, 译. 北京：北京大学出版社, 2012.

的种族、族群、性别和阶级，也关乎其所属民族国家在全球政治经济体系之中的位置。① 从代码文件的全球共享到产业与技术劳工的地域性聚集，信息技术在线上和线下都重新划定了地理空间，或者赋予了已有地理边界以新的政治、社会、文化意涵。中国的电子商务实践也在塑造线上和线下地理空间方面产生了类似的结果。一方面，我们仍要肯定互联网企业和部分学者对电商技术消除商品交易地域限制的观察；另一方面，我们也需要留意它在拓展过程中划分和调整的新边界，及其赋予这些边界的新意涵。考虑到开发和利用电商技术的主体是具有能动性的人，新的地理边界的塑造和意义生产不可避免会掺有人的主观意志。正如跨国就业的印度程序员会想象自己在欧美发达国家凭借技术打拼，把赚取的钱寄回国是在建设一个更强大、更具全球性的祖国，中国网商在互联网上销售自身产品时也在建构着他们"想象的共同体"②，其突出表现在将现实地理空间层级化的"包邮国"观念，以及由此造成的对不同区域消费者的差异化待客之道，最终催生出了网购消费的新型差序格局。

在这里，已有学者利用费孝通先生的经典概念"差序格局"来阐释互联网时代因信息技术发展造就的社会关系新形态。譬如有研究发现网络空间中传播的事件要发酵成公共议题往往会经过意见领袖、传统媒体和网络公众的层层参与，由此会呈现一种差序格局的状态——当网络公众集中分布在京沪等地区时，该地区的议题会很容易处于差序格局的中心，从而使其他地区的议题边缘化。③也有研究指出，微博、微信等数字媒体的崛起一方面打破了传统中国社会依循血缘和地缘构成的差序格局，另一方面又在网络世界中重塑出新的差序格局。后者的表现之一是有条件持有和使用信息技术产品（电脑、智能手机等）的公民比没有上述条件的公民拥有更多的知情权和参与权，更能够参与公共事务的讨论和决策过程。④ 如果说上述研究对网络差序格局的讨论还停留在中心—边缘的二分法，王建民、宋金浩关于网络慈善的研究则更进一步展示了差序格局的渐进层次在互联网世界中的铺展，以及原有的线下人际关系如何嵌套其中。⑤ 受到这些研究和自身田野调查的启发，本文试图展示网商基于"包邮国"式的地

① AMRUTE S. Encoding Race, Encoding Class: Indian IT Workers in Berlin [M]. Durham: Duke University Press, 2016.

② 安德森. 想象的共同体：民族主义的起源与散布 [M]. 吴叡人，译. 上海：上海人民出版社，2016.

③ 张荣. 网络社会中的公共性难题 [J]. 社会科学研究，2014 (6)：112-116.

④ 王斌. 网络社会差序格局的崛起与分化 [J]. 重庆社会科学，2015 (8)：33-39.

⑤ 王建民，宋金浩. 网络空间中的差序格局："众筹"的社会学研究 [J]. 兰州大学学报（社会科学版），2016，44 (6)：55-61.

域层级化观念以及由此而来的差异化待客之道也呈现出差序格局的形态。笔者认为，理解这些与客观地理边界交织在一起的空间想象的生产过程和语境将有助于我们更好地把握互联网时代电商技术如何重塑人们的空间观念与实践，以及它们所反映的人与人之间关系的重构。

一、田野地点及其空间意义

为了解电子商务的社会文化面向，笔者从 2015 年起便在浙江省义乌市进行田野调查。义乌是位于浙江中部的县级市，以小商品批发市场闻名遐迩。也是得益于批发市场带来的优势，该市在近十年内逐渐发展成了中国最重要的电商产业基地之一。2019 年官方统计数据显示，义乌全市电商从业人员超过 20 万，他们在淘宝、天猫、拼多多、抖音、快手等平台上经营着各式各样的电商生意，创造了 2768.9 亿元的交易总额。[①] 2020 年，义乌电商产业更是在新冠疫情蔓延的背景下逆风而上，实现了内外双循环的发展。[②] 此外，该市电商生意的繁荣也促进了当地快递物流行业的蓬勃发展。根据国家邮政局的统计，2020 年义乌以 901084.6 万件的累计业务量超过广州，一度成为全国快递业务量最高的城市。[③] 电商及其相关产业耀眼的发展业绩使该市 2013 年以来一直蝉联"中国电商百佳县"名单榜首，同时也成为由国家发改委和商务部批准创建国家电子商务示范城市名单中唯一的县级市。

对关注具体电商实践的研究者来说，义乌规模化的电商产业集群非常重要。2013 年阿里巴巴集团首次发布淘宝村名单，义乌的青岩刘村就名列其中，是最早成型的三个淘宝村之一。此后每年义乌的淘宝村数目成倍增长，总数一直稳居全国县级市第一。截至 2022 年，该市总计有淘宝村 222 个。[④] 2014 年 11 月李克强总理访问青岩刘村，将其命名为中国"网店第一村"，此后又在世界互联网大会的演讲中将青岩刘村的淘宝卖家推举为"大众创业、万众创新"的典范，这让义乌电商产业步入更广阔的公众视野。2020 年，义乌的江北下朱村又异军

---

① 义乌市统计局 . 2019 年义乌市国民经济和社会发展统计公报 ［N］. 义乌商报，2020-04-25（3）.

② 钱霖亮 . 上下联动：全球化的"义乌模式"［J］. 文化纵横，2020（4）：78-84.

③ IT 之家 . 国家邮政局公布 2020 年邮政行业运行情况：义乌快递量排名第一 ［EB/OL］. 网易，2021-01-15.

④ 阿里研究院 . 2022 淘宝村名单 ［EB/OL］. 阿里研究院，2022-10-31.

突起，以"网红直播第一村"红遍全网，吸引全国各地的带货主播来此淘金。①
电商产业的高度发展和电商创业的空前普及使得义乌成为一个观察电商技术如
何影响从业者观念和行为的绝佳田野调查点。

选择在义乌做田野调查还有其特殊的空间意义。近期的经济地理学研究总
结了以淘宝村为代表的中国电商产业集聚模式在空间分布上的两项显著特征：
（1）以江浙沪为核心向临近区域扩展；（2）由东部沿海向西部内陆阶梯性锐
减，并且主要集中在长三角、珠三角、京津冀等物流便利、经济基础良好、消
费市场成熟的沿海发达地区。② 而根据历年来的淘宝村名单，浙江一直都是全国
淘宝村最集中的省份。这其中，义乌又聚集了浙江省内，乃至全国最大的淘宝
村集群。③ 换言之，义乌在中国淘宝村的地域格局，乃至在整个电商产业的格局
里都处于相当中心的位置。这样的产业地位极大地影响了当地网商对整个中国
电商产业图景的认识。

从 2015 年到 2021 年，笔者总计在 35 家网店（包括淘宝、天猫、拼多多、
淘宝直播等）进行了长期的参与式观察。在调查期间，笔者经常听到一些研究
对象称义乌为"中国电商之都"。尽管更多的网商因为阿里巴巴集团坐落在杭州
而认为杭州才是真正的"中国电商之都"，但义乌的重要性仍然是被强调的。在
讲述义乌电商产业的发展历史时，不少资深网商会提到马云在 1999 年创立阿里
巴巴后派出第一支营销队伍的目的地便是义乌，而且迄今为止义乌产业带一直
是阿里、拼多多等平台上最大的产业带。这样的叙述着力凸显了义乌作为中国
电商发源地和产业中心之一的地位。另一个例子是当笔者与非义乌籍网商交流
时，他们常常把自己家乡的电商发展状况与义乌进行比较，强调后者在这一产
业上的前沿性。譬如来自山西的李先生就认为山西的电商技术和营销水平与义
乌有很大的差距，"如果义乌电商已经发展到了 3.0 的模式，山西可能还停留在
1.0 的水平"④。也是因为这个缘故，虽然他的父母希望他回家创业，当地政府
也有创业优惠政策，但他还是选择留在义乌以便把握更前沿的电商营销技术，
并希望有机会在这里落户扎根。上述例子都表明，义乌在中国电商产业格局中
的位置不仅激发了网商对这座城市的认同感，也塑造着他们对中国其他区域电

---

① 钱霖亮. 低度包装与本真性展示：中小带货主播的阶层化数字劳动 [J]. 浙江学刊，
　　2021（3）：132-142.
② 徐智邦，王中辉，周亮，等. 中国"淘宝村"的空间分布特征及驱动因素分析 [J]. 经
　　济地理，2017，37（1）：107-114.
③ 阿里研究院. 淘宝村：乡村振兴的先行者 [EB/OL]. 阿里研究院，2017-12-11.
④ 本文出现的人名皆为化名。

商产业发展状况的看法。本文接下来将进一步论述这些网商透过电商交易积累的空间认知如何与现实的地理边界交织，形成新的空间想象并发展出差异化的待客之道，进而造成了网购消费新的不平等形态。

二、以"包邮国"为中心：网商群体地域层级化认知的形成

在中国，经常网购的读者对"包邮国"这个名词一定不会感到陌生，而它也正是笔者在田野调查过程中印象最深的电商经济空间观念。电商交易双方所说的"包邮国"一般对应的现实地理区域包括了江苏、浙江和上海两省一市，有时会排除江苏北部地区（如连云港、宿迁和徐州），有时会包含安徽省。因为江浙沪同时聚集了大量的网商和网购消费者，加上这些毗邻的省市空间距离较近，交通发达，物流运输成本相对低廉，该区域内的网商在销售商品给同区域的消费者时一般不会另行加收运费。有些网商会直接在其网店页面上写明"江浙沪（皖）包邮"。也因此，销售给这一区域内消费者的商品价格成为网店商品的基准价。除非网商声明"全场/国包邮"，则出了这个区域范围，距离越远，要补的运费越高。绝大多数义乌网商发货使用的是民营快递公司的物流服务，只有少数使用国营邮政快递。在下文中，笔者将利用其中三家快递企业的地域化价格表作为分析素材。表1是顺丰速递从义乌发货的运费价格表。表2是百世快运从义乌发货的价格表。表3是隶属于中国邮政系统的快递包裹业务从义乌发货的价格表。三份表格左侧皆是快递发往的省份，右侧是按发件商品重量划分的价格。

这里还需要交代一些义乌快递行业的情况。由于当地网商销售的产品大多是体积小、重量轻的小件商品，快递企业在收件时也倾向于小件商品，对发货量大的网商，它们会给"通票"，意指0.5公斤或1公斤以内（邮政快递包裹为3公斤以内）的商品发往全国除数个偏远省份以外地区以统一的运费价格（不含港澳台地区业务）。在义乌，除了顺丰，所有快递都有通票。2016年，百世快运给笔者一位研究对象的通票价格是1公斤以内商品发往除新疆、西藏、青海、宁夏、内蒙古、海南以外其他地方（不含港澳台地区业务）每件3.8元，0.5公斤以内则是3.5元，1公斤以上商品的运费价格则按表2的价格表来结算。① 比

---

① 这在当时的义乌快递市场上已是非常低廉的价格了。但激烈的竞争导致快递费持续走低，2020年笔者在义乌调研时听到的最低价是0.5公斤以内1.8元。低廉的运费固然有助于降低网商的生意成本，但也令他们更加介意那些有可能增加他们生意成本的来自偏远省份的消费者，其中逻辑详见后文。关于义乌快递市场的激烈竞争，见明兴交运研究．数据揭秘：义乌快递的价格战，还要打多久？[EB/OL]．腾讯新闻，2020-03-24.

如从义乌发一件 2.5 公斤的商品到天津，首重 1 公斤是 6 元；续重 1.5 公斤四舍五入为 2 公斤，续重单价为 4 元，总运费价格即为 14 元。不享受通票的网商从一开始就按这个首重加续重的方案来计算运费。2016 年时，笔者了解到的义乌邮政快递包裹 3 公斤以内通票的最低价格是 8.8 元（除新疆、西藏、青海、宁夏、内蒙古和海南）。

表 1 顺丰速递从义乌发往全国各地的统一运费价格表

目的地	首重	续重
同城、省内、上海、江苏（除连云港、宿迁、徐州）	12	2
江苏（连云港、宿迁、徐州）	16	6
安徽	14	2
丽水至安徽（亳州、淮北、宿州）	15	2
江西	20	8
河南、湖北	22	8
福建、山东	22	10
北京、河北、湖南、山西、陕西、天津	23	10
甘肃、贵州、辽宁、四川、重庆、内蒙古、广东、广西	23	13
青海、云南、海南	23	14
黑龙江、吉林、宁夏	23	18
西藏、新疆	26	21
香港、澳门	30	12
台湾	36	28

表 2 百世快运从义乌发往全国各地（除港澳台）的运费价格表

目的地	首重	续重
江苏、浙江、上海、安徽	4	1
北京、福建、广东	5	2.5
天津、河南、河北、湖南、湖北	6	4
山西、陕西、江西、辽宁、吉林、广西	8	5
黑龙江、甘肃、云南、贵州、重庆、四川、海南	10	6
新疆、内蒙古、西藏、青海、宁夏	20	16

表3 邮政快递包裹从义乌发往全国各地（除港澳台）的运费价格表

目的地	首重	续重
浙江	3	1
上海、江苏、安徽	5	1
广东、福建、北京、天津	6	1
山东、江西、湖北、湖南、河南、河北	8	1
山西、陕西、辽宁、重庆、四川	8	2
吉林	8	3
黑龙江	10	3
宁夏、甘肃、贵州、广西、内蒙古、海南	12	2
云南	12	3
新疆、青海、西藏	15	5

这三张价格表显示，在没有通票或者超重的情况下，网商发货到不同地区的运费价格总体上取决于运输距离；但快递企业并没有逐个省份进行定价，而是按区域进行划分。在实际定价过程中，特定快递在特定发货地和收货地之间的货物往来频繁度也有影响。比如百世快运和邮政快递包裹发往北京、天津、广东等省市的运费会比与浙江毗邻的江西以及与江苏接壤的河南、山东便宜。按两家公司快递员的说法，这是因为江浙沪和京津、珠三角地区的货物往来量更大，他们发车频次更高，运费也就相对较低。排除这一因素，这两家快递企业的地域分区与顺丰的差别并不大。除去上述因货运频繁而享有优惠价格的京津地区和广东省，其他省、自治区、直辖市分成五个价格区间，江苏、浙江、上海和安徽属于第一区间，山东、河北、河南、湖北、湖南、江西和福建属于第二区间，辽宁、山西、陕西、四川和重庆属于第三区间，黑龙江、吉林、甘肃、贵州、广西、海南和云南属于第四区间，内蒙古、宁夏、青海、新疆和西藏则为第五区间。

笔者之所以不厌其烦地将三家快递企业的运费价格的地域化结构呈现出来，是因为它已经成了相当一部分义乌网商对中国电商地理区域空间认知的基础。例如，何先生是一位销售户外用品的网商，用的百世快运的通票，除了新疆、西藏、青海、宁夏、内蒙古、海南和港澳台以外，其他省份都按通票范围包邮。但由于其产品常出现超重的情况，让顾客补运费或者他自己给快递补运费是做生意过程中时常发生的事情，上述地域化的运费价格就印在了他的脑海里。用他自己的话总结，是"距离'包邮国'越远，需要补的运费价格就越高，一层层的递增"。另一位网商王小姐主营饰品，其产品体积小、重量轻但价格较高，所以选择了顺丰速递。鉴于顺丰并无通票，她便未像其他网商一样采取包邮的策略，而是依循上述分区对不同地区的顾客收取相应的运费。有时遇到不理解这种加收运费行为的消费者，王小姐就会将顺丰速递的价格表发给他们，告诉他们自己从义乌发货，这里的快递发往全国各地的价格是不同的，江浙沪相对便宜；出了这个区域，越远运费越贵。

但给笔者印象最深的还是卖五金产品的刘先生。刘先生出生在重庆的一个山区县，高中毕业后来到沿海省份打工，最后落脚义乌做起了电商生意。刘先生的办公室墙上挂着一张中国地图，笔者一开始以为他有喜欢看地图的个人爱好，但他说这是生意需要，以前上学的时候中国地理没学好，开始做生意了发现自己很缺乏这方面的知识。在正式进入他的网店做参与式观察后，笔者发现刘先生在和顾客交流时偶尔会查阅地图，因为对方会问他需要补多少邮费，或者发货以后自己多久可以收到，此时刘先生就会询问顾客所在的省份和城市。如果没有听说过那些地方，他就会在地图里寻找，然后计算运费和快递运输所需的时间。笔者结识刘先生时，他已有六年电商从业经验，对很多城市的地理方位已有所了解，并声称自己脑子里有一张地图，顾客一说其所在城市，他就能够精准定位，测算出大致的运输时间。"比如发河南的货，都要先到漯河中转，这个城市正好在河南中心位置，义乌过去大概 2 天，再要 1 天发往其他地方，所以河南各地基本 3 天可达。很多快递的广东中转站在虎门，义乌到虎门大概 1 天，虎门到珠三角城市要半天，到广东其他地方加 1~2 天。"

除了具体城市的方位和运输速度，谈到快递价格分区的逻辑时，刘先生说那实际上就是按照空间距离的远近进行分区，然后他指着墙上的地图说，"我感觉这个分区就是以我们所在的江浙沪为中心，像波浪一样一圈一圈地扩散出去。"看到笔者不置可否的表情，刘先生拿起了卷尺，大致以上海和杭州为中心，用不同长短的半径一圈圈地描摹同心圆，一边描一边说，"你看，第一圈就是'包邮国'（江浙沪皖），第二圈是山东、河南、湖北、江西、福建，第三圈是辽宁、北京、天津、河北、山西、陕西、重庆、湖南、广东，第四圈是吉林、内蒙古、宁夏、甘肃、四川、贵州、广西，第五圈范围广一点，剩下的黑龙江、青海、新疆、西藏、云南、海南都算在里面……"（港澳台除外）虽然笔者的许多研究对象都表达过类似的看法，但刘先生是把以江浙沪为中心的同心圆水波纹型分区表达得最清晰的一位。笔者即刻将他的百世快运运费价格表分区与上述同心圆水波纹型分区进行对比，发现它们的重合度确实很高。北京、天津、广东的特殊情况前文已做阐述，其他个别省份最多只相差上下一个区间。刘先生对他的同心圆模型非常自信，认为它不仅解释了快递的价格分区，同时也揭示了中国大陆地区电商产业集群分布的规律。他说："快递价格分区其实根本上反映了电商产业的分布。江浙沪是中国电商产业最集中、最发达的地方，越靠近这里的省份电商产业越密集、越发达，越远的越落后，所以目前淘宝村最多的省份几乎都在这个同心圆的第一圈和第二圈。"

　　与学术研究相比，刘先生对电商经济地理的空间想象或许不甚科学。如他在地图上画同心圆来论证快递的价格分区逻辑，但地图上的直线距离其实并不等于线下实际的运输距离，因为交通线路的选择要综合考虑地形、水文、沿线人口和经济发展条件等诸多因素。而快递企业的运费价格地域化也和其在不同区域的网点密度以及发车频次密切相关。刘先生没有提及这些因素，而仅仅用地图所呈现出来的空间距离来解释快递企业的运费地域化差异，这无形中将以地图为代表的虽有一定地理依据但仍旧是人为简化的国家空间想象融入他对中国电商经济地理的认知当中。① 同理，当刘先生以简单扩散的同心圆模型来看待中国电商产业分布格局时，研究者们看到的是已有电商集聚的省份其线下的产业基础和人口流动如何培育电子商务这一新的经济形态。② 但不论如何，刘先生的阐释真实地展现了网商们自己如何透过生意运作积累的经验来建构起他们对电商世界的认知。

三、网商群体"差序格局"式的待客之道

　　当许多义乌网商把电商世界想象成一个地域层级化的世界，这是否会对他们接待来自不同地域消费者的方式造成影响？笔者的田野调查发现，有相当一部分网商受到上述空间观念及其背后利益关系的影响而对不同地域的顾客采取不同的待客之道，形成了一种网购消费差序格局的新形态。

　　费孝通先生在描述中国社会的差序格局时这样写道："（我们的社会结构）好像是把一块石头丢在水面上所发生的一圈圈推出去的波纹。每个人都是他社会影响所推出去的圈子的中心。被圈子的波纹所推击的就发生联系"③。当刘先生和其他网商用"像波浪一样一圈一圈地扩散出去""一层层的递增""越往外

---

①　杜月. 制图术：国家治理研究的一个新视角 [J]. 社会学研究，2017，32（5）：192-217.

②　徐智邦，王中辉，周亮，等. 中国"淘宝村"的空间分布特征及驱动因素分析 [J]. 经济地理，2017，37（1）：107-104.

③　费孝通. 乡土中国生育制度 [M]. 北京：北京大学出版社，1998：26.

价格越高"这样的语言向笔者描述快递价格分区的逻辑时，笔者意识到它们在形式上与差序格局高度相似，尽管经过确认这些网商都未听说过费孝通先生和他的学术概念。费孝通先生以亲属和地缘关系来举例说明中国社会差序的构成。亲属关系层面上的差序格局通过生育和婚姻来达成，有其生物学的事实作为基础，但也像其他文化中的亲属关系一样包含了社会建构的成分。① 地缘关系层面上的差序格局依靠邻里和社区的互助关系形成，将社会交往和利益互惠的群体范围想象成一个共同体，这个共同体本身会随着关系网络中心势力的强弱改变其阐释范围的大小②。电商世界里网购消费的差序格局同样是建基于部分社会事实（譬如由电商产业集聚分布和快递运费地域化造成的网商与不同区域消费者之间的利益差异）之上的想象共同体，它从网商的角度将消费者界定出亲疏远近，乃至划分成"三六九等"。下文将通过深描两个案例来呈现上述想象及其导致的后果。

来自福建的罗先生在电商行业里打拼了近十年，拥有一家天猫店、四家淘宝店和两家拼多多店，销售的主要是他从老家进货的运动鞋。鉴于天猫的平台定位和收费规则（包括平台入驻费、每单成交扣除 5% 左右的技术服务费等），罗先生在其天猫店上销售同款运动鞋的价格要远高于他的淘宝店和拼多多店。也是因为利润更高，其天猫店产品全国包邮，而淘宝店、拼多多店则将一些偏远省份排除出了包邮范围。笔者在其网店进行参与式观察期间负责一家淘宝皇冠店铺的客服工作。有一次，罗先生发现笔者跟一位来自西北某省的顾客聊了十多分钟，对方一直就补运费问题讨价还价，罗先生建议笔者终止谈话，"你跟他聊那么久干吗？这些地方的单子不补运费根本没钱赚，事情还多。"坐在一旁的另一位客服人员补充道，由于运输距离远、时间长，这些偏远省份的买家后面来询问物流进度的概率和频率也更高，"卖给他们一单赚不了几个钱，投入的时间和精力却更多。他们觉得你服务不到位再给你一个差评，就是竹篮打水一场空。长途运输还容易出现货物破碎或遗失的情况，万一遇到，补发一单就更亏了！"此时罗先生笑道，笔者负责客服的店铺已达到皇冠级别，没必要介意这些偏远省份的"小单"，"他们知道运费贵，所以买鞋子一般就买一双，因为买得越多重量越重，补的运费就越多。不像江浙沪的顾客有时一买就是几双，就算超重了也不用补几块钱。其实他们买得多我们也不会让他们补运费，因为我

---

① SCHNEIDER D. American Kinship: A Cultural Account [M]. Chicago: University of Chicago Press, 1980.

② FAURE D. The Lineage as a Cultural Invention: The Case of the Pearl River Delta [J]. Modern China, 1989, 15 (1): 4-36.

们赚得多，免掉他们几块钱的邮费就当做口碑，吸引回头客吧。"在与其他客服人员后续的交流中，笔者了解到他们在日常电商交易的过程中已形成了习惯，在接待那些来自包邮范围之外省份的买家时，如果觉得对方很麻烦便可能选择置之不理。

相比于罗先生及其客服人员的待客之道，周小姐的例子更为极端。她从老家到义乌开网店已有四年，拥有三家淘宝店和拼多多店，主营丝袜和打底裤。按她的说法，网购市场上一盒丝袜的均价在 30 元左右，打底裤在 40 元左右。为了吸引顾客，她所有产品的定价基本低于市场均价 10 元。而为了保证利润，周小姐主要从两个渠道进货，首先是集聚在义乌周边的丝袜和打底裤厂家的尾货，其次是库存商人从其他地方收购来的存货。这样的货源构成极大地降低了周小姐的货物成本，但也导致了其产品质量参差不齐。笔者在周小姐的网店里进行参与式观察时除了帮她做客服，每天还要分拣货物。她让笔者将货物分成两堆，一堆是外观没问题的（无明显脱丝、线头和掉色），一堆是有问题的，声称之后要把有问题的货退给厂家或库存商，但实际情况可能并非如此。平时发货时，她基本上会先发没问题的货，但有时会掺一些有问题的货进去。等到店铺做促销活动时（如 9.9 元包邮），相当一部分发出去的货都有质量问题。在掺货时，笔者察觉到她一般不会掺进发往江浙沪地区的快递。在我们更为熟悉以后，她告诉笔者这是因为江浙沪的顾客相对来说有更长期的网购经验，对如何退货和投诉有更多的了解，加上该区域内退货成本低且方便，久而久之顾客可能一有不满意就会申请售后。相反，距离越远的省份，顾客退货的成本也越高，周小姐就可能在那些发往远一些省份的快递里掺杂更多的次品货，越远的越多且越频繁。按她的说法，"她们买一盒袜子的价格才九块九，退回来的话运费可能就要十几块，越远的地方越贵，很多买家就算了。"按照平台的规定，有质量问题的商品其退货运费理论上由卖方承担，但部分消费者由于不熟悉这一规则，产生了吃小亏省麻烦的心理。对那些知道如何维权的消费者来说，在面对一位拒绝处理售后服务的网商时，她们也会担心是否能够拿回先行代付的退货运费，或者在到付的情况下卖方会不会拒绝签收退回的商品。① 很显然，周小姐是在利用消费者维权成本高造成的心理压力来牟利。

从"包邮国"出发，给距离越远的消费者发货时掺入次品货的概率越高，周小姐"差序格局"式的商业实践很大程度上是她在现有电商产业集聚分布和

---

① 如果消费者向平台正式申请退货，平台则会从网商交纳的保证金中扣除退货的运费，但笔者发现大部分消费者还是倾向于跟网商沟通，而非直接通过平台的渠道走退货流程。

快递运费地域层级化背景下做出的"经济理性"的选择。在与顾客日常交流的过程中，每当遇到来自快递通票范围之外省份的买家，周小姐也会和罗先生的客服人员一样表现出冷淡的态度，有时甚至不再回复他们的询问。对于那些没有交流就直接下单的偏远省份的顾客，周小姐有时会故意拖延时间不发货，直到对方自己申请退款；或者等他们来询问时回答断货了，再让他们申请退款。有一次，一位来自西北边疆省份的顾客在其店铺做活动时没有交流就下单买了一条打底裤（该平台活动要求网商必须全国包邮）。由于当天发货量大，周小姐把所有快递单打印出来后才发现这位顾客的信息，她感到非常生气，"做活动发到她那里一分钱没赚，运费还要倒贴好几块！"最后她故意给那位顾客发了一条次品货以发泄不满。①

周小姐曾经多次跟笔者提起往偏远省份发货的过程也麻烦得多，"我用的通票不包括那些省，快递员来收件的时候还要一个个算运费差价。有时候运费太高，我还要烦恼是不是发其他便宜一些的快递或者物流。要发的话可能还要自己送去收货点。发到其他地方的快递根本不用那么麻烦，我打包好快递员来数一遍就能收走。"之后，由于那些省份路途遥远，快递运输的时间也较长，有些顾客会时不时地来催促，这就让周小姐更加烦恼，"我就直接说他们凑什么网购的热闹，心里没点数，在自己那边的商店里买买得了。"

周小姐的情绪化言论揭示了她对偏远省份顾客所处地理空间的认知，其现实当中离江浙沪这一中国电商产业中心的遥远距离使这些省份在中国电商世界的层级中可能处于最边缘的位置，再加上快递运费的缘故，其消费者被有意识地区别对待，乃至被剥夺参与电商交易活动的权利。恰如阎云翔在评述基于血缘和地缘形成的差序格局时所指出的，差序不仅指涉关系的亲疏远近，更是一种等级观念和制度；② 周小姐在发给越远的省份的快递中掺杂更多的残次品，乃至最后不愿卖货给偏远省份顾客的行为也展示了她看待不同区域消费者的空间等级观。

---

① 在调研期间笔者曾多次劝说周小姐，但她强调她有自己的做事风格。基于研究伦理的考量，笔者无法强迫她改变行事方式。由此，本文在学术讨论之外的一个目标即在于增进读者和公众对于上述状况的思考。关于网商商业伦理的讨论，见 QIAN L. "Moral Diversification and Moral Agency：Contesting Business Ethics among Chinese E-Commerce Traders" [J]. The Journal of Chinese Sociology，2020，7（1）：1-20.

② 阎云翔. 差序格局与中国文化的等级观 [J]. 社会学研究，2006（4）：201-213.

结语

周小姐的例子虽然极端，但她以及罗先生和其他网店客服人员展现出来的差异化待客之道却在笔者的研究对象中相当流行。许多网商都介意偏远省份的消费者在他们的网店里购物，以至于特地在网页上为这些地方的顾客设置了奇高的运费价格。如果有顾客质疑，他们会回应说如果觉得价格太高，可以选择不下单。尽管本文主要关注的是义乌一地网商群体的空间观念和由此形成的待客之道，但笔者在西部地区考察时也听到不少当地消费者抱怨他们在网购时不仅要承担相较于沿海地区消费者更高的运费，有时还要遭受网商的粗鲁对待。本文所要揭示的即是隐藏在部分网商消极的服务态度背后"差序格局"式的空间想象。其他尚属快递通票包邮范围之内省份的消费者未必意识到他们的网购消费权利也有可能被侵蚀，本文可作为一种提醒。

在这里，过往学者对信息技术能够压缩时空距离、消除地理边界的判断，以及当下互联网企业所宣扬的电商技术能够消除商业活动的地域限制、让不同地区消费者享受平等的消费权利的看法固然有其合理性，但本文的例子却说明上述技术并不脱离现实条件和人的能动性而存在。电商产业集聚分布的状况和快递企业基于现实的空间距离、交通条件及其网点分布等因素而设置的运费价格区域化很大程度上塑造了网商们对电商世界层级化的空间想象，这一想象又影响着他们的日常商业实践。一方面，或冷漠或粗鲁地对待因偏远而不包邮省份的消费者。另一方面对包邮省份的消费者采取总体殷勤的待客态度；在产品质量不确定的情况下，挑选不同品质的产品发给不同区域的消费者，导致越偏远省份的消费者越高概率收到残次品；在成本和利润的考量下，用各种方式拒绝给偏远省份的消费者发货，变相剥夺他们的网购消费权利；等等。网商们诸如此类的差异化待客之道不仅在理论上让我们看到了"差序格局"在互联网时代新的表现形式，也向我们揭示了理想当中具备"去地域化"优势的电商经济，其可能造就的并不是一个再无地域差异的大同社会，而是不同区域网商和网购消费者之间以及消费者群体内部新的社会不平等。

考虑到网商们差异化的待客之道有其经济理性的一面，而它的根源是我国不同地区产业发展的不均衡，以及偏远地区人口集聚程度不高、交通基础设施不完善等方面的状况，要从根本上解决这一问题并非一朝一夕之事。有鉴于此，除了寄希望于地区之间更均衡的发展之外，笔者拟从四个方面提出调整改善的建议。首先，网商群体应意识到自身与消费者之间的鱼水关系，只有遵守法律和商业伦理，保障消费者权益，企业才能有长远的发展。其次，电商平台应对网商不规范的销售行为进行切实有效的监管，同时在后台程序上对商品和运费价格的设置加以规整限制。再次，政府应在网购市场中扮演好更广泛的监管者角色，依照《中华人民共和国电子商务法》《中华人民共和国消费者权益保护法》等法律、法规规范电商平台和个体网商的商业行为，在保障市场公平的前提下为消费者赋权。最后，消费者自身应多学习了解相关法律、法规和平台规则，能够利用这些法律规则维护自身的权益。尽管本文着重于在学理上揭示网商商业运作的空间逻辑，但在学术公共性的意义上，笔者亦希望不同背景的读者通过阅读本文了解到当下电商经济存在的问题，继而在自我消费权益保护、规范电商市场主体行为等方面做出改进的努力。

国际小商品贸易中的信用体系建设：
义乌的实践*

温美珍**

过去三十年，飞速发展的中国经济吸引了大量外国商人来华从事跨国贸易活动。他们的跨国经济行为以及由此引发的各种社会现象，引起了社会各界的广泛关注。然而，跨文化群体之间经济交往背后涉及的信用以及贸易纠纷的解决等问题，一直被社会所忽视。有学者认为中国是个低信任国家，低信任不仅增加了交易成本，对经济和社会的损害也显而易见。① 因此，如何处理好跨文化群体间的信用问题以及由此产生的贸易纠纷，不仅是外国企业引进来，也是中国企业走出去必然会面临且亟待解决的问题。

有着"世界最大的小商品城"美誉的义乌，在种类繁多且价格低廉的小商品的牵线搭桥之下，已经与世界两百多个国家建立了贸易关系，是个有着许多跨国族裔聚居的城市。② 根据义乌市出入境管理部门提供的数据，2016 年来访义乌的外国人数量高达 48 万人次，长居于义乌的外国人有 1.5 万人左右。其中来自中东和北非的阿拉伯商人，在人口规模和贸易往来上，都对当地社会有着深远的影响。

20 世纪 90 年代中后期，阿拉伯商人在与中国供应商长期合作的过程中，逐渐发展出赊账的贸易形式，即买卖双方并不签订正式合同，买方以支付少量订金或者货物总价格的百分之几预订货物，然后按照约定的时间（一般是两个月或更长时间）支付余款。这种赊账的贸易方式，不同于通过进出口贸易公司签

＊ 本文原刊于《文化纵横》2019 年第 6 期。

＊＊ 温美珍，浙江师范大学非洲研究院助理研究员。

① FUKUYAMA F. Trust：The Social Virtues and the Creation of Prosperity ［M］. London：Hamish Hamilton，1995.

② 赵晔琴. 族裔经济的跨国建构与族群聚居的地方空间生产：基于对浙江省义乌市外籍商人的访谈［J］. 浙江学刊，2018（3）：72-81.

订正式合同的交易方式，后者按照合同规定付清全部货款，然后贸易公司交付提单到买方手中，买家持提单到海关清关提货，这种更加正式的交易行为受到法律的保护，任何违规或违约都可诉诸法律。而前者因为没有正式合同，一旦产生纠纷，一般都是自行解决，因此支撑这种赊账贸易模式的基石是双方相互之间的信用关系。

本文将考察义乌阿拉伯商人的日常商业活动和赊账贸易模式，来探讨跨文化交流中信用的产生以及相关纠纷的解决方式。研究发现，跨文化群体之间信用机制的生成不仅需要长期的交流基础，也需要共享的关系丛的支持。而贸易纠纷的解决，则需要依靠多种社会组织的参与，发达的社团（如商会组织）和大量的媒介组织（不同的社交平台）有助于建立信用和及时规避风险。此外，政府的积极介入和干预，也是贸易往来长久有序发展的强力依靠。

一、逐金之地：阿拉伯商人进入义乌的路径

根据义乌政府提供的资料，截至 2016 年年底，长居义乌（指在义乌连续居住六个月以上）的阿拉伯商人有 4000 多人，而在贸易高峰期的 2008—2009 年曾有一万多人。在常住义乌的阿拉伯商人中，有的作为中介商，帮助本国或者其他国家的商人在中国找货、买货和收货；有的服务于自己的家族企业，一般是家庭中的一名或两名男性在中国买货，家庭的其他成员则在本国或其他国家有店面或贸易公司；还有一些阿拉伯商人则是大型外贸公司的外派代表，这些大型外贸公司在国际贸易城市（如迪拜）开有分公司或者设立办事处，他们雇用一两名自己国家的员工外派到义乌当经理。

根据田野调查发现，阿拉伯商人主要通过四种路径进入义乌市场。第一，通过其他城市或国家的中国商品了解到义乌市场，这也是义乌市场上阿拉伯商人最主要的进入渠道。比如，一部分阿拉伯商人来到义乌之前在迪拜经商，迪拜的华人市场逐步把他们带到中国。其他一些阿拉伯商人则是从土耳其、东南亚及中国香港等地的市场最终辗转到义乌。或者先到广州，然后转移至义乌；广州是众多阿拉伯商人进入中国的第一站。1998 年的亚洲金融危机，是他们转移阵地、来到中国的主要原因。这次危机使东南亚市场变得极不稳定，而此时的广东已然成为世界工厂，一年两次的广交会提供了展示平台，一大批阿拉伯商人通过广交会了解义乌。

第二，从留学生到商人。中国和阿拉伯国家的教育合作，为大批阿拉伯学生提供了来华机会。万隆会议之后，中国和埃及建立了外交关系，以互派留学生的方式加强交流。最早来到中国的四个埃及留学生，开启了中国与阿拉伯国

家之间互派留学生的合作，并且一直延续至今。① 很多留学生利用自己的双语优势，给自己国家的阿拉伯商人当翻译，在中国买货。有些留学生当了一段时间翻译后，开了自己的贸易公司。随后，一批成功的商人开始资助自己亲戚来中国学习汉语，并且让其帮忙打理生意、拓展贸易网络。

第三，经由新疆到义乌。中国与中亚的跨国贸易往来一直都很密切，跨越边境的巴基斯坦、阿富汗和俄罗斯商人，把中国产品经由中亚销往中东。有着敏锐商业嗅觉的阿拉伯商人跟随着中亚国家的商人到达新疆，然而他们在这里并没有发现可以直接供货的工厂。为了找到直接货源地，阿拉伯商人花高价雇用中国翻译把他们带到义乌。

第四，通过在阿拉伯国家的中国留学生的关系来到义乌。一些中国留学生到中东北非国家学习阿拉伯语，在学习之余，他们会把中国的小商品带到留学国家销售，因此就有机会接触当地的阿拉伯买家，最后发展成为合作的关系。毕业后，这些中国学生自己开了外贸公司专门为阿拉伯商人服务，或者受雇于阿拉伯商人负责处理他们在中国的生意。

由不同路径进入中国的阿拉伯商人，所依赖的社会资本不同，其社会资本所决定的信用程度也有差异。由其他市场转移到中国的阿拉伯商人，由于有丰富的国际贸易经验，他们在规避风险和适应市场文化方面有更强的能力，能很快地与中国商人建立关系，并且通过多次贸易维系信用关系。而有留学经验的阿拉伯商人，对于中国市场和法律有更深入的了解，其市场准入成本远低于其他竞争者。通过中国留学生关系来到中国的阿拉伯商人，他们雇用中国留学生负责处理他们的生意，甚至逐渐会把雇佣关系发展成为合作伙伴。

二、无本之贾：赊账商业模式的风险

不管由哪种路径来到中国，阿拉伯商人想要在义乌以赊账的方式进行贸易，就必须和义乌建立稳固的社会关系。在笔者采访的一百多位阿拉伯商人中，不到10%的商人是以现金结算的方式交易。相较于赊账，以现金交易的商人往往可以以更低的价格购买同类货物，中国供货商也会优先生产现金交易订单的货物。但是大部分阿拉伯商人还是由于资金有限而选择赊账。每个订单他们只需要支付200元人民币或者总货款的百分之一到百分之十作为订金，就可以拿到货物。然而，很多阿拉伯公司会拖欠余款，甚至是挟货逃跑。虽然商家对于赊

---

① ANSHAN L. African Studies in China in the Twentieth Century：A Historiographical Survey [J]. African Studies Review，2005，48（1）：59-87.

账贸易方式抱怨颇多，但这种贸易方式还是持续存在着。

（一）赊账方式及其原因

赊账贸易方式的形成，既源于市场内在的交易逻辑，也根源于外部的竞争压力。欧美国家是义乌开发外贸市场初期最主要的贸易对象。随着1998年金融危机的爆发，欧美市场的购买力呈现疲软状态，义乌卖家逐渐放弃依赖单一区域市场，拓展中东和非洲市场。阿拉伯商人就是在此时逐步涌入义乌市场的。最初到义乌市场的阿拉伯人商人只被允许进行现金交易。埃及商人萨米尔回忆道：

> 我第一次来义乌是1996年。那时我提着两个手提箱，一个手提箱装的是阿拉伯大饼。因为当时义乌的阿拉伯商人不多，清真餐厅很难找，只能自带食物。一个手提箱装的是人民币，交易方式就是一手交钱一手交货，店面或工厂把货送到之后直接现金结算。我来的次数多了，中国供货商也知道我的实力，他们就开始赊账给我。①

很多商人都如萨米尔一样，经过多次贸易之后开始赊账。因为现金交易一定程度上限制了订货数量，导致阿拉伯商人需要频繁来往于中国和阿拉伯国家之间。为了提高销量，中国供货商和阿拉伯买家之间达成协议，以赊账的方式先供货，销售完之后结算余款。因为彼时中东市场对中国商品的需求量非常大，即使是赊账也会很短暂，中国卖家很快就能收回货款。在这一过程中，中国供货商一直都扮演着积极提供赊账的角色。

阿拉伯商人在中国买货的时候，一般会委托中间商来完成交易，中间商从中收取一定的费用。这些中间商帮忙订货、收货、发货的同时，也扮演着赊账担保人的角色。中国供货商直接与中间商交易，中间商负责收回拖欠的货款。由于中间商都是长居义乌，并且设立了办公室，中国卖家就会觉得在自己的城市，中间商的可信度比候鸟式迁徙的行商稳定。

以上是基于供货商和购买商之间长期合作，彼此之间高度信任的赊账关系。但是随着劳动力成本的增加，商品价格的提高，以及市场竞争的日趋激烈，为了销售更多货物，吸引更多买家，即使在不熟悉的情况下，中国供货商也主动提出赊账。于是，赊账形式就从熟悉的买卖双方延伸到不熟悉的买家和卖家之间，并且发展成一种约定俗成的市场交易行为。不赊账的商家很快就会失去客户，继而被市场淘汰。只有售卖非常稀缺的商品的商家，才有资格坚持现金交

---

① 田野访谈材料，访谈时间：2016年3月16日，地点：义乌市萨米尔办公室。

易而不被市场淘汰。

（二）赊账风险：人走货丢现象

赊账贸易模式潜藏着巨大的风险。这种风险部分源自不可控的自然和政治经济因素，但更多的还是人为因素。中国与中东国家之间的货物一般以海运方式进行，这种长途贸易需要承受不可控的自然灾害的风险，如运输途中的火灾或台风等因素。一旦运输船只遭受不可抗力风险，阿拉伯买家就无法践行售完付款的承诺，只能拖欠货款。

目的国动荡的政治经济环境，也是欠款的重要原因。一些阿拉伯国家自"阿拉伯之春"后一直处于极不稳定的政治经济环境中，战乱不仅引起贸易额的下降，也会导致拖欠的货款无法及时收回。动荡带来的汇率不稳定也会成为拖欠货款的导火索。比如，2014年，埃及突然宣布埃镑贬值，一时之间导致很多埃及买家需要支付的美金远远超出了此前的数额，市场上与埃及交易的卖家哀号一片。

市场上的很多坏账现象，更多的是人为因素造成的。产品的积压和滞销很容易让货款无法及时付清。部分阿拉伯商人对市场判断失误，购买了不合消费者品位的商品导致大量产品积压。有些产品的积压，是买家为了节约来往中国的开销，增加购货量，一旦市场饱和，多出来的货物就销售不出去。有些时候是因为运输时间过长被耽误，如海关扣留时间过长，导致季节性产品无法在应季时销售，最后大量滞销。

中间商也有可能导致货款无法到达中国卖家手中。阿拉伯商人一般都不会直接付款给中国卖家，往往是把货款打到中间商的账户，由中间商再付给卖家。但是有些中间商挪用货款用于个人消费，或投资其他生意；甚至以"拆东墙补西墙"的方式挪用不同买家的钱。一旦资金链断裂，有些中间商就选择逃回自己的国家，从此不再出现在中国市场。这类情况在经济不景气的时候时有发生。

最后一种情况则是职业骗子的出现。一些阿拉伯人知道义乌可以赊账，他们来义乌开始的几次贸易都是以现金的方式进行交易，取得中间商和卖家的信任之后，他们就开始大量购买货物，之后携货潜逃。

三、调解：民间与政府的不同策略

因为赊账而日益增多的贸易纠纷不仅搅乱了市场秩序，也影响了整个市场的诚信问题。政府虽然一直鼓励现金交易、诚信交易，但是赊账的贸易方式已然形成，短期内无法改变。在赊账贸易方式中，买家具有绝对的优势。延迟交货款，可以让卖家保证货品不出问题；而在现金交易中，如果所订货物有问题，买家就会在纠纷解决中处于劣势。对大部分中国卖家来说，如果货款按照约定能及时回收，赊账交易模式也有利于生意。因此，为了市场的有序发展，买卖双方及地方政府都必须采取积极措施。

（一）民间自我调解

为了规避风险，中国卖家往往会把与阿拉伯商人之间单纯的商品交易嵌入个人社交网络中。比如，中国卖家为了了解阿拉伯商人在其本国的具体情况，往往都会以到对方国家旅游为借口考察对方的商业实力。经营五金、卫浴产品的蔡女士就曾三次到约旦、黎巴嫩等国的客户家中拜访。她说：

> 我是台州人，娘家有一家生产卫浴的厂家，夫家主要经营五金类产品，我在福田有两家店。我们只做现金生意，宁可价格低一点。但是2013年，有个约旦客户希望能够赊账，因为他打算在约旦的另一个城市再开一家贸易公司。我当时很犹豫，一来是觉得风险很大，因为虽然与约旦客户已经有多年的合作经验，但是对方的底细并不是很清楚；二来新的贸易公司一旦失败，就会导致货款拖欠。为了了解约旦客户的"家底"，我和我先生于2013年春节期间以到约旦旅游为借口，亲自到客户家乡考察。到了约旦之后发现，该客户确实如其描述一般，拥有一家大型贸易公司，且家中其他兄弟姐妹都有自己的事业。搜集了这些信息，也了解到了对方的具体居住地址之后，我就同意开始做赊账了。①

2016年笔者田野期间，该客户已经发展成蔡女士最重要的客户，每年的交易额高达上千万人民币。回想起当初的犹豫不决，蔡女士还为自己的机智决定感到骄傲，一方面没有因为交易方式的转变而贸然拒绝了客户的要求，保持了长期的合作关系；另一方面通过多次拜访客户，也对对方的市场和文化有所了解。

各种社交媒体的发达，也为买卖双方提供了信用调查的平台。卖家会加各种各样的微信群和QQ群，如老乡群、行业协会群、各类外贸群。遇上第一次交易的客户，或者背景不确定的客户，卖家都会把客户的基本信息发到群里，咨询其他卖家和该客户是否有贸易往来，客户信用如何。对于信用较差，拖延付款严重的客户，有些中国卖家也会把信息曝光在群里。社交媒体为中国卖家提

---

① 田野访谈材料，访谈时间：2016年10月13日，地点：义乌市福田批发市场。

供了更快捷便利的信用调查平台。

除了依靠买卖双方之间的私人关系，很多中国卖家也会寻求客户来源国在义乌的社团的帮助，其中最重要的是商会。笔者就参与处理过埃及商人在中国的诈骗案。一名来自亚历山大的埃及商人在义乌购买了三个货柜的内衣之后失联。而该商人在之前三次交易中的信用记录良好，付款及时，因此与其有过交易的中国卖家对其印象良好。但是2016年3月到了该交付余款的时间，却完全无法联系到该商人。该埃及商人每次都是直接与卖家进行交易，所以中国卖家也无法通过中间商来调查具体情况。经过多方打听，中国卖家找到埃及商会会长萨米尔，并且派出了5名交易数额最大的中国卖家到萨米尔的办公室进行协商。中国卖家把埃及商人的护照提供给萨米尔，萨米尔通过与埃及驻上海总领事馆的关系，找到这名商人的具体住址，然后通过该商人所在地的清真寺网络和私人网络联系到本人。但是，只有在订单交易量较大，并且事件会间接影响到该国商人整体声誉的情况下，商会才会出面处理。交易量小的商家则无法得到商会的帮助。

（二）"以外调外"：预警平台与涉外纠纷人民调解委员会

除了交易个体参与纠纷解决，当地政府也积极采取措施来减少赊账贸易模式带来的摩擦。义乌市政府建立了义乌国际贸易综合服务及经济案事件预警平台，该平台主要有两大板块：投诉与举报以及信用评级。在第一大板块，所有参与贸易的个体都可以举报和投诉。该预警平台更重要的功能，是国际贸易主体的信用评价及查询。外贸公司、供货商、货代和市场采购人员的信用和评价，都可以通过该平台查询到。在平台上输入公司名字、地址或者业主名称中的任何一项，都可以查询到该公司的信用评价结果，包括这家公司以往是否拖欠过货款、信誉值如何等。平台上的信息主要是来自政府搜集和知情人提供。

然而，该平台的局限性也非常大。首先，并非所有的贸易公司的情况都可以在该平台查询到，只有在当地注册的贸易公司，或者是经人举报的公司才有信息可查。而且只局限于外贸公司，具体到某一个客户也无法查询。有些贸易公司信誉良好，但是其合作客户却信誉不佳，平台并不一定能够把公司内部客户的差异完整地展现出来。而在义乌没有登记的贸易公司很多，这些贸易公司往往都是拖欠货款、信誉不好的公司。

另一家由政府部门发起的调解纠纷机构，是涉外纠纷人民调解委员会。该委员会成立于2013年，其背景是数额巨大的外贸纠纷导致大量中国卖家到当地司法所投诉。该委员会最特殊的地方是聘请外商当调解员，通过"以外调外"的方式，让外国人自己参与解决外国人的问题。外国人更了解自己的文化和商业规则，外商对外商进行调解，就会有更强的信任感。目前，涉外调解委员会的成员已经涵盖 18 个国家，共有工作人员 25 人，其中 18 人为调解员，7 人为普法志愿者。在 2016 年，该委员会总共调解涉外纠纷 294 起，调解成功率 96.7%，涉案金额高达 4691.37 万元，为中外客商共挽回经济损失 2576.68 万元。

该涉外调解委员会是目前中国第一家外国人参与的纠纷调解机构，取得了很多成果，被多家媒体当作模范予以报道；多家涉外机构也到义乌参观学习他们的经验。但是，由于人员精力有限，每年申报需要调解的案例过多，委员会也只能从中筛选出一些案子解决。

四、低端全球化还是普惠全球化

本研究发现，阿拉伯商人和中国卖家之间是通过市场转移、留学生的身份等，建立起互惠、信用关系。在此基础上生成的赊账贸易方式不是一蹴而就的，而是交易双方逐渐深入了解，不断协商与博弈，以及市场自我调节的结果。这种交易方式是一把双刃剑。如果能够健康有序发展，双方都可获利，一旦其中一个环节出现断裂，则会导致贸易无法持续进行，这些纠纷也很难通过复杂且耗时的法律程序解决。在义乌市场上，一般交易所涉交易对象都非常多。比如一个货柜的小商品，涉及几百个中国卖家，几百个卖家需要联合起来才能维权，只要其中一家卖家不愿参与就无法统一上诉。更为重要的是，纠纷都涉及跨境及不同文化族群的关系，需要得到对方国家的配合，法律成本非常高。义乌政府也只能尽量提醒中国卖家预防风险，但无法完全杜绝。在这种背景下，聘请外商协调，多方参与的模式，成为一种各方皆能接受的调解方式。

义乌的跨国贸易在空间和人群互动方面，都具有高度不确定性、高风险性以及经济与社会文化多重交织性。在阿拉伯商人与中国供货商之间，是一种长途、跨越国界和族群的不同文化系统之间的交易，可依靠的社会关系比较少且脆弱。因此在赊账行为中依靠商人个体建立互惠性和信用关系的同时，也需要政府的介入和协调。

麦高登等学者以"低端全球化"来定义来华非洲商人的经济行为，这种经济行为有以下三个特点：首先，来华非洲商人只携带了少量的资本。其次，这些处于低端全球化链条中的非洲商人的经济行为大部分是非法或者半非法的状态，因为大部分商品都是仿制品或者二手商品。最后，低端全球化的实施主要依赖个人的社会关系。麦高登同时认为，在这种"低端全球化"中，贸易主体往往游走于法律之外的灰色地带，因而与政府处于对立关系之中。① 而本文考察的义乌阿拉伯商人的经济行为，虽然符合部分麦高登等学者"低端全球化"的描述，但是与他们的理论不同的是政府在这种跨国贸易中扮演着重要的角色。政府并非被动地接受或者驱赶低端全球化实践者，反而一直试图通过积极干预来引导市场有序发展，从而使义乌的跨国贸易进入正常轨道。

　　总之，义乌小商品市场与阿拉伯商人在交易过程中发展出的赊账贸易模式，提醒我们应当关注发展中国家参与全球化进程后，可能给国际贸易带来的创新。而义乌抵御赊账贸易的风险，以及处理相关纠纷的实践，也让我们注意到在与发展中国家商人的国际贸易中，政府可能扮演的新角色。而这种新角色，相比"低端全球化"理论的描述，无疑更符合包容式和普惠式全球化的精神。

---

① MATHEWS G. Chungking Mansions: A Center of "Low-end Globalization" [J]. Ethnology, 2007, 46（2）: 169-183; MATHEWS G. The World in Guangzhou: Africans and Other Foreigners in South China's Global Marketplace [M]. Chicago: The University of Chicago Press, 2017.

"双循环"发展格局下我国小商品贸易发展的挑战与对策

——以义乌小商品贸易为例[*]

卢超男　刘　颖　吕本富[**]

中国是世界上最大的小商品制造销售国，小商品产业以丰富的品类、多样的功能、高效的流通等特点，贯穿工业生产和社会消费的方方面面。作为国民经济运行的一个重要环节，小商品贸易的高质量发展，对于实现产业升级、完善产业生态、带动劳动就业、促进社会消费具有十分重要的意义。然而，在全球经济低迷、贸易摩擦加剧、保护主义上升，并经历了新冠疫情的背景下，以出口贸易为主的小商品贸易遭受了巨大冲击。面对更加不确定的世界经贸环境，2020 年 5 月 14 日中共中央政治局常委会会议上首次提出了构建国内国际双循环相互促进的发展新格局，力求通过发挥内需潜力，联通国内国际市场，利用两个市场、两种资源，解决全球经济低迷、国际需求乏力、扩大出口困难的现实问题。为谋求生存与发展，小商品贸易应该抓住双循环发展的时代机遇，迅速构建以拓内销、稳外贸，国内国际双循环相互促进的新发展格局。

本文在理解双循环发展战略提出背景的基础上，通过实地调研，深入了解我国小商品贸易的现状和困境，并进一步探讨了双循环发展格局下小商品贸易的发展对策，为我国小商品贸易在双循环发展格局下的长足发展提出建议。

---

　*　本文原刊于《国际贸易》2021 年第 4 期。本文系中国科学院大学大中型企业委托项目"义乌市场运行指数构建及应用研究"（编号：Y841026）的阶段性研究成果。

　**　卢超男，中国科学院大学经济与管理学院博士研究生；刘颖，中国科学院大学经济与管理学院副教授、硕士生导师；吕本富，中国科学院大学经济与管理学院教授、博士生导师。

一、双循环发展格局下小商品贸易发展概述

（一）双循环发展格局的提出背景及内涵

对外贸易是我国经济增长的"三驾马车"之一，但是在全球经济增速放缓、国际市场萎缩以及新冠疫情的冲击之下，国际市场环境充满了不确定性，过去依赖对外出口和外商投资拉动经济发展的模式难以持续高速增长。

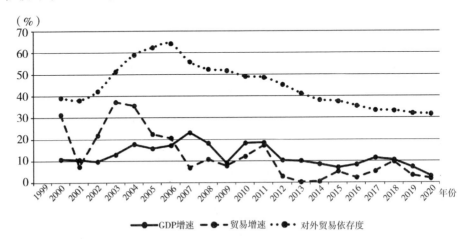

图1　1999—2020年中国GDP、对外贸易增速与对外贸易依存度

数据来源：国家统计局。

自2001年加入世界贸易组织（WTO）以来，中国对外贸易依存度一直在30%以上，如图1所示，2002年至2013年连续12年超过40%，对外贸易成为促进我国经济增长的重要推动力。然而，2008年国际金融危机爆发导致全球经济衰退，自此全球经济贸易持续低迷，中国的经贸发展也难以幸免，贸易增速开始逐渐下滑并长期低于GDP增速，虽然在2017—2018年出现小幅反弹，但是整体下行趋势依旧明显。一方面，发达国家作为我国出口贸易的主要国家，受金融危机影响，经济增长乏力，市场需求持续放缓，加之"逆全球化"和贸易保护主义兴起，发达国家市场增长空间十分有限；另一方面，虽然东盟和"一带一路"沿线等新兴发展中国家为我国国际贸易提供了新方向，但是这些国家普遍存在基础设施不完备、经济体量小、地缘政治局势紧张等复杂问题，将市场拓展到一定规模仍需要较长时间。新冠疫情的暴发对全球产业链产生了严重影响，为了遏制病毒的传播，世界各国政府采取了封锁隔离等措施，经济活动受到严重限制，全球贸易需求急剧萎缩。国际货币基金组织（IMF）2021年1月发布的《世界经济展望更新》报告显示，2020年全球经济萎缩约3.5%，世界

贸易额同比下降 9.6%。

因此，在国内外环境复杂多变的背景下，习近平总书记做出了推动我国开放型经济向更高层次发展的重大战略部署，① 提出"必须完整、准确、全面贯彻新发展理念，坚持社会主义市场经济改革方向，坚持高水平对外开放，加快构建以国内大循环为主体、国内国际双循环相互促进的新发展格局"②。双循环发展并不是逆全球化背景下的被动选择，而是主动推行更深层次的改革开放，形成内外良性循环的战略决策，它以"内循环"为核心，充分发挥我国超大规模市场优势，挖掘国内需求潜力，实现国内供需两侧的高质量匹配，形成完善中国经贸的内需体系。通过刺激引导消费和深化供给侧结构性改革，激活并扩大国内市场，以此为基础向国际市场扩张，以国内大市场循环支撑企业参与国际经济大循环。③

（二）义乌小商品贸易发展现状

义乌被联合国等权威机构称为全球最大的小商品贸易市场。作为我国最大的小商品集散地和外贸基地，义乌小商品贸易能够较好反映我国小商品贸易的共同特征。

义乌具有最丰富的商品品类和最活跃的民营企业，是我国小商品出口第一大市场，70%左右的中国小商品从义乌出口到世界 210 多个国家和地区，集聚着各类外资主体 8000 多家，每年到义乌采购的境外专业客商超过 56 万人次，市场外向度达 65%以上④。过去十年来，义乌小商品外贸占比高达 70%左右，以市场"采购出口"为主要贸易方式，外商人数可以直接反映义乌，乃至全国的外贸情况。如图 2 所示，义乌外商人数同比不仅与中国出口金额同比具有较强的相关性，而且具有一定领先性，由此可见，义乌小商品外贸情况能够提前反映我国外贸走向。

---

① 洪俊杰．"双循环"相互促进，高质量发展可期 ［N］．光明日报，2020-07-09（02）．

② 高举中国特色社会主义伟大旗帜 为全面建设社会主义现代化国家而团结奋斗：在中国共产党第二十次全国代表大会上的报告 ［N］．人民日报，2022-10-26（1）．

③ 刘志彪，凌永辉．以国内大市场循环支撑企业参与国际经济大循环 ［EB/OL］．（2020-05-25）［2020-11-22］．https：//theory.gmw.cn/2020/05/25/content_ 33857846.htm.

④ 徐靖，黄卫勇．中美经贸关系对义乌小商品的影响及应对策略 ［J］．对外经贸实务，2020（6）：33-37.

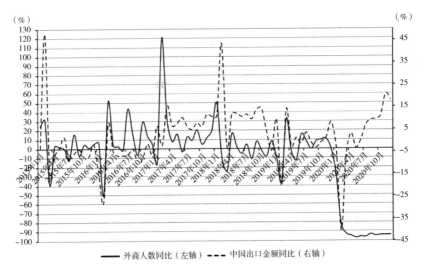

图2　义乌外商人数同比与中国出口金额当月同比的关系

数据来源：Wind、义乌国际商贸城。

然而，在全球经济低迷、主贸易国经济增长放缓、成本比较优势逐渐消失的背景下，"强出口"风险暴露，以出口见长的小商品贸易走到了十字路口，疫情肆虐全球，外贸萎缩，更进一步阻碍了小商品贸易的发展。义乌市国民经济和社会发展统计公报数据显示，义乌小商品贸易也受到了重创，2020年市场采购贸易方式出口2230.8亿元，较上年下降4.9%，"一带一路"沿线国家出口总额1328.6亿元，较上年下降3.7%。

（三）双循环发展格局下小商品贸易发展逻辑

为寻求突破和发展，小商品贸易应积极响应双循环发展战略，探索结构转型之路，逐步走出外部环境的影响，助力国家经济高质量发展。

具体而言，一方面，要重视"内循环"，转变出口导向战略，深化供给侧结构性改革，提高国内小商品供给质量，挖掘国内消费潜力，扩大内需。当前中国具备超大的市场规模，国家统计局数据显示，我国拥有14亿人口，2020年居民人均可支配收入已经达到32189元，中等收入群体超过4亿人。同时，国内的消费市场也在不断增长，2020年中国社会消费品零售总额达6.06万亿美元，距美国的6.26万亿美元相差无几，中国有望构建完整的内需体系，成长为全球的"最后消费者"①。另一方面，要着眼"外循环"，深化改革开放，积极推动新型

---

① 黄奇帆. 对加快构建完整的内需体系，形成国内国际双循环相互促进新格局的思考和建议［J］. 中国经济周刊，2020（14）：94-103；黄琪轩. 大国战略竞争与美国对华技术政策变迁［J］. 外交评论（外交学院学报），2020，37（3）：94-120.

经济全球化和"一带一路"建设，保持国际小商品市场上应有份额，提高国际竞争力，稳住外贸基本盘。外贸是我国小商品贸易的重要组成部分，是实现国内国际双循环的黏合剂，稳住外贸才能实现国内国际两个市场、两种资源的全方位、宽领域、深层次互动互促、融合发展。

综上所述，小商品贸易的双循环发展，既是响应党中央号召，助力国内国际双循环发展的重要举措，又是在全球经济增速放缓、国际市场萎缩以及新冠疫情冲击下促进贸易发展的有效措施。以国内小商品贸易的领头羊——义乌小商品贸易为例，探究双循环发展格局下小商品贸易的可持续发展，对小商品贸易行业，乃至整个外贸行业抓住双循环发展机遇，联通国内国际双循环的商贸节点具有重要意义。

二、义乌小商品贸易发展面临的挑战

义乌是我国小商品贸易的典型代表，作为世界小商品的"货地"和"码头"，连接着供给侧和需求侧，关系着全国 200 多万家中小企业，义乌小商品贸易在发展中遇到的难题也是我国小商品贸易发展过程中普遍存在的问题。

（一）出口贸易形势严峻

新冠疫情大范围暴发给全球贸易带来较大冲击，2021 年 3 月底 WTO 发布的《全球贸易数据与展望》报告显示，2020 年全球商品贸易量下降 5.3%，世界范围内的商品出口值较上年下降 8%，全球商业服务收入降幅高达 20%，大多数区域商的进出口值出现大幅下降，其中以非洲（-8.8%）、南美洲（-9.3%）和中东（-11.3%）等自然资源丰富的地区进口下降幅度最大。义乌小商品的主要贸易国为美国和"一带一路"沿线国家，多数国家经济增速呈现放缓趋势。从 2018 年到 2020 年上半年，美国制造业 PMI 和全球制造业 PMI 下滑明显（见图 3），虽然 2020 年下半年出现了恢复性反弹，但经济恢复的持续性仍需观察。从"一带一路"沿线国家来看，越南、马来西亚、新加坡的制造业 PMI 的整体水平从 2018 年到 2020 年也出现不同程度的下降。以巴西、智利为代表的南美洲国家，受到美国经济和贸易政策影响较大，与美国经济走势具有较强的一致性。具体到小商品贸易，一是疫情增加了消费市场的不确定性，各国防疫管控政策在一定程度上限制了消费需求，小商品外贸企业为避免滞港滞仓、订单违约以及海外销售受挫的损失，不得不放弃部分海外订单。二是随着主要贸易国经济增速放缓，贸易保护主义抬头，国际贸易摩擦加剧，我国小商品出口贸易面临严峻的挑战。

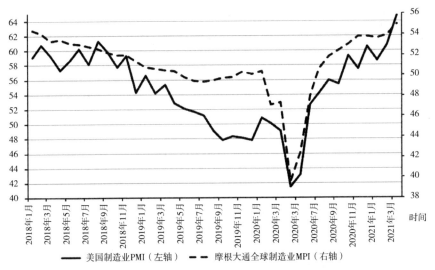

图3 2018—2021年全球制造业PMI和美国制造业PMI走势

数据来源：Wind。

（二）产品结构矛盾凸显

义乌小商品主要集中在中低端制造业，大多是科技含量和附加值较低、可替代性强、产业结构单一的劳动密集型产品，以家居生活用品类、厨卫用品、五金工具类、玩具类、服装饰品类为主（见图4）。义乌小商品市场主体自主品牌建设和创新意识不足，产品研发还停留在跟风模仿阶段，缺乏拥有自主知识产

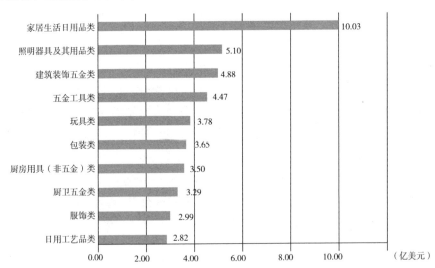

图4 2020年义乌出口排名前十位商品

数据来源：义乌国际贸易综合信息服务平台。

权和具有品牌价值的独立产品，产品同质化竞争激烈。在发展初期，以物美价廉著称的义乌小商品通过出口导向面向世界市场，短时间内可以获得贸易利益，实现规模经济，但是由于产品可替代性强，竞争力弱，长期发展过程中必然导致产能过剩。与此同时，居民生活水平的提升带动消费升级，人们对商品和服务的品质要求越来越高，而多数义乌小商品仅有量的上涨，没有质的改善，产品结构性矛盾日益凸显，已经无法满足人们的需求。

（三）成本比较优势消失

劳动力成本快速增长，使得义乌小商品贸易的成本比较优势不复存在。近年来，人口老龄化趋势明显，我国劳动年龄人口、就业人口双下降。根据人力资源和社会保障部的统计数据，自 2012 年，我国 16~59 岁劳动年龄人口持续下降，2020 年新增就业人数 1186 万人，相比 2019 年的 1352 万人下降了 12.28%，并预计在 2020 年后减幅将进一步加快，到 2035 年劳动年龄人口将保持在 8 亿人左右，相比 2018 年将减少近 1 亿人。市场可供给的劳动力减少，而房价、物价等生活成本上涨，导致人均工资水平连年上涨（见图 5），劳动力成本快速提升，加剧了义乌小商品企业的招工难、用工荒现象，提高了用工成本。此外，随着义乌小商品低劳动力成本的比较优势在逐渐消失，东南亚地区成为我国中低端消费品生产的强劲对手。东南亚国家与我国出口结构较为类似，近年来我国处于经济转型的过程中，劳动力成本不断上升，而东南亚国家的原材料采购增长迅速，采购品从成品、半成品向原材料转移，进一步印证劳动密集型企业向成本更低的东南亚国家，如越南、印度、柬埔寨等迁移。

图 5　2013—2020 年我国居民人均可支配工资性收入

数据来源：国家统计局。

（四）传统贸易方式受限

义乌小商品80%以上都采用"市场采购贸易"方式的出口，即外商实地看样、对比、下单，然后卖家将货物打包成箱，交给货代公司，由货代公司负责海运至各国。疫情之下，限制人员跨境流动，严重影响了小商品外贸。据义乌市公安局出入境管理局统计数据，2020年1月至4月，义乌登记入住境外人员36066人次，同比下降了79.3%，而常住义乌的外商人数也由往年的1.5万人下降到7200余人，减少了一半多，直接导致外贸经营户订单量较往年下降了一半，甚至有的外贸经营户订单量下降了70%。义乌市统计局的数据显示，2020年义乌的国际及港澳台业务同比下降21.4%，国际邮件互换局业务量同比降幅达到了67.83%，其中累计出口同比下降67.98%。义乌往年较为平稳的贸易走势，在2020年反反复复的疫情影响下，出口额呈W型走势。

三、双循环发展格局下小商品贸易发展对策

小商品贸易是我国贸易行业非常重要的一部分。近几年来，国内制造业用工成本增加，国际经贸环境不确定性风险增大，小商品贸易也不可避免地受到冲击。为更好地实现小商品贸易对高质量经济发展的贡献，政府层面应该把握双循环发展的内涵，积极引导小商品贸易企业寻求突破。为此，本文将从四个方面对小商品贸易的发展提出对策。

（一）挖掘国内需求，匹配有效市场需求和有效供给

有效扩大内需，应该着眼于深化供给侧结构性改革，提高供给体系质量，刺激引导消费，积极匹配有效市场需求和有效产品供给。一是引导小商品贸易企业精准把握国内消费需求。转变传统"订单导向"的外贸模式，主动发掘国内市场需求，发展"需求经济"，生产研发适销对路的内销产品。二是提高企业创新能力，加速产品结构升级。我国小商品贸易场所如义乌国际商贸城，聚集了大量生产型小商品贸易企业，以劳动密集型产品为主，科技含量低，技术研发和加工工艺相对落后，抗风险能力弱，应鼓励这部分企业从生产加工环节向产品研发、设计、渠道、品牌推广等高附加值环节延伸，增加商品价值，提高产品品质，从而增强企业韧性。三是开拓进口市场，吸引境外消费回流，从而促进国内循环。扩大进口市场能有效提振消费，实现消费升级。以义乌为代表的小商品贸易市场可以发挥其商品集聚、物流便捷的优势，依托综合保税区等平台，积极同大型电商企业在营销模式、通关服务等方面开展深入合作，如积极参与阿里巴巴的"大进口计划"，主动承办进口博览会等方式，促进形成强大

国内进口市场。

（二）深化对外开放，开拓"一带一路"沿线新市场

2008 年金融危机后，世界主要经济体经济发展缓慢，市场需求逼近天花板，增长空间有限，而新丝路沿线正处于经济上升期的新兴发展中国家，尤其是一些此前与中国贸易基数小的东盟和"一带一路"沿线国家，如今在"一带一路"倡议下，有望通过加强基础设施建设和投资拉动，带动经济增长，提高居民收入和消费水平，从而提高"一带一路"沿线国家对小商品进出口贸易的需求。

全国小商品贸易应该借着"一带一路"的东风，积极布局，深化合作，继续开拓"一带一路"沿线新市场，形成国内国际有效统一的大市场。一方面，要积极引导中国企业理性开拓"一带一路"沿线国家市场，注重长远发展，不仅要为客户提供高质量的产品，还要深入研究细分出口目的地市场的风俗、产品使用习惯等众多因素，针对客户需求在售后服务、技术培训等方面下功夫；另一方面，要善于同本土相关企业建立互惠互利的合作关系，深度利用当地资源，增强国内国际产业互融，降低生产成本，在互通互联中塑造以中国制造、中国创造为纽带的国际产业生态。

（三）优化营商环境，多措并举降低运营成本

首先，完善服务保障，提高服务效率。小商品贸易中受疫情冲击最严重的是以外贸为主的民营企业和外资企业，降低外贸企业运营成本，帮助其存活下来是关键。一方面，有针对性地出台相关融资、税收优惠政策，帮助小商品贸易企业纾解资金链压力。地方政府成立专项帮扶资金，对有发展前景的中小微企业，定向实施特殊的"输血"政策，对具有一定规模的企业实施减税降费政策，并适当延长优质外贸企业银行还款时间。另一方面，构建针对中小企业的精准外贸服务平台，简化进出口贸易流程。政府部门成立线上"一站式"服务机制，实现多部门线上信息共享，企业一次提交信息可办理外贸企业的主体与经营资质审核、进出口许可审批、通关申报审核、关税征缴和仓储物流监管等流程的业务。

其次，发展新基建，优化老基建。深度运用互联网、大数据、人工智能等技术，打造小商品贸易智能平台，打通各环节数据堵点，实现小商品贸易数字化、智能化转型，满足供需双方在生产制造、展示交易、仓储物流、金融信贷、市场管理、国际形势、政策解读等多方位需求。通过智能贸易平台，可以及时实现政策的上传下达，解读国内外形势，挖掘潜在外贸需求，降低供需双方的信息不对称，实现生产交易全过程的透明化。此外，进一步优化老基建，构建

高效便利、畅通无阻的国内国际物流循环。完善国内以及东盟、"一带一路"沿线国家的铁路（铁轨建设、车辆配件、物流运输等）、公路（线路建设、道路养护、物流运输等）、机场（机场建设、运营设备等）、房建等传统基础设施建设，进一步拓宽贸易市场范围，提高国际转运、仓储配送等服务的水平和效率，服务双循环。

最后，要强化自由贸易试验区、自由贸易港等对外开放高地建设，充分发挥中欧班列等国际贸易新通道对双循环的支撑作用。自由贸易试验区、自由贸易港等是链接双循环的重要平台，可以有效降低企业体制成本，吸引优质外资，促进进口贸易、转口贸易，推动中国中小微企业走向国际贸易平台。

（四）发挥数字经济优势，促进小商品贸易数字化发展

从内贸角度，鼓励企业借助网络直播、网红带货等新兴电商方式，拓展国内市场。一方面，积极引导传统外贸企业由"线下市场采购"向"线上+线下""出口+内销"转型，提供内容制作分发、电商直播、网红孵化、网店经营等相关培训课程，帮助传统企业快速了解并掌握网络直播、短视频等新型销售方式，拓宽国内市场交易范围；另一方面，主动对接国内成熟的大型电商平台，如淘宝、天猫、京东、抖音、快手等，充分利用平台的大数据资源和丰富的用户资源，挖掘潜在消费需求，实现精准引流。

从外贸角度，推动跨境电商发展，充分发挥其线上交易、非接触式交货和交易链条短等优势，稳定我国小商品贸易在全球市场的份额。然而，小商品外贸行业大多为中小微企业，资金资源有限，无法独自承担进一步开拓国际市场的成本，仍应该鼓励引导企业与大型跨境电商平台合作，借助大型跨境电商平台增加流量，实现账户管理、海外营销、支付、物流供应链、诚信体系等一系列的专业化运营，缩短贸易链，减少中间环节的费用，扩展国际市场的碎片化需求。平台企业也应该出台会费服务费减免、免费培训等相关优惠政策，并利用数据优势帮助企业精准对接目标客户，扩大线上市场。此外，加大线上营销力度，推进云端办展。疫情影响下，线下交易萎缩，采购商都采取线上采购。一方面，加大线上渠道如 Facebook、Amazon、Google Ads、YouTube 的广告营销投入，精准把握用户需求，有针对性地增加品牌曝光，挖掘潜在客户；另一方面，会展是小商品贸易的主要方式，大量传统线下展会被迫取消，使得外贸企业丧失了很多贸易机会，可以引入 5G 视频直播、大数据等新技术，引导重大展会如义博会、装博会、森博会等线上如期举行，为市场商户拓宽营销渠道。

何以言商

——义乌初代草根企业家的底层叙事与商业实践*

高玉炜**

一、问题的提出与资料来源

当我们探讨义乌民营企业家的草根性（grassroots）时，就不得不首先回到与草根商人有着千丝万缕联系的农业经济以及农民研究。如何看待小农经济（peasant economy），既是一个产业经济上的重要问题，也关乎我们如何理解在市场化转型中发挥了特殊作用的农民群体的创造性力量。对农民研究所采取的视角和方法各异，在此基础上，我们可以将不同理论派别归纳为对小农的三种假设，即"被剥削的小农""生存小农"和"理性小农"。经典马克思主义视角下的农民研究认为，小农经济的主要特点是地主和小农生产者之间剥削与被剥削的阶级关系，农民的反抗是极端贫困和被剥削状况下阶级斗争的表现形式[1]。因此这种视角可以被称为"被剥削的小农"假说。斯科特以自己在东南亚农村的田野工作为依据，提出了农民的道义经济模式。道义经济包含三条原则，一是互利规范，二是生存理性，三是安全第一，即以村落共同体为纽带，尽力回避风险，追求最低限度的生存保障。[2] 俄国农业经济学家蔡亚诺夫认为，不应以资本主义原理去理解家庭农场。小农为生计生产，依靠自家劳动而非雇佣劳动

---

* 原载于《中国研究》2024 年总第 31 期。本文系南京大学"双一流"建设卓越研究计划"社会学理论与中国研究"项目（编号：NJU-ZYR-01005）之"新中国工业建设口述史研究"的中期成果之一。

** 高玉炜，南京大学社会学院 2020 级博士研究生。

① Marx, Karl. capital. 3 vols [M]. New York：International Publishers，1967：782-802.

② 斯科特. 农民的道义经济学 [M]. 程立显，刘建，等译. 南京：译林出版社，2013.

力，具有自我剥削的特征。① 在此基础上斯科特分析了农民的反叛和起义，贫困本身不是抵抗的原因，只有当伦理道德和社会公正受到侵犯时才会突破界限。

与以上观点不尽相同，针对蔡亚诺夫和斯科特等人的"生存小农"假说，舒尔茨提出了"理性小农"假说，他认为，小农作为理性的经济主体，绝非懒惰、愚昧或缺乏理性，而是潜在地具有企业家的进取精神并且能够合理利用资源。通过对现代生产要素进行投资，农民可以实现产业和自身的现代化。② 波普金利用弗里德曼③的消费者选择理论（效用最大化），以及利普顿④的"理性"经济行为分析，进一步阐明了舒尔茨对理解小农经济行为的意义。小农农场可以类比资本主义"公司"，小农在权衡长期和短期利益后为追求最大利益做出合理选择；由理性的个人主义者组成的村落只是空间概念，缺少利益认同纽带，并不以互利为核心原则，农户之间相互竞争，偶尔也照顾全村的利益，但一般都自行其是、自谋其利。⑤ 对此，黄宗智综合了以上两种观点，提出农民既是维持生计的生产者，也是追求利润的经济人。⑥ 在社会控制十分严密的时期，当农业生产无法满足基本的生存需要，同时农民追求利润的经济行为受到抑制，生存动机和经济动机的结合就产生了一种农民日常的反抗形式，即农民与体制的基层代言人之间的斗争（如"打办"），这些日常的反抗形式包括偷懒、装糊涂、开小差、假装顺从、逃跑等。⑦ 这一发现揭示了在农民抗争研究中被忽视的以生存而非政治为目的的日常性非暴力对抗方式，即斯科特所称的"弱者的武器"。在此基础上，也有国内学者对这一概念进行延伸，基于对农民抗争的观察，董海军发现作为弱者的农民在抗争中的另一种力量——"作为武器的弱者"。"作为武器的弱者"强调以自身的弱者身份为抗争手段，公开自身的弱势，反衬权力的横暴，不惜以身体、尊严，甚至生命的损失为代价进行抗争，从而

① CHAYANOV A V. The Theory of Peasant Economy [M]. Madison：University of Wisconsin Press，1986：1-28.

② 舒尔茨. 改造传统农业 [M]. 梁小民，译. 北京：商务印书馆，2006：132.

③ FRIEDMAN M，SAVAGE L J. The Utility Analysis of Choices Involving Risk [J]. Journal of Political Economy，1948，56（4）：279-304.

④ LIPTON M. The Theory of the Optimizing Peasant [J]. Journal of Development Studies，1968，4（3）：327-351.

⑤ POPKIN S L. The Rational Peasant：The Political Economy of Rural Society in Vietnam [M]. Berkeley：University of California Press，1979.

⑥ 黄宗智. 华北的小农经济与社会变迁 [M]. 桂林：广西师范大学出版社，2023：7.

⑦ 斯科特. 弱者的武器 [M]. 郑广怀，张敏，何江德，译. 南京：译林出版社，2011.

引起政府重视和社会关注。①

值得注意的是，随着斯科特对底层民众的反抗议题产生兴趣，几乎在同一时期，底层研究（subaltern studies）开始在印度兴起。20世纪80年代，起始于印度史研究的底层研究学派在代表人物古哈（Ranajit Guha）、查特吉（Partha Chatterjee）、哈蒂曼（David Hardiman）等学者的带领下，对殖民主义研究中的精英史观展开批判，强调一种"自主的"底层意识历史观。而底层研究在中国学界受到重视，也得益于哈佛大学裴宜理教授（Elizabeth J. Perry）等西方学者近年来在中国开展的学术活动。② 令人费解的是，同样以反对精英史观为学术立场，本应站在同一阵营的斯科特与底层研究学派之间却并未有太多交集。对此，徐小涵的解释是，斯科特视底层为有公开行动而无统一意识形态，而底层研究学派视底层为有统一意识形态而无公开行动。③ 从义乌农民的早期经商实践来看，他们更倾向于在自利的基础上形成集体行动，以亲缘和地缘为纽带的宗法社会规范在流动性交易网络的建立过程中作用有限。由于他们涉足的主要是准入门槛低、竞争性强的贸易流通领域，即使合作也是在保持生意独立开展的前提下进行，没有绝对一致的集体利益，也并不以直接对抗体制作为其行动目标，因而是一种没有明确政治意识的反抗形式。正如斯科特对底层研究学派提出的批评，大多数底层阶级对改变宏大的国家结构和法律缺乏兴趣，他们更关注的是霍布斯鲍姆所称的如何"使制度对自身的不利程度降至最低"④。

通过抗争性实践表达自己的意愿与选择，除了对刚性的生存压力的直接回应，也有商人群体地位获取的情感动因。在对草根商人的口述访谈中，我们发现，个人成就动机在从商选择中同样发挥了重要作用。不同的被访者分别从家庭的政治出身以及在地方社区中所处的劣势位置出发，解释其从商的最初动机。作为亲历者，如何对过往的经历进行言说，本身就具有一种重新建构历史叙事的动力，如果当言说者恰好处于政治经济生活的底层时，那么，这种建构与主流叙事之间的张力则会更加显著，足以影响宏大叙事和官方书写的正统历史。以往关于义乌农民经商的研究，多关注草根商人的生存理性对其经商行为的首要影响，这可以从

① 董海军."作为武器的弱者身份"：农民维权抗争的底层政治［J］. 社会，2008（4）：34-58，223.
② 赵树凯. 农民的政治［M］. 北京：商务印书馆，2011.
③ 徐小涵. 两种"反抗史"的书写：斯科特和底层研究学派的对比评述［J］. 社会学研究，2010，25（1）：211-227，246.
④ SCOTT J C. The Weapons of the Weak：Everyday Forms of Peasant Resistance［M］. New Haven：Yale University Press，1985.

收入水平变化、地方资源禀赋情况等事实层面较为直接地得出结论。然而，草根商人的个体叙事则为我们揭开了另一面：在改革开放前后的义乌，"鸡毛换糖"如何反映了义乌农民的底层经历和体验，进而折射出他们怎样的情感世界？

但是，用情感动因来解释义乌农民的商业实践，仍面临许多需要进一步讨论的问题。比如，情感叙事作为一种事后对记忆的再建构，这种言说方式又会如何塑造一种新的话语结构，使我们增进对于历史或"社会事实"的把握和理解？所谓的"社会事实"，引证自埃米尔·涂尔干（Emile Durkheim）、莫里斯·哈布瓦赫（Maurice Halbwachs）的研究，是指口述中呈现的"人们对某一特定事件、某一历史时期的认知、情感和付诸行动背后的判断与抉择"，从而帮助研究者"理解人们的主体性是如何在社会中、在其经历的变化和遭遇中形成与改变"①。其中既有历史的再现、因果的关联，又有情感的特征。借助对大量亲历者的口述文本进行分析，以期解决上述问题。

本文主要基于南京大学当代中国研究院开展的新中国工业建设口述史研究课题，于2021年7月到2023年5月在浙江省义乌市进行的一系列实地调研。该研究以义乌商人的个体生命史为主轴，重点关注他们在不同时期的流动经历与城市体验、社会关系与角色转变、商业实践与交易网络等，力图把握三个层面的历史叙事：事实、感受与反思，重建亲历者的经营和生活场景，充分呈现地方社会中个人与时代和国家相遇的过程。为保护受访者的隐私，本文在呈现文本资料时采用匿名化处理。

二、生存理性：流动性交易网络的形成

在小商品市场诞生之前，义乌的民间商业活动经历了一系列转变。20世纪60年代末，"鸡毛换糖"逐渐由一种传统积肥方式转变为直接追求经济利润的商业行为。到了20世纪70年代末，"鸡毛换糖"的货郎担商人开始从事小百货经营，即由"行商"向"坐商"演变。进入20世纪90年代，市场上的批发商纷纷购置机器设备、雇用工人，开办家庭手工工厂，由小百货经营转为小商品生产。而在这一过程中，促成转变的关键机制就是流动性的交易方式。总的来说，流动性交易网络为他们的小百货经营和投资办厂提供了关键性的市场信息和经验，在跨地区的流动中他们得以一定程度上跳出本地思维的局限，建立多元化的商业纽带，而流动的"鸡毛换糖"为他们经商办厂积累了最初的启动资

---

① 周海燕. 个体经验如何进入"大写的历史"：口述史研究的效度及其分析框架［J］. 中央民族大学学报（哲学社会科学版），2021，48（6）：119-127.

金，这既是农村非农经济的发展过程，也是一个草根企业家的资本积累过程。

（一）农商互补与边际利润

由于传统的"鸡毛换糖"作为一种流动的交易行为，本身就具有商业属性，这种交易行为又与农业生产节律保持着高度同步，义乌农民在这种流动交易中很自然地看到了远高于农业生产的经济利润。这成为他们宁愿冒着被打击的风险从事这项活动的主要原因。

> 鸡毛换糖只能在农闲的时候去，其他时候要在生产队里做事。除了冬天，我们一年有三个季度可以出去，从阳历6月5号到7月5号是农闲，麦子收好了，稻子还没有收割，要做的事情都做完了，这时候就可以出去。第二个时间是9月初到10月1号左右，"双抢"结束了，还没有开始收稻子，10月1号回来开始收稻子、种麦子。第三个时期是12月底到春节之后，这个时间最长，有两三个月。加起来一年有四五个月都在外面。和在家里的收入相比，如果出去卖小商品一个月赚个30块钱回来，可以抵生产队100个工分，差别就很大了，（出去）一个月顶在家里干三个月。（CMC，义乌市后乐村）

"文革"时期实行严格的人口户籍制度，限制人们随意流动。探亲、访友、出差去外地，都要单位开证明，不然就算"盲流"，派出所抓到要遣送回原地。这就出现了农民因"逃荒"或其他原因需要流动时都需要找公社大队开证明的情况。[①] 从1980年开始，义乌为鸡毛换糖商人发放临时许可证。[②] 据义乌市工商局统计，截至1981年，全县累计发放"小百货敲糖换鸡毛临时许可证"五千余份，还批准了200个小百货个体经营户。每当农闲期间，农村的男性劳动力几乎"倾巢而出"，有力地推动了个体经济的起步。

> 1978年左右，政策放松了，出去要带介绍信，大队盖好公章开出来，等于是放你出去了。介绍信上写着："浙江省义乌市廿三里乡后乐大队第四

---

① 时任国务院总理李克强曾在2014年全国"两会"上回忆自己在安徽凤阳插队时的经历，尽管自己作为大队支部书记每天起早贪黑安排生产，粮食还是不够吃。缺粮严重的时候甚至需要拿大队的公章，给村里的妇女儿童开"逃春荒"的证明，允许农民外出讨饭。据不完全统计，在最高峰的时候，全县有18000人在外逃荒，几年内全县农村人口骤减十万。

② 1980年10月22日，义乌县工商局下发《关于颁发小百货敲糖换鸡毛什肥临时许可证的通知》（义工商〔1980〕43号），从当年11月20日起开始发放，并先后向江西、安徽、福建等邻省发出《关于颁发临时许可证的确函》（义工商〔1980〕41号），要求对持证人员给予支持与管理。

生产队某某某，请你们单位给予出入方便"，证明你是这个村的人。开介绍信不收费，也没有名额限制，按照规矩就能开。（CPS，义乌市后乐村）

"鸡毛换糖"不只是换糖和针，实际上走乡串户的货郎发挥了乡村里的小百货零售点的功能。提供的货物主要有针线、纽扣、麦芽糖等。因为贫困的农民极度缺乏现金，农民得知靠鸡毛可以以物换物，他们认为几乎免费获得了这些必需品。而货郎们以极其便宜的价格收来鸡毛用于肥田，增加土地肥力用于增产。在当时乡村如此困难的条件下找到利润空间，显示出义乌货郎们顽强的生存理性和商业智慧。

> 第一次鸡毛换糖时我十八岁（1974 年，访谈人注），跟着我的大哥，还有二哥，我们一起坐火车到诸暨。货郎担里摆着从廿三里批来的针和扣子，那时候东家借完西家借，凑了二十块钱本金。诸暨离这里一百多华里（里），我们拉着独轮车，把小商品推去，回来再装上三四百斤鸡毛，一天多的时间就可以走到。我们住在农户家租来的房子，一个小房间两三个人一起住，早上五六点钟起来，挑上货郎担，穿街走巷，边卖小商品边收鸡毛。一只大公鸡的鸡毛能值两毛多钱，颈毛、翅膀毛、尾巴毛，义乌的三把毛是有名的。母鸡的毛可以用来种田，我们收回来交给生产队换工分。（CMC，义乌市后乐村）

（二）文化渊源与地方治理

义乌廿三里作为"鸡毛换糖"的发源地，地方政府的作用同样不可忽视。廿三里当地给去"鸡毛换糖"的农民开证明，而不是把他们死死拴在无法养活自己的薄地上，既有当地文化传统的历史渊源，也折射出地方乡村治理中一定的灵活性，这两者是后来义乌能够成长为最早的小商品集散地的宝贵基因。

有学者认为，义乌民间商业传统的兴起，最早可以追溯到明朝戚继光在义乌招募抗倭的义乌兵，这也是义乌形成"鸡毛换糖"的历史渊源。[①] 义乌兵常年背井离乡，有相对开阔的视野和冒险精神，熟稔当地语言和风土人情，这种流动性的军旅文化在义乌根深蒂固，也影响了货郎担商人们的商业习惯，促使他们从"鸡毛换糖"到小商品经营转变。

> 我们后乐人有到温州当兵的，那边有什么特产我们都知道，他从部队回来就开始卖这个东西，就不挑货郎担了。我们村子里就有好几个，他们

---

① 陆立军，白小虎，王祖强. 市场义乌：从鸡毛换糖到国际商贸 [M]. 杭州：浙江人民出版社，2003.

经常专门跑到上海的外贸公司去，外贸公司经常要出口，有一些尾货需要处理，他们就把这些东西弄回义乌，赚个差价。（CMC，义乌市后乐村）

义乌早期市场的形成，离不开关键性人物的能动性，他（她）们或与其他商人结成上下游联动的商业网络，或与基层政府管理者直接对话，利用"作为武器的弱者身份"向体制进行自下而上的倒逼。

> 那个时候廿三里的市场生意很好，可我还觉得不够，心想如果义乌有市场该多好。义乌市政府旁边有一块空地，原来是五金交电公司，后来被火烧掉了，就一直空在那里。从1978年下半年开始，我就在那块空地上搞了一个市场。我能说会道，（卖照片）四五个月做下来，已经有了一定的知名度。我就把鸡毛换糖的人组织起来，跟他们说明天到义乌来卖，我给你们赠送两张照片……到了第一天开张，卖的人来了四十几个，买的人来了三四十个，一共七八十个人，除了卖照片，还有卖纽扣的、卖针的、卖糖的、卖线的、卖鞋垫的……什么都有。现在很多人不知道，实际这是义乌的第一个市场，比湖清门还早。（HHM，义乌市国际商贸城）

"鸡毛换糖"作为一种商业活动，其中一个显著的特点就是组织化的分工协作体系。作为小农经济的主体，农民本是以家庭为单位的小生产者，缺少社会分工协作的基础。而义乌农民在某种程度上继承了义乌兵军旅文化中的组织性和协作精神，进而形成义乌商业文化中最突出的特点："通过组织和合作将千万个分散的农民组成一个商业团队，商业团队之间有着明确的市场范围，在一个市场范围内又有组织地形成了商业网络。"① 只要义乌人到一个地方，他就能依靠着一个网络和组织在短时间内开始商业活动。而个别的农民即使有非常敏感的市场头脑和强烈的求利动机，如果离开了组织、网络和他人的合作，也很难顺利地转变成商人。

> 有一天我路过县委门口，看到（谢高华）转过来去了对面的理发店，我说今天书记来了，我的机会到了，他一出来我就马上拦住他。他说你干吗？……我站在那里说，我叫冯爱倩，我有5个小孩，我妈妈也没兄弟，我来找你为了要吃饭、要做生意，你如果不给我摆摊的话，我带着小孩和妈妈，都到你家里吃饭。我没有办法，你是共产党，我总要来找你。他说你不要哭，这个真的不好做规定……困难是有的，政策是不允许的，怎么

---

① 白小虎. 文化内生制度与经济发展的文化解释：鸡毛换糖、义乌兵与板凳龙［J］. 浙江社会科学，2006（2）：116-122.

办呢？你暂时去摆好了。他这句话讲出来，我这个心里真是不知道多么高兴，他也没有完全同意去摆，但还是可以摆了。（FAQ，义乌市农贸城）

在这个"卖货女拦住县委书记"的案例中，我们可以发现，草根商人虽然缺少强大的资本力量，但实现了对地方政府的倒逼。相比于其他地方，这一特性恰恰反映了义乌的营商环境较少受到资本的干预和权力的僭越，也说明基层的社情民意可以顺畅地传递给政府决策者，从而为市场主体营造相对公平透明的制度环境。从改革开放之初到今天，义乌市政府依然保持着高度开放、服务为本的工作作风。义乌的小商品市场之所以能够在不断变迁中始终保持活力，这与义乌相对均衡的政商关系密不可分。

（三）市场形态与商业网络

除了商人的商业活动在不断转变，市场本身也在经历着持续的分化与整合。买方、卖方和信息流在短时间内迅速流动，促进着市场的迭代升级，优势资源形成集聚效应，不适应市场需求的因素则被迅速淘汰，使市场始终保持着活跃和高效。

> 1976 年到 1979 年，廿三里地摊就摆起来了，先是在村里的晒谷场搞，后来又搬到前店那里去。那时候"打办"已经开始收管理费，那些人都是村里五毒俱全的人，他说了算，他说能卖就能卖，说不能卖就不能卖，高兴收你多少就收你多少。如果不是廿三里"打办"盯得太紧，义乌城里就不会发展起来——这里一赶，城里那边来接盘。本来廿三里"一四七"，义乌城里逢双赶集，刚好时间不重叠。"打办"一搞，全都跑到义乌去了，北门街市场就慢慢形成了。（WSX，义乌市廿三里街道恒盛纺织公司）

流动的交易方式本身具有突破地域的扩展性和开放性。与温州人不同，义乌人商业网络的建立在很大程度上并不依赖亲缘和地缘关系的纽带，在家族内部也存在着同业竞争，这使得他们更倾向于与外界建立新的关系网络，得以超越以情感和血缘为纽带的村落共同体，人情原则逐渐让位于商业原则。

> （货源、价格）信息人人都想知道，这个要自己探透，不可能有谁来教你。我弟弟就是做杭州丝绸被面的，哪个地方有便宜的货，我也不会告诉他，父子兄弟之间都不教的，要靠自己去闯，到处去找货、去问。我和我弟弟是有竞争的，我可能会和外面的人建立联系。村里关系比较好的，我可以借钱给你，甚至送钱给你，但是不能送条路给你。（CPS，义乌市后乐村）

我不认同所谓义乌人"抱团"的说法。到现在为止，义乌人合伙的企业也很少。为什么台州人和温州人是抱团的？他们靠海。集体出海必须分工协作……温州商会相比义乌商会，实力、团结度会更强一点。义乌人不抱团，这是文化决定的。我们有句话："商业的本质就是利益，利益第一位。"（WQ，义乌市廿三里街道恒盛纺织公司）

布罗代尔认为，贫困往往是工业发展的先导，工业奇迹总是诞生于困境。[1] 义乌人在面临巨大的生存压力时，更具有自主谋生和自主创业的冲动，这种冲动因其以"鸡毛换糖"为主要形式的商业习俗的外向性和流动性，客观上又为保存并拓展这种商业活动提供了可能性。布罗代尔在论及社会流动促进商业发展时曾指出："他们被迫背井离乡，而远离家乡使他们财运亨通。"[2] 费孝通认为，在拥有亲密关系的血缘社会中商业是难以存在的，"商业是在血缘之外发展的"[3]。因此，只有外来者、异乡人才能在地缘、血缘关系的传统社会中，成为专业的商人。正是在不同的地区之间，其商品才可能互通有无，产生比较利润，由此形成商机。

三、情感叙事：为承认而斗争

在对义乌草根企业家的访谈中，当问及"经商的最初动机"时，除了生存理性，被访者往往也会从情感补偿和成就动机的角度进行解释。社会学对情感与成就的关系研究，可以参考霍耐特关于不承认或者蔑视的分析。霍耐特认为，社会蔑视具有三种形态：一是强制剥夺肉体自由，这种对肉体的伤害会摧毁一个人的基本自信；二是剥夺了作为共同体成员参与制度秩序的权利，这实际上剥夺了对道德责任的敬重，会削弱一个人的道德自尊；三是对于个体或群体生活方式的贬黜，也就是特定的自我实现的方式在社会文化环境中处于卑微的位置，这种社会蔑视导致个人自尊的失落，其特质和能力得不到重视和社会赞许。[4] 传统社会对于经商的贬黜态度，以及在集体化时期处于非法地带的不利境地，形成了一种多重歧视，然而这种不利位置给义乌的草根商人一种豁出去的勇气，外出经商几乎成为他们改变命运、自我实现的唯一出路，这恰恰使他们

---

① 布罗代尔.15至18世纪的物质文明、经济和资本主义：第二卷［M］.顾良，施康强，译.北京：生活·读书·新知三联书店，1993：322.

② 布罗代尔.15至18世纪的物质文明、经济和资本主义：第二卷［M］.顾良，施康强，译.北京：生活·读书·新知三联书店，1993：160.

③ 费孝通.乡土中国［M］.北京：北京大学出版社，2012：122.

④ 霍耐特.为承认而斗争［M］.胡继华，译.上海：上海人民出版社，2021：185-186.

成为最早一批破局的人。

（一）"我人生的改变是借助了政策的改变"

一些人把自己在商业上的成就与政治联系起来，所不同的是，他们倾向于选择一种诉诸感恩的叙事框架，强调自己商业上的成功是借助了政策的改变。

> 1981年我开始做省个体劳动者协会的副会长，1985年我被评为省劳模，2016年全国先进个体经营户代表。我人生的改变实际是借助了政策的改变，要感谢谢书记的伟大，他敢担当，思想开放。归根结底是党的政策好，领导们做出了榜样。（HHM，义乌市国际商贸城）

> 我原本做小五金生意。治保主任的工作忙不过来，就不做生意，坐办公室了。共产党员要付出，我知道的，但我不计较……公家选你当治保主任，这个担子你一定要挑，这是为了市场呀，不是我一个人的问题，是整个义乌的问题。这件事总要有个人去做的呀！共产党的事情叫你做，是培养你！1994年我入党了。我一直讲，我们发展到现在那么好，不能忘记党的政策。领导培养你，你说我不来做，多不像话呀，是不是？党培养你，你要珍惜。（FAQ，义乌市农贸城）

无论是哪一种叙事框架，许多亲历者都表达了政治对商业实践的影响。这种影响既有意识形态和情感的意义，同时也是实用主义的考量。在我们访谈的义乌企业家中，入党和加入行业协会的比例几乎占到了七成。这种现象曾是改革开放初期一些地方的普遍做法。"一些民营企业家经过一段时间的观察后发现，通过入党进入政治体制可以获得更好的政治保障，有利于维护他们从市场化改革中获得的经济利益，从而激励更多的民营企业家申请加入党组织"①。党对优秀民营企业家的政治吸纳，以及商人对参与政治的理性考量，使企业主阶层越来越成为社会主义现代化的一支重要力量。

（二）"我们义乌人终于可以扬眉吐气了"

中国古代长期奉行重农抑商政策，商人被视为奸诈成性、囤积居奇的形象而受到轻视和贬抑。清末以来，中国被迫开放通商口岸，加之外来技术观念的输入以及工商业的发展，商人地位有所提升。新中国成立后，私有产权和自由市场被视为资本主义制度而遭取缔。商人不仅被视为扰乱国家建设的投机主义者，更是社会主义政权的打击对象。在这种文化环境下，义乌的鸡毛换糖商人

---

① 黄金辉，魏倩．改革开放以来党对民营企业家的政治吸纳与整合研究［J］．社会科学，2020（12）：14．

往往遭到权力的围追堵截，游走于国家法规的灰色地带。他们回收的大多是人们视为无用的鸡毛、破布、塑料鞋底等废物，从事别人不愿从事的卑贱生意，与流浪乞讨者相差无几。

> 当时卖点针线、纽扣这些东西就是为了能换个饭吃。看到好一点的人家，就到门口拼命摇（拨浪鼓）。有一次，我中午肚子饿了，当时跟我一起的还有一个人，结果这个人饭量太大了，也不识相，一桶饭拿出来，他一个人全部吃光了。后来这个事情就在山里面传遍了，说这帮换糖的太能吃，太厉害了。我们后面再去，一般人都不跟我们换饭吃了。所以说得好听我们是鸡毛换糖，说句难听话，实际上是变相的讨饭啊！（CPC，义乌市后乐村）

> 有一次我从福州到湖南去摆摊，在火车上碰到几个上海人。他问我们是干吗的，那时候还不好意思说，有点难为情的感觉，因为当时去鸡毛换糖的都是低人一等，跟要饭一样的。他们上海人看得出来我们是义乌人，跑出去玩是不可能的，肯定是做小生意的。他们不说别的，只说现在自由了，包产到户了。可以说，我们义乌人真正扬眉吐气是我们这个市场建起来的时候，大家都赚到了第一桶金，腰包鼓起来了，那个时候杭州人、上海人都羡慕我们义乌人做生意有钱了，在这之前都觉得做生意是丢人的事情。（CMC，义乌市后乐村）

随着1982年义乌市政府提出"四个允许"政策，[①] 义乌在全国范围内率先开放市场，领全国改革风气之先。个体户不再被视为资本主义尾巴，而是社会主义经济的必要组成部分。辞职下海一时成为风潮，商人的社会地位显著提升。通过对草根商人的访谈，我们可以看到，改革开放如何塑造了新的社会观念，又如何塑造草根商人的叙事逻辑，同时，他们的底层实践又如何反过来书写改革开放的历史。

四、义乌实践：中国式现代化的底层叙事

改革开放是中国式现代化的一次伟大实践，是实现中华民族伟大复兴的关键事业。改革肇始于农村，发端于农业，是中国农民的伟大创造。这种成就何

---

① 1982年11月25日，义乌县委、县政府召开全县农村专业户、重点户代表大会。时任县委书记谢高华在会上正式提出了对日后义乌小商品市场起到关键催化作用的"四个允许"政策，即允许农民经商、允许从事长途贩运、允许开放城乡市场、允许多渠道竞争。

以达成，关键在于无数普通人的探索与实践。党的十一届三中全会召开后，在解放思想、实事求是精神的鼓舞下，农村地区突破既有政策的限制，逐渐探索出多种形式的生产经营方式。以义乌为代表的农村非农经济的发展，正是得益于充分调动地方实践的能动性，并对体制突破给予明确肯定，在政策上积极引导，使义乌从一个贫困县成为举世瞩目的商业中心。因此，如何理解中国式现代化，除了制度和政策的顶层设计，我们还应该关注来自地方社会的底层实践，义乌的初代草根企业家大多成长于落后的农村社会，他们的底层叙事为我们理解义乌实践呈现了一幅独特而生动的历史画卷。

义乌的创业者们出身底层，劳其筋骨、苦其心志。他们出来闯天下，本是受生计所迫的无奈之举，带着缺点，也难免犯错误，甚至遭遇挫折，身陷绝境，但义乌这片土地和地方文化赋予了他们坚韧不拔的心态和灵活机敏的智慧，使他们能从容应对挑战，不断锤炼自己的品格与精神，从而实现身份的跨越和商业的成功。

张乐天认为，义乌成功的秘密在于，义乌草根工商业者在从事小商品生产、销售的过程中，在与国内外人们的交往中，主动或者被迫抛弃了传统农民身上某些自私、狭窄的旧价值，把自己打造成诚实守信、积极进取，具有商业头脑的现代商人。所以，他们能够与不同信仰、习俗、价值观的人们建立起良性互动的共生关系，创造和谐互利的商业秩序。义乌的初代草根企业家在独特的商业实践中逐渐超越了村落共同体中"情"的局限，成就了适合市场经济的"经济结义"。①

在《鸡毛换糖：事件、记忆与神话——义乌农民的历史三调》的讲演中，周晓虹借助美国历史学家保罗·柯文所指出的"认知"历史的三条路径②，对"鸡毛换糖"进行分析：作为事件的"鸡毛换糖"的叙事主要关注这一民间经商行为的形成、沿革与兴衰；作为经历的"鸡毛换糖"的叙事重点展现的是"货郎担"的商业实践、情感体验与流动经历；作为神话的"鸡毛换糖"的叙事则着眼于义乌人艰苦奋斗和敢为人先的精神。③ 正如何海美在作为义乌个体户代表向李克强总理献拨浪鼓时所说："我们这个市场是从鸡毛换糖开始的，鸡毛换糖有300多年的历史，正是有了这个历史才能形成这个市场。这个拨浪鼓我要送给你，它

① 张乐天. 新马路12号：从义乌到世界 [M]. 上海：文汇出版社，2023.

② 柯文. 历史三调：作为事件、经历和神话的义和团 [M]. 杜继东，译. 南京：江苏人民出版社，2000.

③ 周晓虹. 鸡毛换糖：事件、记忆与神话：义乌农民的历史三调 [J]. 中国农业大学学报（社会科学版），2022，39（1）：21-22.

象征着义乌鸡毛换糖的历史，这就是义乌精神。"（HHM，义乌市国际商贸城）可见，从事件、经历和神话等不同维度出发去分析历史，都有其相对的合理性。而作为一种研究方法的口述史则可以帮助我们透视历史这一复杂光谱上的多维图景，探寻富有温度的个体生命历程，进而发现超越个体记忆的集体调性。

通过对口述史学的理论梳理，刘亚秋指出："口述史在社会学中的意义，不仅在于可以通过口述记忆研究个人在大叙事中的生命沉浮，更在于它提供了深挖人的精神世界的社会性的方法。"换言之，"社会记忆研究，处理的就是人的精神世界的问题"。① 刘亚秋举例奥斯威辛集中营起义事件幸存者的口述，② 从而说明，包括情感真实在内的"社会事实"，都是社会记忆研究的关切对象。正如历史学者定宜庄所说，近年来口述历史开始把普通人的"愿望、情感和心态等精神交往活动"当作研究主题，"使人们可以观察到冷冰冰的制度和结构以外的人性"③。

周晓虹提出，在一个命运共同体中，由共同经历的历史事件形成了个体成员间的密切关联，进而形成了个体进行历史叙事的集体框架④。金大陆认为，"共同经历型"口述史研究是将同一时间、同一空间的同一群体聚集在采访的平台上，通过倾诉值得寄怀的生命历程来建构集体记忆。⑤ 义乌初代草根企业家成长于相似的历史时期和地理环境，共同经历了改革开放前后义乌市场的创立和发展，因此对他们的访谈当属命运共同体或"共同经历型"口述史。概括而论，作为普通人的口述史，这类叙事具有"自下而上"和"集体记忆"的特点。在我们进行口述史访谈的义乌廿三里镇，"敲糖帮"的成员虽然都是以个人为单位进行"鸡毛换糖"，有"两个货郎担听到拨浪鼓来了就转身各自走开，免得一点

---

① 刘亚秋．口述史作为社区研究的方法［J］.学术月刊，2021，53（11）：123-131，146.

② 如何理解口述史料的真实性，常常成为历史学和社会学争论的焦点。在奥斯威辛集中营起义事件中，一位年近七旬的幸存者回忆道："我们看见四个烟囱着了火，爆炸了。火焰冲上天，人们四散奔逃。真是不可思议。"然而据历史学家考证，被炸的烟囱是一个，不是四个。虽然这份口述记忆因为事实错误而失去了历史学意义上的证据价值，但刘业秋认为，"作为情感的口述记忆，它也是真实的，有价值的，是应该给予严肃考虑的社会事实，因为它所证明的并不是爆炸的烟囱数量，而是情感真实所具有的力量。"（刘亚秋．口述史作为社区研究的方法［J］.学术月刊，2021，53（11）：123-131：146.）

③ 定宜庄．口述史料的独特价值与史料的整理鉴别［N］.光明日报，2017-01-16.

④ 周晓虹．集体记忆：命运共同体与个人叙事的社会建构［J］.学术月刊，2022，54（3）：151-161.

⑤ 金大陆．"口述史"与"口述记忆"：新中国史口述研究的历史学和社会学取向［J］.中共党史研究，2023（3）：105-116.

生意要两个人抢着做"的说法（CPS，义乌市后乐村），但要想在举目无亲的异乡做生意，难免被当地人排挤和欺负。为了保证生意的顺利开展，不仅在定价上会互相通气，遇到危险和不公待遇时，所有义乌人则会团结在一起抵御侵害。① 正因为如此，对他们进行的个体口述史才能集合在一个共同经历、共同记忆的圈层即"同类别普通人群体"之中，讲述自己的人生故事，为他们所共同体验的集体叙事补齐一角。

五、余论：把流动性带回乡土中国命题

从经济的角度来看，在集体化经济时代，大量过剩的劳动力被锁定在土地，自由市场交易被取消，极端的劳动密集化导致边际报酬递减，这解释了为什么直到集体化经济结束，从事农业生产的地区经济发展长期徘徊在低限度平衡的水平，以及过密化生产为什么无法发展出资本主义经济形式的原因。而从文化的角度，韦伯则认为，虽然中国也有理性主义（rationalism），也肯定了儒家的入世性格，但是"中国的儒教就像佛教一样，只是一种入世的道德伦理，它所要求的是对世上的万物采取一种随和（unbefangen）的态度来适应这个世界及其秩序和习惯，而不是像清教伦理那样对俗世存有一种巨大的、激烈的紧张对立"②。换言之，中国的宗教伦理无助于产生结构性变革的经济动力，与内卷化的生产方式相适应，使中国的经济和社会面貌呈现出一种超稳定的复合型结构。

在《华北的小农经济与社会变迁》一书中，黄宗智用过密化概念解释了华北小农经济长期未发展为资本主义经济形式的原因，但是当我们把眼光放到浙江地区时，就会发现义乌是一个典型的反例，对义乌来说，过密化同样导致了人地矛盾的激化，但是与华北地区相比，却从中产生了商业的萌芽，具体就体现在"鸡毛换糖"这种商业活动。义乌人没有固守传统的农业生产方式，而是想方设法克服既有的先天不足。在长期的农耕实践中，为了提高土地生产力，义乌人发明了"塞秧根"的施肥方法，也就是将鸡毛等动物毛发碾碎后拌以草木灰、人畜粪便等，在插秧后七天左右塞入秧苗的根部，从而有效地提高粮食产量，由此衍生出"鸡毛换糖"的交易模式。在这里，过密化不仅使义乌农业

---

① 正如一位廿三里的被访者回忆道："在贵州做生意，强盗、扒手（小偷）很多，没有关系是不行的，如果有人被当地人欺负，所有义乌人都会团结在一起。一个朋友的舅舅在安顺做公安局局长，在安顺做生意的义乌人就都管他叫舅舅，拼命和他打好关系，如此一来，整个义乌的货郎担都和他搭上了关系，平时有什么麻烦他都会照顾一下，相当于有了一个靠山。"（CPS，义乌市后乐村）

② 韦伯. 儒教与道教 [M]. 洪天富，译. 南京：江苏人民出版社，2003.

生产投入精细化，而且形成了义乌人精耕细作、不弃微利的商业习惯，并在改革开放后得以继承和延续。

近代以来中国社会研究的许多命题，往往都是围绕土地建立起来的，直到费孝通提出乡土中国这一概念，乡土性几乎主导了我们对中国传统社会的想象，无论是被土地束缚的中国还是内卷化社会，抑或是儒家的入世观念，实际上都沿着这一想象展开。然而传统中国社会是一个"水与土""生与熟""居与游""农与商"并存且多元的复合整体，以往的研究过于强调传统社会熟人、定居、农耕的一面，忽视了流动、陌生、商业的要素同样在传统社会发挥着重要的作用。虽然乡土中国的命题为我们理解中国社会提供了一个卓有启发的思考框架，但作为乡土性的补充，重新将流动性和商业要素纳入研究的视域，有助于我们重新理解近代以来中国的基层社会变革，尤其是农民与商人的流动与转换，及其背后深层的结构性动因，进而呈现出中国传统社会的总体性图景。

传统农业社会何以能够突生出绵延不绝的商业传统，并在改革开放后发扬光大，对于乡土中国命题难以解释的这一义乌"悖论"，我们有必要重新审视主流社会学关于乡土社会的理解。20 世纪三四十年代，在中国社会学"燕京学派"的推动下，学界关于乡土中国的讨论达到了顶峰，一时间涌现了大批关于中国乡土性的经典学术论著，其中以费孝通的《乡土中国》颇具代表性。费先生在其开篇"乡土本色"中，即对乡土中国意象做了开宗明义的概括："从基层上看去，中国社会是乡土性的……乡土社会在地方性的限制下形成了生于斯死于斯的社会。常态的生活是终老是乡。"① 这一命题影响深远，在很长时间一段里成为中国社会学的主流话语和学科表征。从知识社会学的角度看，乡土中国命题对于农民与土地依附关系的强调，除了延续明清时期以来士大夫对文化秩序和乡村风俗的关注，一定程度上也是时代和现实的压力所致。杜赞奇认为，20 世纪 20 年代到 20 世纪 30 年代中国社会学对乡土性的强调，时常被政治精英和知识分子当成是抵制外来商业化、都市化和殖民化潮流的有效手段。在这一过程中，主流话语有时可能强调"乡土"相对于都市/商业现代性的存在价值，有时可能强调其作为国家"移风易俗"的具体场景的作用。② 也就是说，早期中国社会学对乡土中国命题的讨论，很大程度

---

① 费孝通 . 乡土中国 ［M］. 北京：北京大学出版社，2012：1，13.
② 杜赞奇 . 地方世界：现代中国的乡土诗学与政治 ［M］//王铭铭 . 中国人类学评论：第 2 辑 . 北京：世界图书出版有限公司，2007；王铭铭 . 西学"中国化"的历史困境 ［M］. 桂林：广西师范大学出版社，2005.

上是在乡土性与现代性的对立中建构的一种理想类型，费孝通引用滕尼斯对于"Gemeinschaft"与"Gessellschaft"的区分以及涂尔干对"机械团结"和"有机团结"的对立，遂提出"礼俗社会"和"法理社会"之间的差异，背后的理论旨趣殊途同归。

考虑到乡土中国的命题是在特定语境和时代背景下产生的学术回应，对中国传统社会的理解就不得不考虑区域性及历史性差异。事实上，包括费孝通本人，社会学和人类学学界学者对乡土中国命题一直不乏反思和突破，其中最显著的特点就是把流动性带回分析的视域。早在 20 世纪上半叶，南派人类学开创的海外中国和移民群体研究呈现出以流动为主要特征的"超越本土"视野。其中，凌纯声对于中国边疆地区和环太平洋文化之间密切关系的分析，强调了族群流动和内外交流在传统社会的普遍性①。与此同时，一些关注移民史的学者开始把眼光从中国本土的北南流动聚焦到海外，或以下南洋为个案②，或聚焦于中国殖民史的整体叙事③，开启了对海外中华文化圈的研究。

而对中国本土社会流动性的研究，20 世纪 90 年代以来，许多学者对乡土中国命题提出了反思和疑问，其中具有代表性的当属文史研究者关于中国文化中"游"的发掘和阐述。这些学者意识到，在悠久的中国历史中，正统意识形态长期推崇定居的、宗法的农业社会理想模式。这就使"主流的"历史话语将大部分笔墨耗费在这种理想模式的建构上，无形中压制了原本在中国社会中也同样重要的"游"的传统。④ 在南派人类学者和社会文化史研究者的启发下，王铭铭通过对侨乡塘东社会历史文化的阐释，提出了足以挑战乡土中国命题的"居与游"说。自古以来，乡土的安居乐业被视为长治久安的根本，但在农民的生活追求中，离开乡土却可能包含着成为富商巨贾、官僚士大夫的可能。他以闽南侨乡"以海为田"的传统为例，指出在从"贫贱"到"富贵"，从"乡土"到"海外"，自下而上、自内而外的社会生活情境中，创造着中国社会的另一种历史。⑤ 除了流动对社会经济发展的影响，周晓虹还从社会心理学的角度，分析了流动和城市体验对农民精神世界或个体现代性的塑造作用。⑥ 在义乌的案例

---

① 凌纯声. 中国边境民族与环太平洋文化 [M]. 台北：联经图书出版公司，1979.
② 冯承均. 中国南洋交通史 [M]. 北京：商务印书馆，1998.
③ 李长傅. 中国殖民史 [M]. 北京：商务印书馆，1998.
④ 龚鹏程. 游的精神文化史论 [M]. 石家庄：河北教育出版社，2001.
⑤ 王铭铭. 西学"中国化"的历史困境 [M]. 桂林：广西师范大学出版社，2005.
⑥ 周晓虹. 流动与城市体验对中国农民现代性的影响：北京"浙江村"与温州一个农村社区的考察 [J]. 社会学研究，1998（5）：60-73.

中，个体现代性的形成集中体现在义乌农民向专业化商人转变过程中，受到现代城市和商业文明的熏陶，主动或被动地抛弃传统的价值观、生活态度和行为模式，养成吃苦耐劳、敢闯敢拼的精神特质，进而逐渐在城市立足，实现由农转商、由乡到城的双重转换。

上述的研究为我们揭示了中国传统社会并不纯粹以"乡土性"为特色，多数时间里处于一种乡土性和流动性相互嵌入、互为补充的状态。在一些流动频繁的地区往往也保持着"耕读传家"的传统，每当社会动荡、生活窘迫之时，他们又能适时变定居为迁徙，变农耕为经商，从而保持着族群的生存和延续，甚至最终发展成为盛极一时的商业中心。于是，"居与游"及其衍生出的"农与商"的联动在太平光景和灾荒年代的交替中起着缓冲和调节的作用。这种思考的意义在于，在乡土中国的理论视域下，以义乌为典型的农业社区内生出的商业传统通常被视为一种现实的"悖论"，而把乡土性和流动性结合起来，理解义乌"悖论"便豁然开朗：与农业社会的其他地区一样，义乌素来以农业为基础，相比于闽南侨乡，义乌没有濒临海洋的地理优势，甚至与相邻的浙北地区相比，耕地资源稀缺且肥力低下，但义乌人很好地发挥了"居与游""农与商"转换的生存智慧，在土地难以养活人们的时期，通过"鸡毛换糖"换取生活资料，获得商业利润，而换得的鸡毛又可以作为农业生产的补充，实现商业对农业的反哺。正是从传统社会的流动性中突生出的商业基因，成就了日后的义乌小商品市场。

下篇 **03**

作为案例：全球在地化中的义乌及学术生产

总体视野下的非虚构写作

——以联民村、义乌的写作为例*

张乐天**

一、缘起

2006 年 12 月中旬的一天，法国高等社会科学研究院近现代中国研究中心主任伊莎白与她的丈夫麦岗请我和我的爱人在巴黎香舍丽榭大街吃饭。席间，我谈起回国以后的打算，伊莎白夫妇听着，不时提些建议，他们特别期待"有机会把联民村的资料做成数据库，以让全世界的学者们有机会更好了解中国农村"。正是这次聚会促使我回国后重新回到联民村研究，在他们的直接支持下完成了数据库的建设与出版工作。

2021 年 12 月 24 日上午 11 时，在新加坡国立大学青年教师黄彦杰的帮助下，我与哈佛大学费正清中心主任宋怡明教授"隔洋相见"，交流当代中国农村研究。我们第一次单独相见，却如遇故人，相谈甚欢。宋怡明教授已经购买了"张乐天联民村数据"，就如当年的伊莎白教授那样，他期待看到更多联民村的故事，并与我共同讨论这些非虚构故事的学术含义。

与宋怡明教授"分手"以后，我认真思考联民村的非虚构写作。

1988 年春，我回家乡浙江省海宁市联民村做田野工作，开始"抢救资料"。由于起步早，再加上我所在的联民村一些特殊的情况，我搜集到了就一个行政村而言最丰富、最完整的原始资料。2008 年，我重回联民村，进行了广泛的个人生活史访谈。在这样的基础上，我完成了"张乐天联民村数据库"建设。最

* 本文原刊发于《魁阁学刊》2022 年第 2 期。本文为浙江省文化研究工程重大项目"浙江社会生活话语与浙江精神研究（编号：19WH50053ZD）2019—2022"、复旦大学义乌研究院项目"全球体系与地方市场有效连接的'义乌经验'研究"阶段性成果。

** 张乐天，复旦大学社会发展与公共政策学院教授，复旦大学当代中国社会生活资料中心主任。

详尽的文字，最穷尽的访谈，难道还不够吗？为什么还要写关于联民村的非虚构作品？

回答是肯定的！所谓"详尽""穷尽"只是与其他村落的文字搜集、访谈记录比较而言，如果我们与联民村及周边地区的生活实践相比较，那么可以说，目前的文字与访谈只是真实存在的"沧海之一粟"。联民村三百多户人家，"四联"地区一千来户农民，近一百年来，多少次风云际会，你方唱罢我登场；多少次悲欢离合，每一滴泪花都折射着令人感叹的故事……漫步在联民村的田地间，徜徉在会龙桥的小街上，凝视着耄耋老人风雨苍霜的脸，观察着百年老树萌生的新芽，让人感叹于联民村百年社会生活实践如大海般深邃，波谲云诡。所有的学术努力都是以这样那样的方式接近社会生活实践，并试图从中寻找某种理解、解释。

联民村的非虚构写作就是这种努力的一种尝试。与以前所有资料相比，非虚构写作至少在以下三方面有助于我们"接近"生活实践。

其一，细节丰沛。真理潜藏在日常生活实践的细节中。可惜的是，现成各种资料常常缺乏细节，特别缺乏某个主题的学术研究、学术思考所需要的细节。因此，学术研究通常只能"看菜下锅"。学者找到细节较好的资料，从这种偶然存世的资料中做学术提炼。如果学者意识到某个学术主题特别重要，常常很难找到"下锅的菜"。非虚构写作提供了机会，作者可能根据想象挖掘新的"菜料"，寻找丰沛的细节。新中国成立初期，陈家场的陈家老屋被没收，最初成为乡政府办公室，后来是联民大队办公室，我在写20世纪50年代的两个乡干部、20世纪60年代的两个大队干部的时候，专门找了陈家老屋所有人陈梅林的孙子，请他画了老屋的平面图，请他讲述一些从小在老屋里生活的有趣细节。又如，我在写联新村老支部书记李阿三时，发现李阿三在"困难时期"刚刚结束时造了三间宽敞的新房子，觉得这个情节可能有学术挖掘的潜力，就找了好几个老人回忆这件事情，让细节丰富起来。

其二，故事连贯。细节让每一个故事都"有血有肉"，可能在具体的场景中"活起来"；连贯性则努力"在时间序列中"让故事连接起来。在学术研究中，完整的个人生命史具有重要价值，其有助于发现个人形成于童年时期并此后一直影响其思想与行为的比较稳定的价值观，有助于准确地解释某个人某个特定时刻的选择与决策行为的原因，也有助于较好探索个人价值观与他所在的生活共同体文化之间的互动。非虚构写作是呈现完整的个人生命史的最有效途径。我在联民村研究中发现，陈家场有极少数女人，她们没有文化，信佛，小脚，几乎不参与村里的任何公共活动，即使在人民公社时期，她们也从来不参加生产队、生产大队的各种会议，但是，她们熟知各种传统礼仪，她们是婚丧大事中"出主意的人"，她们还是某些村内"闲话"的"生产者"。越想，我越觉得她们对于理解村落共同体可能有特殊的意义，决定写她们的生命史"三代女人那些事"。由于她们的生产、生活没有任何文字记录，我此前从来没有访谈过前两代女人，所以，在写非虚构作品的时候，我花了大量时间与"第三代的几个人"交流，反复请她们回忆"上两代"人的生产、生活细节，并努力把三代人的生命史连贯起来。当我脱稿的时候，我感叹于非虚构写作本身给我的动力与帮助。

其三，学术关联。自然保存下来的资料本身没有学术关联。能否从搜集的资料中体悟学术价值，发现学术关联，并进一步写出高质量的学术作品，这考验着我们的研究能力，也体现着我们的学术水平。

与现存资料不同，非虚构写作本身是有学术关联的。非虚构写作有两种操作方式。一是从现成的访谈等资料出发开展非虚构写作。我的联民村写作就是如此。在这种模式中，我在写作中必须不断进行"追访"，以补充原有访谈内容的不足。二是从田野调查起步。2019 年，我组织教师、学生到义乌开展田野工作，访谈义乌的工商业者、外国人，此后，深度访谈资料成为我进一步书写非虚构作品的"素材"。

非虚构写作的两种操作方式都在学术关联中展开。一方面，非虚构写作的人物、故事从一开始就必须被"安置"在它们得以可能的"总体"中，"安置"在人们的生产、生活中形成和实现的全部社会关系中，正如马克思所说："人的本质不是单个人所固有的抽象物，在其现实性上，它是一切社会关系的总和。"另一方面，非虚构写作必须把生活实践中的每一个细节都看成与总体相关联的历史发展环节，而决然不是孤立的事实；其中的人物、故事既是生生不息、充满矛盾的历史的产物，更是日新月异、激荡人心的历史进程的"创造者"；他们的生存状态与总体的历史进程相互"同步"。非虚构写作试图"展现"推动历史发展中"每一个意志都对合力有所贡献"（恩格斯）的生动图景。

二、总体视野

马克思说："在思辨终止的地方，在现实生活面前，正是描述人们实践活动和实际发展过程的真正的实证科学开始的地方。关于意识的空话将终止，它们一定会被真正的知识所代替。"① 我们期待着非虚构作品能够成为理解现实与历

---

① 中共中央马克思恩格斯列宁斯大林著作编译局．马克思恩格斯选集［M］．北京：人民出版社，1995：73.

史的"真正的知识",而只有在"现实生活"及其实际的历史过程中,"真正的知识"才可能得到"真实的呈现"。正如著名马克思主义学者卢卡奇所说:"只有在这种把社会生活中的孤立事实作为历史发展的环节并把它们归结为一个总体的情况下,对事实的认识才能成为对现实的认识。"因此,"具体的总体是真正的现实范畴。"① 总体视野为非虚构写作提供方法与指南。

总体视野引导我们把细节的书写"安置"在总体生活实践中,既让细节"活起来",也让细节可能潜藏"大的意义"。

自亚里士多德以来,总体与部分之间关系的命题已经得到广泛认同,"总体大于它的部分之和",部分只有在其所处的总体中,才是真实的、鲜活的、具有生命力的。手指只有在人的身体上才是"手指",被割断了的手指不再是人的手指,而只是一个很快会腐烂的东西。任何非虚构写作都是对于"部分"的呈现,某个具体的事件,某个人的生命史,等等;非虚构写作还追求"部分"的详尽细节、生动过程;这些"部分"的描述只有"安置"在总体中才是真实的、有学术价值的作品。实际上,联民村个人生活史脱离联民村根本就无法叙写,我们也很难想象脱离了义乌改革开放以来总体的发展进程去书写抽象的工商业经营者的故事!

在实际生活实践中,不同的生活场景可能对个人的行为产生不同的影响,因此,非虚构作品细节所"安置"的总体(生活场景)并不是固定不变的,而是灵活的、多层次的。在联民村大队干部的写作中,生产大队是最重要的"总体";在联民村普通农民的写作中,生产队作为"基本核算单位"是最重要的场景;但同时,联民村个人生活史写作也会顾及生产大队、公社,乃至国家。在义乌工商业经营者个人生活史与工商业史的写作中,直接的"总体"是他们所创办的企业本身,但是,他们的种种行为又必须放在义乌这个县级小城市的"总体"环境中才可能进行准确的书写。

总体视野引导我们使细节的书写尽可能"展现"总体历史过程。

社会生活作为总体本质上是实践的,是人的感性力量的相互较量。人类历史从来都表达为社会权力的形成与演变,在这里,正如恩格斯所说,每个人都以这样那样的方式影响历史,"历史是这样创造的:最终的结果总是从许多单个的意志的相互冲突中产生出来的。"因此,非虚构写作应当努力把个人放在特定的权力关系格局中,既从权力结构中书写个人,又展示个人对于权力结构的影响;而这种影响可能改变权力关系的走向。

---

① 卢卡奇. 历史与阶级意识 [M]. 杜章智,等译. 北京:商务印书馆,1992:76.

其实，每一个人都有"创造历史"的力量。每一个人为了"活下去"，都必须主动参与生产满足"吃喝住穿着及其他一些东西"的历史活动，即生产物质生活本身的活动；每一个人为了"活下去"，还必须直接实现"香火绵延"，没有人类的繁衍，个人就不可能存在。因此，当我们高度重视"上述基本事实的全部意义和全部范围"① 时，我们的非虚构写作就可能时时感悟到村落里的"小人物"身上所具有的"生命力量"。或许，在总体中，个人的"生命力量"是渺小的，但无数"他们的合力"可能成为左右长时间段社会发展的"历史动力"。

总体视野引导我们关注非虚构书写的人物、故事与总体历史进程的"同步性"。

非虚构写作以生动的笔触描写小人物的故事，以期使读者从中更好体察我们的时代，以期让学者"以小见大"，更好解读、分析我们的社会；这种书写目标本身要求故事、人物与总体的"同步性"。

新中国成立以后，联民村经历过土地改革、农业合作化、人民公社以及改革开放等不同历史发展阶段，总体上说，除了"三年困难时期"以外，农村基本社会秩序一直保持着稳定。这是总体的状态，非虚构写作的基本态势也应当如此。否则，如果非虚构作品与我们的总体相违背，就可能失去非虚构写作的学术价值。在近百年的历史中，联民村一定有一些悲惨的故事，但这类故事不能帮助我们更准确理解总体，实现相应的学术关照。义乌的情况也一样。改革开放以来，义乌经济总体上得到了世人瞩目的发展，非虚构写作不能只写失败的故事，不能只写义乌发展过程中的困难与问题，而应当写与义乌发展相"同步"的成功（经历曲折）的案例。

总体视野下的"同步性"影响着非虚构事件、细节的布局，更直接影响着非虚构人物的选择。以联民村为例。新中国成立以后，位于浙江钱塘江畔的海宁市联民村一直处于稳定的状态中，我注意到，历届基层干部在其中起了十分关键的作用，因此，我优先选择了新中国成立初期担任联民村所在的祝会乡的乡长李悦庄、副乡长江少清，选择了联民村最初的大队支部书记冯祖康、大队长陈甫堂等人员。从20世纪50年代到20世纪60年代中期，这几个人是联民大队一带的主要负责人，对联民大队的生产、农民的生活有较大的影响。接着，我又选择了我的出生地——联民村陈家场，这里的顾颐德也是非虚构写作的重

---

① 中共中央马克思恩格斯列宁斯大林著作编译局. 马克思恩格斯选集［M］. 北京：人民出版社，1995：79.

要人物，他从 20 世纪 60 年代初开始，长期担任陈家场的生产队长，当年叫"红旗生产队"。在人民公社中，生产队长犹如大家庭的家长，家长自然是一个值得书写的重要人物。

三、自我的挑战

文学创作可以放飞作者的想象力，行云流水，天马行空。非虚构写作的"非虚构"不仅"划定"了作者的写作空间，而且对作者的自我状态提出了挑战。在非虚构写作中，作者的自我状态直接影响着作品的历史价值；作者一直面临着如何调整自我的严峻挑战。

当作者把关注的目光投向非虚构写作对象的时候，他不可避免地受到各种现有意识、成见的"遮蔽"，犹如戴着一副有色眼镜看世界。我们必须自觉"摘掉有色眼镜"，努力在三个方面实现"去遮蔽"，以便尽可能趋近真实存在的写作对象。其一，"去日常意识遮蔽"。日常意识"润物细无声"地影响着我们对生活世界的认识，在村落共同体中，其往往成为所谓"集体记忆"的重要内容。日常意识以"道德的眼光"评判人物与事件，或多或少掩盖了真相，导致了曲解与误读。联民村陈家场农民顾颐德曾经长期担任生产队长，他被一些人"贴上了自私"的标签，讲起他，"自私的故事"引人关注，但是，这些故事是真实抑或是遮蔽？陈家场农民顾文林几乎不参加生产队的任何活动，她从来都是"被忽视的存在"，但是，这种"被忽视"是真实抑或是遮蔽？笔者不想给出武断的回答，重要的是，我们要关注日常意识的遮蔽并主动"去遮蔽"。

其二，"去意识形态遮蔽"。新中国成立以后，中国农村经历了土地改革、农业合作化、人民公社、改革开放以及社会主义市场经济等一系列发展过程。这是前所未有的乡村变化之路。曾经的意识形态会以不同的方式出现在人们的集体记忆中，形成对人的偏见。再以陈家场的顾颐德为例。陈家场有人谈到顾颐德的时候，会强调他私自"做绿豆芽""走资本主义道路"等情况，夸大他入党过程中"碰到的问题"，甚至仍质疑他对党的态度。我们需要认真评估这些"回忆"，以做出客观的书写。

其三，"去理论遮蔽"。当一个社会科学学者着手准备书写非虚构作品时，原有的理论素养是一把双刃剑。一方面，理论素养越好，越有能力把非虚构小作品放到一个宏大的历史、社会话题中，越有能力把宏大的历史、社会作为引导非虚构写作的"总体视野"。另一方面，如果"一不小心"在写作中受到现成理论的"污染"，现成理论就成了"有色眼镜"。往好一点说，非虚构作品留下了理论的痕迹；往严重一点说，非虚构作品成了证明理论的一个案例。因此，我们必须意识到，在进行非虚构写作中，理论是一个必须认真对待的"问题"。

"去遮蔽"犹如剥去覆盖在真实生活上的"外包装"，使真实生活实践变得"澄明"起来。然而，真实生活实践却"看不见"，需要靠我们"进入历史性生存"中去体悟、去感知。一旦我们深浸于"历史性生存"中，身处于人民大众的生活实践中，我们就可能超越理性的纠缠而把握本真的历史性。在这里，我们需要高度聚焦于最基本的历史事实，即"个人使自己和动物区别开来的第一个历史行动并不是在于他们有思想，而是在于他们开始生产自己所必需的生活资料""人们生产他们所必需的生活资料，同时也就间接地生产着他们的物质生活本身"①。这种物质生活的生产实践是农民们的基本生命活动，源自"活下去"的欲望，源自"香火绵延"的祈求。进一步说，农民们的物质生活实践从一开始就是社会的、历史的，从一开始就在多重交错的社会权力关系中进行，在不断变化着的国家与农民的张力中展开。农民们竭尽全力汲取生活资料，努力改善生活本身，他们也在不经意间创生社会关系，改变村落面貌。

我们期待着通过非虚构写作来呈现真实而又充满细节的农民故事，要想写好非虚构文本，我们还需要有"历史想象力"。"历史想象力"是我们需要自我锤炼的心智素养，是我们把自我生命的感性体验、自我人生的通透领悟投射到与非虚构写作对象交融的"历史性生存"场景中的能力。非虚构写作在"历史想象力"中展开，而写作本身成了自我的生命体验，成为自我在与不同生活世界的遭际中的求索之旅。从2021年秋开始，我着手书写联民村的个人生命史、义乌的工商业经营者，在落笔之际，我很快遇到了"非虚构"与具体细节呈现的张力，"非虚构"与因果关联的张力。"历史想象力"给了我走出张力的"底气"。

"历史想象力"十分重要，却不是"自然存在"的，所以，我们需要根据自己的情况做些工作，② 让"历史想象力"在写作中发挥作用。

联民村是我曾经生活过二十多年的家乡，我熟知联民村的人物，熟悉联民村的环境，即使如此，为了写好七八十年前一直延续下来的故事，我仍然需要做些工作，回到"历史性生存"中，让我的"历史想象力"更真实可靠。例如，为了写好1943年6月25日胡少祥的奶奶早晨投河自尽、他的爸爸被吓成精神病的场景，我专门重新到了"现场"。尽管当年的小河早已被填，小路也被改

---

① 中共中央马克思恩格斯列宁斯大林著作编译局. 马克思恩格斯选集［M］. 北京：人民出版社，1995：67.

② 各人应当根据自己的情况"修炼"，以提高自己的"历史想象力"。

造，但朝霞依旧、露珠依旧、田里的庄稼依旧、老农民上街的脚步依旧！这一切无疑都给我难得的"历史想象力"，让我的描写更加鲜活。

在非虚构写作中，人物对话是一个难题，我通过三种方式"锤炼自我"。方式之一，阅读当年留下的联民村"对话性文本"。方式之二，假如我书写的人物仍活着，我通过与这个人物的反复对话来体会他讲话的特点。方式之三，我自己冥想在联民村生产、生活中与人对话的情景，琢磨对话的风格。例如，为了写好我继母的堂妹，我曾经反复回忆自己与继母之间的对话，以便体会村里一些"极少参与公共生活的女人"说话的特点。这些自我的修炼工作可能使"历史想象力"中写作的几十年前的"对话"更接近真实。

非虚构写作追求故事的连贯性，如何处理"突兀"行为？我们在非虚构写作中有时会遇到一些行为，似乎与当时流行的行为不同，怎么处理？例如，义乌早期的小商品经营者冯爱倩在找了县委书记谢高华并得到书记的支持以后，开始成为义乌湖清门小商品市场的第一代合法经营者，几乎让所有人匪夷所思的是，冯爱倩并没"抓住机会发财"，反而积极参与小商品市场的治安保卫工作，后来，竟然"放着稳赚钱的生意不做，当起了义乌小商品市场的治保主任"。怎么理解冯爱倩的行为选择？为了想明白，我反复聆听她讲述"家史"，讲述她母亲的悲惨故事，她童年经历的"一情一节"。俗话说，"七岁看到老"，我借助于"历史想象力"，从冯爱倩的"家史"和童年故事中发现了她"选择的生命基因"。于是，她的行为不再"突兀"，她正追求着来自义乌这片土地上的幸福感。

四、三个问题

社会科学学者把非虚构写作作为研究工作的起始点，这是一次学术冒险，有三个问题需要进一步深入讨论。

其一，关于总体的再思考。

"真正的实证科学"开始于人们现实的、感性的"社会生活实践"。如果我们不想让这句话成为空泛的、抽象的议论，而是社会科学工作者的研究指南，那么，"社会生活实践"作为总体性的存在不仅是在特定时间、空间中的具体存在，而且对于社会科学工作者具有双重含义。一方面，社会科学工作者对"社会生活实践"总体怀着极大兴趣，并试图巧妙提出"有益于增进总体理解"的具体问题；另一方面，在兴趣与问题的引导下，社会科学工作者搜集资料，或者进行非虚构写作。由此可见，对社会科学工作者来说，非虚构写作从一开始就与作者有关总体的"问题意识"相关。浙江海宁的联民村是我的家乡，从

1988 年开始，我做了大量调查，写了一些文章与书籍，其中最重要的是《告别理想——人民公社制度研究》。回顾自己以往的研究，我总觉得还有一些重要问题值得追寻：长时段影响浙江农村社会、文化从而使之长期保持着稳定的因素是哪些？如何发生作用？新中国成立以来发生了怎样的变化？正是这些重大问题像"谜一样的存在"，催促我开始对联民村非虚构作品的书写。义乌的问题有点儿差别。2019 年夏天，我带着二十多名教师、学生开始对义乌工商业经营者的访谈，大量的访谈给我以学术的冲击：义乌的农民身上难道存在着"内生的动力"，推动他们排除万难发展经济，取得了令全世界瞩目的成就？这个问题让我有了书写义乌工商业经营者的热情。

总体的"问题意识"在宏观上影响着非虚构写作的案例选择。联民村的问题涉及一个区域的总体演化，因此，我必须选择"对总体有影响的人物"，如地方干部、村落中的"头面人物"。同时，我还必须注意到人物"身份的多样性"，除了干部以外，还要有普通的农民，有男人，也要有女人，有"四类分子"，等等。义乌的问题是工商业经营群体，我只要选择不同的工商业经营者就行了。

其二，收敛与开放。

非虚构写作的"总体视野"不是收敛型的，这就是说，我们不会用总体的某些特征去约束、处理具体的非虚构案例。例如，新中国成立以后，农村总体上呈现不断发展的趋势，但是，在具体个案中的遭遇可能会非常不同，我们优先尊重个案的实际情况，不回避个案与总体之间存在"不同步"的态势。陈家场的顾颐德家在土地改革以后曾经有人外出讨饭，这件事本身只是少数特例，但是，实事求是写出来仍有重要价值。实际上，总体视野仅是宏观的观照，在具体书写的过程中，我们重点关注的是个案具体细节的挖掘与书写，是以"开放"的心态去搜寻生动的故事。

这里，我们需要再一次强调的是，"总体视野"的观照是有效防止"仆人眼中无英雄"困境的方法。"仆人"知道的历史中重要人物，如克伦威尔或者拿破仑，无数与他们有关的故事，不只是故事的全部细节，还包括重要人物的逸事、嗜好、隐私、个人趣味，甚至还有鲜为人知的怪癖，所有这一切的集合难道就是历史上现实的克伦威尔或拿破仑吗？回答是否定的，甚至可以说，"仆人"们"只是以全部历史细节的真实性来伪造历史"。我们需要谨慎处理非虚构写作中的细节选择，"总体视野"成为指导我们做出正确选择的"普照的光"。

其三，作为人文社会科学研究环节的非虚构写作。

我们处在一个信息爆炸的时代。海量的信息如狂风暴雨般袭来，考验着社会科学工作者的学术定力的强弱：能否抵挡住各种冲击而坚定、勇敢地"深入到历史的本质性的一度中去"①，深入到直接影响人的生命欲望、"香火绵延"的感性生活实践中去；能否"窃得火来"，为全部社会科学研究夯实基础。

我们作为社会科学工作者开展的非虚构写作就是这样一种"冒险的尝试"。我们期待非虚构写作有机会去除各种遮蔽，摆脱思辨羁绊，呈现真实的"现实生活"，成为马克思意义上的"真正的实证科学开始的地方"，进而成为人文社会科学研究过程中的一个重要环节。

我们将努力书写联民村、义乌的非虚构作品，以作为人文社会科学学者们进一步开始学术讨论的"资料"。我们期待着与大家协同合作，切切实实从当代中国的"现实生活"出发，努力开展人文社会科学理论研究。困难在所难免，但只要沿着正确的方向前行，哪怕一点小的成果都会是对中国学术的大贡献。

---

① 海德格尔. 海德格尔选集：上 [M]. 上海：上海三联书店，1996：383.

我国地方参与人类命运共同体
建设的机理与路径

——基于义乌案例的分析和启示*

刘文革　杨志文**

一、引言

党的十八大以来，习近平总书记以卓越的战略家思维、全球化视野和厚重的历史责任感，提出了构建人类命运共同体的重要思想。① 国内学术界、理论界围绕这一命题开展了全面深入的研究，指出构建人类命运共同体的核心是在多样化的社会生活基础上逐渐形成人类命运休戚与共的身份认同，② 而当代所构建的共同体还只是单面性的共同体，必须以人的终极发展为指向，走向全面性的人类共同体。③ 学者们的研究对于全方位、多角度、深层次理解习近平人类命运共同体思想具有重要意义。同时需要指出的是，已有研究成果的着眼点主要是国家宏观层面，探讨地方或更低层级的主体如何参与人类命运共同体建设的相对较少。这或许是由于许多学者认为，国家层面的互动是决定世界格局最重要的因素，各国政府是构建人类命运共同体最主要的国际行为体。④ 当然，也有部

* 本文原刊于《浙江学刊》2019 年第 2 期。本文系研究阐释党的十九大精神国家社会科学基金专项课题"完善社会主义市场经济体制研究"（编号：18VSJ024）、浙江省社科规划课题"习近平新时代中国特色社会主义思想形成中的义乌元素研究"（编号：19NDJC292YB）的阶段性研究成果。

** 刘文革，辽宁大学国际经济政治学院院长、教授、博导；杨志文，中共浙江省委党校经济学教研部副研究员、浙江经济研究中心主任。

① 杨洁篪. 推动构建人类命运共同体（学习贯彻党的十九届六中全会精神）［N］. 人民日报，2021-11-26（6）.

② 赵可金，赵远. 人类命运共同体的构建路径［J］. 当代世界，2018（6）：4-7.

③ 庄友刚. "人类命运共同体"理念的双重价值指向［J］. 阅江学刊，2018，10（3）：5-11.

④ 于洪君. 树立人类命运共同体意识推动中国与世界良性互动［J］. 当代世界，2013（12）：12-13.

分学者认为人类命运共同体的建设主体应该是多元化的，既包括主权国家、特殊地区、国际组织、跨国公司等，也包括作为个体存在的"现实的人"，① 故全球治理是国家与非国家行为体相互克服国家中心和社会中心的合作治理。② 笔者认为，人类命运共同体的层次性非常丰富，它由小到一户家庭、一个家族、一家企业到社区层级、乡镇层级、县域层级、地市层级、省域层级，再到国家层级、洲际层级等不同层次的命运共同体相互嵌套组成，最终构建起全世界、全人类层级的命运共同体。与全球政治的结构特征相关联，全球治理也是由国家中心治理与超国家中心治理组成的一种复合结构。③ 在超国家中心治理结构中，地方是重要的力量，也是推进人类命运共同体建设的重要主体之一。故对我国地方参与人类命运共同体建设的机理和路径进行研究，十分必要且具有重要意义。

二、地方参与人类命运共同体建设的内在机理

当今世界，全球性问题的解决越来越成为政府、政府间组织、非政府组织、跨国公司等多方共同参与和互动的过程。④ 地方既是国家的基础组成部分，也是全球化背景下国际交往的重要主体，更是推动人类命运共同体建设的直接力量。事实上，改革开放使得我国地方参与国际间互动的频率日渐增高、方式日益多元、作用不断上升，对构建人类命运共同体日趋重要。笔者认为，地方参与人类命运共同体建设的内在机理至少体现在以下三个方面。

（一）地方参与人类命运共同体建设的空间交互机制

地方参与人类命运共同体建设，是空间交互机制的要求。每个人都生活在地方社会中，同时也生活在充满人类理想、渴望和平的更广阔的社会中。这种联系的客观普遍性使得不同层级的命运共同体相互嵌套、交叉和作用，存在很强的依存性、复合性、联动性。因而地方的发展，尤其是维护社会和谐稳定、促进人民安居乐业、保障生态环境良好等，本身就是最高层级的全人类命运共同体建设的基本组成和重要内容。国家政权作为国民共同意志的集中体现形式，

---

① 郝立新，周康林. 构建人类命运共同体：全球治理的中国方案 [J]. 马克思主义与现实，2017（6）：1-7.

② 蔡拓. 全球治理与国家治理：当代中国两大战略考量 [J]. 中国社会科学，2016（6）：5-14.

③ 星野昭吉，刘小林. 全球治理的结构与向度 [J]. 南开学报（哲学社会科学版），2011（3）：1-7.

④ 曲星. 人类命运共同体的价值观基础 [J]. 求是，2013（4）：53-55.

在国际交互过程中往往要兼顾政治、经济、文化、意识形态等诸多因素以及自身内部不同区域、民族、利益群体等的诉求，因而国家间的沟通合作时常是原则性、框架性的，落地实施大都需要地方在具体项目、平台、企业、人员等方面积极参与和推动。而国家之间的交互作用，最终也会体现在对地方，乃至个体的影响上。在国际交往的对等原则下，由于地方的数量远远超过国家的数量，因而地方较之国家拥有更多的对等交互主体，更易找到适合互动的对象和时机。例如，国内许多城市拥有数十个，甚至上百个国际友好城市（友好交流城市），通过举办双城论坛、文化艺术交流、人员往来等方式增进密切关系。在中国特色社会主义进入新时代、开放发展作为新发展理念重要内涵之一的大背景下，推进全领域、多层面、全方位开放是大势所趋，地方尤其是一些原本处于开放末端的内陆地区，借助信息化手段、现代交通网络、自贸区政策等，可能成为开放的前沿，其国际交互的广度和深度均将大幅提高，在人类命运共同体建设中的地位和作用将显著上升。

在人类命运共同体的多层级网络结构中，各层级命运共同体之间的交互作用既可以直接实现，也可以借助网络传导机制实现。一方面，从最小层级的命运共同体到最大层级的全人类命运共同体，它们之间的交互关系没有严格的层级递次传导机制，即最小层级的命运共同体也会与最大层级的命运共同体直接发生交互作用。例如，一些世界知名的慈善家庭或企业通过捐款扶贫、捐资助学、免费医疗服务等方式，为其所在国或世界其他地区的贫困人口提供帮助；又如，全球气候变暖导致海平面上升而淹没了一些海岛居民的家园。这是家庭或企业这一小层级命运共同体与整个人类命运共同体发生直接交互作用的一个典型案例。另一方面，人类命运共同体多层级网络结构中任何一个节点的活动都会对其他层级命运共同体产生间接传导作用，并最终影响整个人类命运共同体建设。在反馈机制作用下，受到影响的命运共同体又会对网络结构中的其他命运共同体产生或大或小的传导作用。在"地区热点问题此起彼伏，恐怖主义、网络安全、重大传染性疾病、气候变化等非传统安全威胁持续蔓延，人类面临许多共同挑战"[①] 的当代，地方与世界其他地区的联系越来越频繁、紧密，嵌入人类命运共同体网络结构的程度也越来越深，上述交互反馈作用日益明显、日趋强烈。这种空间交互机制表明，地方完全拥有借助无形的网络传导机制作用于其他层级人类命运共同体建设的能力，当然也受到其他层级命运共同体活

---

① 李伟红，敬宜，杨迅，等. 中国为国际法的创新发展作出重要贡献（权威论坛）［N］.
人民日报，2019-04-17（17）.

动的影响，因此必须自觉地将自身活动置于整个人类命运共同体建设的大格局之中，努力寻求与其他主体之间的一种良性互动。

(二) 地方参与人类命运共同体建设的经济基础驱动力

地方参与人类命运共同体建设，根本上是由经济基础驱动的。国际社会是由国内社会的行为体超出国境的发展所带来的，源自国内社会自我实现的需要。[1] 科技的进步、生产力的提高、产能的释放，对市场范围的对外扩展产生了强烈需求；现代信息技术的迅猛发展极大地降低了跨区域、跨境、跨国经济活动的成本，其与现代商业模式创新相结合又极大地降低了整个社会再生产过程的成本。这些因素驱动着经济全球化和区域一体化大步向前，促使地方经济活动出现一种"降维"的趋势，即地方原先的产业结构较为丰富多元，随着经济全球化的推进和专业化分工的深入，市场空间得到极大拓展，聚焦于某一产业的专业化效应、规模经济效应日益凸显，从而推动地方的主导产业从量大面广转向专业精干，从多个产业向专一产业、专一产品乃至产品的某一个环节转变。上述变化促使全球许多地方从产业间贸易向产业内贸易转变，进而向价值链贸易转变，深深嵌入全球价值链分工协作网络之中，形成一种休戚与共、共赢共生的关系，由此凝聚起共同推动人类命运共同体建设的巨大合力。

在受到科技进步、产业变革、商业模式创新等因素作用的同时，地方参与人类命运共同体建设还日益受到经济制度变迁的影响。随着经济全球化、区域一体化的推进，成文的并得到权力机构实施保证的正式制度安排日趋完善，有力地促进了非人格化交易范围和领域的延伸与拓展，非正式制度安排的作用则相对趋弱，经济活动越来越脱离血缘、地缘、人缘、事缘等纽带，地方经济活动更为容易、深入、全面地对接世界经济体系。由此，不同国家和地区人与人之间联系的可达性及强度、频度均大幅提高，使原本由国家为主导、企业为主体的跨境、跨国间经济互动向更为丰富多元的主体之间互动转变。例如，近年来由地方政府或非政府地方组织举办的国际性会议、城市论坛等日益增多，影响不断扩大，已成为国际经济交流与合作的一种重要方式和平台。它们极大地促进了世界各地对相互之间经济制度差异、贸易运行规则、传统商业习惯等的沟通、交流和理解，使经济交互关系向深度拓展，为人类命运共同体建设提供坚实支撑。

---

[1] 金应忠. 试论人类命运共同体意识：兼论国际社会共生性 [J]. 国际观察，2014 (1)：37-51.

（三）地方参与人类命运共同体建设的政治等元素考量

地方参与人类命运共同体建设，有着政治、社会、文化、生态等元素的内在需求。近年来，出现了越来越多的反全球化事件和争论，根本上是快速全球化过程中利益分享机制不合理导致的，正如党的十九大报告所指出的："世界面临的不稳定性不确定性突出，世界经济增长动能不足，贫富分化日益严重。"① 在快速全球化过程中，普通民众的受益相对较少，一些发展中国家和地区甚至还由于遭受全球性或区域性经济危机、金融危机、债务危机的冲击而陷入困境。习近平人类命运共同体思想以建设持久和平、普遍安全、共同繁荣、开放包容、清洁美丽的世界为价值导向，为破解全球化所遇到的许多难题提供了重要依据和顶层设计。构建人类命运共同体，就是要力促形成更加合理的全球发展框架和利益共享机制，使不同国家和地区、不同群体之间不平衡不充分的发展问题得以缓解和减弱。这就需要各个层级的命运共同体凝心聚力、通力合作，尤其是地方这一与普通民众直接联系的重要主体，必须在加快发展和力促城乡之间、区域之间、不同群体之间的协调发展、共享发展以及人与自然的和谐发展上发挥更大作用。

习近平人类命运共同体思想已写入联合国文件，获得了越来越多的国际认同。② 这一思想为世界各个国家和地区实现共商共建、共赢共享、共生共荣指明了方向，它所代表的新世界主义与一些西方国家近年来涌现的民粹主义、民族主义、国家主义等有着本质区别。在一些西方人士的观念中，共同体是封闭的，即共同体通过向内强化对自身的认同，把共同体内部和外部截然区分开来。因而在推进习近平人类命运共同体思想落地实施的过程中，如何使价值理念、意识形态、政治制度、文化传统等存在显著差别的国家和地区能够最大程度地求同存异、形成更多共识，由"握手式"互动转向"交心式"互动，既是难点，也是重点。尽管现代信息技术的蓬勃发展使当今时代人与人之间的物理联通非常便利、畅通，但人与人之间的心灵距离并未显著缩短，甚至人与人心灵之间存在各种隔绝。③ 故人类命运共同体的建设迫切需要各个国家和地区的民众开展动情入心的交互活动，地方层面在其中可以发挥独特作用，因为地方在国际交

---

① 习近平：决胜全面建成小康社会 夺取新时代中国特色社会主义伟大胜利：在中国共产党第十九次全国代表大会上的报告［EB/OL］. 中国政府网，2017-10-27.

② 阮宗泽. 构建人类命运共同体助力中国战略机遇期［J］. 国际问题研究，2018（1）：13-26.

③ 王新生. 命运共同体：人类共存之道的中国方案［N］. 中国社会科学报，2016-02-25（3）.

互过程中的目标追求相对简单，受价值理念、意识形态、文化差异等因素的干扰相对较少，而以国家名义推进人类命运共同体建设的合作交流项目则容易遭到一些单边主义、民粹主义倾向的国家或地区及部分利益团体的无端猜忌、恶意抵触、污蔑诽谤。地方层面越多地开展内容丰富、形式多样、具体生动的交流与合作，就越能促进不同文明之间深层次的相互了解、包容互鉴、和谐共生，实现更广、更深程度的民心相通，从而为更高层面的国际交互提供坚实基础和良好条件，以"润物细无声"的方式推动人类命运共同体建设。

三、地方参与人类命运共同体建设的义乌样本

习近平总书记对全球最大的小商品批发市场所在地和国际小商品贸易中心——浙江省义乌市给予了特别关注，党的十八大以来先后八次在重要国际场合为其参与"一带一路"建设、中外人文交流等构建人类命运共同体的具体实践点赞。这表明，义乌参与人类命运共同体建设的实践非常值得借鉴，尤其是义乌小商品市场已蝶变为一个全球关联区域和经济主体共商共建共享的开放大市场，而新老义乌人和谐相处、文化交融、共创家业的实践突破了"文明冲突"的陷阱，这些为我国其他地方参与人类命运共同体建设提供了许多启示。

（一）"义乌商圈"构建联动全球的共赢共生系统

由上文分析可知，经济全球化是地方参与和助推人类命运共同体建设的重要基石、核心动力。然而，地方尤其是一些不沿海不沿边的内陆地区往往面临如何深度融入世界经济体系、参与国际分工协作的难题，义乌的实践为此提供了一些启示。自 1982 年义乌小商品市场诞生以来，随着其从区域性向全国性、全球性市场演变，逐渐形成了以义乌小商品市场为核心、联通国内外相关区域和经济主体的跨区域分工协作网络——"义乌商圈"[①]。来自世界各地的 180 多万种小商品借助"义乌商圈"联通全球的商贸网络销往 210 多个国家和地区，一方面，它使原本无力自建出口渠道、参与国际分工的中小微企业只要对接义乌，就能与世界市场接轨，分享经济全球化的红利；另一方面，它促进物美价廉的各国商品实现出口，为进口国家和地区的民众提供与其收入水平相适应的高性价比商品，提高全球整体福利水平。国内外相关区域和经济主体借力"义乌商圈"所构建的共赢共生系统在全球范围进行资源优化配置，成为助推人类命运共同体建设的一股特殊力量。

许多大型跨国公司所构建的全球性价值链分工协作体系往往具有较强的封

---

① 陆立军，等. 义乌商圈［M］. 浙江：浙江人民出版社，2006：8.

闭性、排他性，围绕着居控制地位、中心化的跨国公司总部运作。"义乌商圈"则是一个高度开放、弱中心化的共生共享系统，它吸纳了数量庞大且具有很强竞争性的各类市场主体。尽管义乌小商品市场居于核心地位，但交易过程是弱中心化的，如来自全球的许多客商借助义乌小商品市场的交易过程建立商务联系，其他交易环节则通过自身所在地的商贸体系完成。可见，"义乌商圈"的形成和发展归功于国内外所有参与其中的生产商、批发商、贸易商、物流商和金融、信息、中介等相关服务机构以及地方政府、市场管理者、行业协会等，其带来的诸多经济效应、产生的价值创造效应也由上述相关主体所共享。因此，"义乌商圈"的内在运行机制与构建人类命运共同体的开放合作、和谐包容、共赢共生原则是完全一致、高度契合的。我国其他地方参与人类命运共同体建设，也应秉持这一理念和原则，在市场化机制和规则下构建开放、共赢、共享的供应链、产业链、价值链分工协作体系。

（二）新老义乌人和谐相处的社会治理格局

不同信仰、不同国度、不同文化、不同民族的人和谐相处、共生共荣，是人类命运共同体的重要内涵之一，为此提供实践案例是地方参与人类命运共同体建设的重要任务和方式。全球性实践是由地方性实践组成的，全球性知识是由地方性知识构建的。① 唯有经过地方的充分实践，构建人类命运共同体的宏伟思想才能展现出强大的生命力，而新老义乌人和谐相处的社会治理范例为此提供了重要实践参考。义乌外来人口多，超过 143 万，约为户籍人口的 2 倍；境外人员多，有来自 100 多个国家和地区的 1.3 万多名常住客商；少数民族多，是全国民族自治地区以外的县级市中少数民族人口聚居最多的城市；宗教信徒多，是全国宗教事务的重要窗口，且信教人员涉外性强、流动性大。然而，在如此纷繁复杂的社会状况下，始终保持着新老义乌人和谐相处的良好局面，多年来平安建设群众满意率均超 97%。这或许主要归因于义乌遵循"以人为本，服务不分国界"的理念，从政策制度、服务体系、管理举措等多方面入手，为新老义乌人创造公平良好的投资、经商、创业、生活环境，努力打造全民共建共享的社会治理格局。

人类命运共同体思想的实质是一种合作共赢的全球治理理念，② 在地方层面主要体现为来自世界各地的人能够和谐共处、携手创业，形成有效的社会治理、

---

① 秦亚青. 地方性知识与全球国际关系学：东亚合作的启示 [N]. 中国社会科学报，2018-06-14（5）.

② 刘同舫. 人类命运共同体的价值超越 [N]. 光明日报，2017-09-23（7）.

良好的社会秩序。义乌积极为外来建设者参与公共事务管理、建言献策等创造有利条件，如在全国首开外来建设者参与人大代表、政协委员选举和担任人民陪审员的先河，开发外籍"商友卡"以实现外籍人员基本公共服务、社会保障和日常管理等的"一卡通用"，吸纳外籍人员参与社区服务管理和志愿者活动，成立涉外纠纷人民调解委员会并聘请了来自 12 个国家的 10 多名外籍调解员，等等。从而力促社会群体大融合，构建起社会力量协同共治的发展新格局。这是人类命运共同体"共商共建共享的全球治理观"① 在义乌的成功实践，为习近平人类命运共同体思想的落地实施提供了地方层面的案例。我国其他地方也应在力促外来人口与本地人口和谐相处、共创家业方面进行积极探索，从而既打造区域性的命运共同体，又为最高层级的全人类命运共同体建设提供丰富实践经验。

（三）包容并蓄的世界多元文明交融地

文化的交流、民心的交融，是构建人类命运共同体的重要基础和内驱动力。而文化的共同性只有在多样性中才便于交流和合作，否则共同性便会转化为单一性，反而阻碍事物的创新和发展。② 世界多样文化、多元文明实现包容互鉴的重要前提便是充分的交互活动，这也是构建人类命运共同体的重要内容和路径之一。改革开放以来，小商品市场网络的国际化拓展极大地促进了义乌与全球各地之间人员、商品、资金、文化等的交流，尤其是每年大量出入境和常住义乌的外商，通过义乌认识中国、连通世界，使义乌成为世界多元文明的交融地。党的十八大以来，义乌进一步对标新加坡、迪拜、香港等国际化城市，建立完善了由市委领导任组长、相关职能部门参与的多元文化融合发展协调机构，专门制定出台相关规划和政策，搭建了以"丝路文化驿站"为代表的各类平台，大力培育万国文化，着力将整座城市打造成为国际多元文化融合高地。由此，义乌这座内陆城市的开放性、国际性甚至超过了许多海港城市，被联合国亚太经社会确定为我国首批 17 个国际陆港城市之一。

中华民族自古就有着"美美与共，和而不同"的思想传统以及"大道之行也，天下为公"的世界观与价值追求，这在义乌体现得尤为鲜明。义乌有句著名的民谚："客人是条龙，不来就要穷"，这真实地反映了义乌人开放包容、共富共享的文化理念。在义乌，世界多种民俗文化、饮食文化、宗教文化等和谐

---

① 习近平：决胜全面建成小康社会 夺取新时代中国特色社会主义伟大胜利：在中国共产党第十九次全国代表大会上的报告 [EB/OL]. 中国政府网，2017-10-27.
② 张岂之."打造人类命运共同体"与中华优秀传统文化 [J]. 山东省社会主义学院学报，2017（1）：9-13.

共存，大街小巷遍布阿拉伯、欧美、东南亚、非洲等不同地域风格的餐馆、酒店、酒吧等，许多外商将这里作为第二故乡，在此购车、买房、结婚、生子。即使来自相冲突国家的客商，也能在这里和睦相处，汇聚在构建人类命运共同体的共同价值追求之下；在宗教文化冲突成为国际冲突重要因素的当下，拥有大量来自伊斯兰教不同派别国家客商的义乌并不存在这一问题，求同存异、包容并蓄的精神在这里得到了最好的践行。义乌的实践充分表明，内含中国传统文化海纳百川特质的习近平人类命运共同体思想能够被不同国家和地区的人民所共同接受，它是全人类的共同价值追求。

四、地方参与人类命运共同体建设的路径选择

由上文机理分析可知，地方参与人类命运共同体建设是历史发展的必然趋势和内在要求，理应成为我国地方的一种自觉行动和目标追求；同时，由义乌案例分析可知，我国地方参与人类命运共同体建设有许多可选路径。由于人类命运共同体理念包含着对人类未来发展终极指向的深度关切，[①] 因而其建设是一个长期过程，且涉及政治、经济、安全、社会、文化、生态等诸多领域。对我国许多地方而言，既要从多维度、各层次、全方位角度参与其中，又要有所侧重、发挥自身优势。尽管每个地方的实际情况各异，参与人类命运共同体建设的方式有别，但至少以下几条路径可供绝大多数地方选择。

（一）对接融入全球价值链贸易和产业协作网络

当今世界，随着产业间贸易、产业内贸易向价值链贸易转变，各个地方都深深地嵌入全球价值链生态系统之中，自觉不自觉地参与共同的价值创造和传递过程。对地方政府和各类主体而言，必须充分认识并更好地适应和引领这种趋势。一方面，要在全社会努力营造开放共赢、和谐共生的价值导向。人类生存的互依性和利益相关性的不断加强，正在有力地影响着个体和共同体的价值取向与行为方式。[②] 必须有序引导全社会形成与构建人类命运共同体相适应的价值观和行为规则，尤其是经济活动和布局不仅要从区域或全国角度进行考量，而且要从构建人类命运共同体的宏伟前景进行筹划，通过与全球其他地方开展形式丰富多样的贸易规则协商、监管平台对接、商业文明交流等活动，达成更

① 庄友刚．"人类命运共同体"理念的双重价值指向 [J]．阅江学刊，2018，10（3）：5-11．

② 张曙光．"类哲学"与"人类命运共同体" [J]．吉林大学社会科学学报，2015，55（1）：125-132．

多有利于价值链贸易和分工协作的共识。在贸易摩擦频发的当代，极有必要加强地方层面的经贸理念、规则、政策等的沟通协调，以促进不同国家之间对独特发展模式、道路的理解和包容。

另一方面，要努力推动地方主导产业的专业化、国际化，着力构建跨区域的分工协作网络。我国许多地方都形成了独具特色和优势的产业集群、块状经济，但大都属于区域性、内贸型，完全可以借助新兴科技成果、现代交通方式、数字贸易模式等，深度对接融入全球产业分工协作网络。不求产业大而全，而是聚焦提高供给体系质量，打造精细产业、精粹企业、精致产品，着力培育国家级，乃至世界级先进制造业集群，并更加注重和推动与全国、全球其他地区的上下游分工协作、产业链协同，构建联通全球的生产、贸易、服务网络，同时大力提升这一网络的开放性、共享性，将其打造成助力人类命运共同体建设的开放共享大平台。

（二）推动全民参与社会治理和跨区域人文交流

"坚持人人尽责、人人享有，坚守底线、突出重点、完善制度、引导预期，完善公共服务体系，保障群众基本生活，不断满足人民日益增长的美好生活需要，不断促进社会公平正义，形成有效的社会治理、良好的社会秩序，使人民获得感、幸福感、安全感更加充实、更有保障、更可持续"① 是建设人类命运共同体的重要内容和目标。鉴此，地方政府必须全面提升社会治理能力和水平，努力打造全体人民高度认同、开放共享的和谐美丽家园。尤其是现代社会跨地区、跨国界的人口流动日益频繁、规模不断扩大，社会治理充满复杂性和不确定性。这就需要构建政府、社会、公众等多元主体参与其中，共治共享的社会治理格局。一些外来人口较多的沿海发达地区，更需要从理念、政策、服务等各方面入手，积极探索适合自身实际的外来人口柔性化服务管理模式，通过引导外来人口参与社区管理、交通文明劝导、政务建设评价等途径，增强其主人翁意识和归属感，并力求使外来人口在住房、医疗、社会保障、子女上学、公共文化服务等方面享有与本地人口同等的待遇，构建本地人与外来建设者共存、共享、共担、共管、共创的良好格局，打造和谐共生的地方命运共同体。

各个地方在着力打造共建共治共享的社会治理格局的同时，还应高度重视和推进跨区域、跨国界的人文交流与交融。这是因为，"国之交在于民相亲，民

---

① 习近平：决胜全面建成小康社会 夺取新时代中国特色社会主义伟大胜利：在中国共产党第十九次全国代表大会上的报告［EB/OL］. 中国政府网，2017-10-27.

相亲在于心相通。"① 国家关系的重要基础是广大民众之间的相互了解与友谊。因此，要推动人类命运共同体建设，地方必须积极、深度参与"以文明交流超越文明隔阂、文明互鉴超越文明冲突、文明共存超越文明优越"② 的实践。应充分利用国际友好城市（友好交流城市）、国家文化周等渠道和平台，大力推进地方层面的城市论坛、文物展示、艺术交流、旅游合作等活动。充分发挥遍布全球的华人华侨熟悉住在国情况、与其政界商界精英及普通民众往来频繁深入的优势，开展丰富多样的中外文明交流、交融、互鉴活动。高度关注境外在当地以及当地在境外的留学生、教师、友好人士等，尤其是直面学生传道授业的教育工作者，通过他们向国外民众，特别是代表未来的少年儿童介绍和展示真实的中国，推动求同存异的人类命运共同体建设。

（三）为国家开放发展战略的实施提供实践平台和载体

构建人类命运共同体宏大思想的实现需要地方层面积极为其提供落地实施的平台、载体和项目，这是让思想理论成为现实的必然要求，也是地方参与和推动人类命运共同体建设的重要方式。党的十八大以来，以习近平同志为核心的党中央作出了一系列构建全面开放新格局的战略部署，尤其是提出"一带一路"倡议，实施自由贸易试验区战略，探索建设自由贸易港，筹划和举办中国国际进口博览会，等等。这些既是"坚持引进来和走出去并重，推动形成陆海内外联动、东西双向互济的开放格局"③ 的关键内容，也是推动人类命运共同体建设的重要举措。对地方政府等相关主体而言，积极主动搭建相应的实践平台和载体，为上述国家开放发展战略布局贡献力量，是其参与和推动人类命运共同体建设最为现实有效的一条途径。

义乌尽管地处内陆，不沿边、不沿海，但积极谋划、争取国家级国际贸易综合改革试点，大力拓展"义新欧""义甬舟""网上丝绸之路"开放大通道，尤其是"义新欧"班列被习近平总书记赞誉为"亚欧大陆互联互通的重要桥梁和'一带一路'建设的早期成果"④。对我国许多地方而言，深度参与、大力推动"一带一路"建设，是为构建人类命运共同体做出积极贡献的有效途径，而

---

① 习近平. 携手推进"一带一路"建设：在"一带一路"国际合作高峰论坛开幕式上的演讲［N］. 人民日报，2017-5-15（3）.

② 习近平：决胜全面建成小康社会 夺取新时代中国特色社会主义伟大胜利：在中国共产党第十九次全国代表大会上的报告［EB/OL］. 中国政府网，2017-10-27.

③ 习近平. 开放共创繁荣 创新引领未来：在博鳌亚洲论坛2018年年会开幕式上的主旨演讲［N］. 人民日报，2018-4-11（3）.

④ 杨晔，李涛. 习近平会见西班牙首相拉霍伊［N］. 人民日报，2017-05-14（2）.

义乌的实践提供了许多有益启示。地方应将自身发展与国家推进开放的战略布局相结合，从经济、社会、文化等各个领域入手，主动谋划、自觉对接、创造条件打造开放发展的平台、载体和窗口，尤其是要挖掘和发挥地方旅游资源、历史文化特色，大力引进"一带一路"沿线国家和地区文明健康、特色鲜明、积淀深厚的文化项目，联合举办艺术周、文化节等活动，在当地有序建设一批文化交流设施。当然，必须追求实效而不能成为政绩工程、面子项目，遵循国家统一战略布局有序稳步推进而不能"抢跑"，以免引致少数国家或地区的误解。

宗教、灵异与巫术

——以义乌早期神异传说与民间信仰为中心的考察[*]

项义华[**]

在宗教史研究中，如何处理神话传说以及那些夹杂着神异传说成分的史料，对其做出合理的解释，这是许多研究者都会遇到的问题。在这方面，国内外学界有不少成功的范例。如法国历史学家马克·布洛赫早在 1924 年出版的《国王神迹：英法王权所谓超自然性研究》[①] 一书中，就把中世纪流传的国王触摸治愈病人的神异故事与英法王权的所谓超自然性联系起来，从人类学和心态史的角度对其传播过程、心理机制和政治动机做了深入的分析。英国汉学家胡司德2002 年出版的《古代中国的动物与灵异》[②] 一书，则从中国古代文献中的动物资料和灵异故事入手，把古人的动物观与宇宙观联系起来，做了全面深入的阐述。此外，美国哥伦比亚大学于君方教授对观音菩萨中国化的研究[③]和清华大学侯旭东教授对北朝造像与民众信仰的研究[④]也非常引人入胜。相较之下，浙江宗教史研究在这方面则比较薄弱，在某种程度上还停留在传统文史研究的范围，更缺乏从心态史、文化人类学角度对相关问题进行阐释的论著。有鉴于此，笔者认为有必要从个案入手，首先对一些地域宗教文化现象进行分析，然后扩展成全局性的研究，这样才能避免流于空泛和武断。

---

[*] 本文原刊于《浙江学刊》2019 年第 6 期。

[**] 项义华，浙江省社会科学院研究员。

① 布洛赫. 国王神迹：英法王权所谓超自然性研究 [M]. 张绪山，译. 北京：商务印书馆，2018.

② STERCKX R. The Animal and the Daemon in Early China [M]. New York：SUNY Press，2002.

③ 于君方. 观音：菩萨中国化的演变 [M]. 陈怀宇，姚崇新，林佩莹. 译. 北京：商务印书馆，2012.

④ 侯旭东. 佛陀相佑：造像记所见北朝民众信仰 [M]. 北京：社会科学文献出版社，2018.

义乌是浙江中部金衢地区的一个县级市，相传因乌孝故事而得名，且有多个版本的乌孝故事可供对比分析。汉晋时期，此地方术颇盛，多有神异故事载于典籍，亦有方士横死而受到民间祭祀，说明官方与民间对于方术的影响，具有不同的评价尺度，值得进行探究。南朝时期，当地佛教大兴，先后出过两个佛门领袖。其中一个精通释典，被梁武帝拜为国师；另一个自立门派，创转轮藏，虽与朝廷不协，但在民间拥有众多信徒，被尊为大士，声名远播，影响超越前者。这两种不同的传教方式也相当典型，体现了国家权力、民间信仰与地方社会之间的复杂关系。这也正是笔者选择义乌区域宗教现象进行个案研究，并以其早期（汉魏六朝时期）神异传说与民间信仰为中心进行考察的主要原因。

一、乌孝传说与灵异现象

义乌古称"乌伤"。据东汉班固《汉书·地理志》记载："会稽郡，秦置。高帝六年为荆国，十二年更名吴。景帝四年属江都。属扬州。户二十二万三千三十八，口百三万二千六百四。县二十六……乌伤，莽曰乌孝。"① 东汉袁康、吴平辑录的《越绝书》中也有一处记载："乌伤县常山，古人所采药也，高且神。"② 乌伤县究竟是秦代还是汉代的建置，《汉书》语焉不详，亦未道及其得名之由。根据资料，只能确认汉代已有乌伤县建置，新莽之时改称"乌孝"，东汉班固在世时已改回原名——乌伤。地方行政区域命名，是国家权力的体现。新莽时期的改名和东汉初期的恢复原名，自然都有其用意。如"乌孝"一词，定有表彰孝道之意，体现了王莽早年以孝著名、后亦注重孝道的特色。而东汉初改回原名，则意在拨乱反正，复归西汉正统。至于"乌伤"一词，本来究竟是什么意思，汉人并没有说明。

从今天的眼光来看，"乌伤"一词既有可能是两个单音词的组合，表明"乌"（乌鸦）"伤"（受伤、伤痛）之意，也有可能只是越地方言中对当地的一种称呼，秦汉时期建县之时根据语音将其写作了"乌伤"。但"乌伤"既为县名，自然也要有某种特殊的含义，所以，后人往往从前一个角度对其进行解释。其中最流行的一种解释，是将其与新莽时期的"乌孝"命名结合起来，视为乌伤立县之由。据南朝宋人刘敬叔所撰《异苑》一书记载："东阳颜乌以纯孝著闻，后有群乌衔鼓，集颜所居之村，乌口皆伤。一境以为颜至孝，故慈乌来萃，衔鼓之兴，欲令聋者远闻。即于鼓处置县，而名为乌伤。王莽改为乌孝，以彰

---

① 班固. 汉书 [M]. 北京：中华书局，1962：1590-1591.
② 李步嘉. 越绝书校释 [M]. 北京：中华书局，2013：36.

其行迹云"①。另据唐李吉甫《元和郡县图志》记载："义乌县，本秦乌伤县也。孝子颜乌将葬，群乌衔土块助之，乌口皆伤，时以为纯孝所感，乃于其处立县，曰乌伤。唐武德四年，于县置绸州，县属焉，又改乌伤为义乌"②。

值得注意的是，《元和郡县图志》中所述颜乌故事与《异苑》在情节上有所不同，《异苑》称颜乌以纯孝著闻，并未道及其尽孝的事迹，所述"群乌衔鼓"一事，亦颇为荒诞不经，不如《元和郡县图志》所说的"群乌衔土"一说比较合乎情理，故后人多从此说。如宋人叶廷珪撰《海录碎事》所述："义乌县，本汉乌伤。《异苑》云：'东阳颜乌以淳孝称，父死负土成坟，群乌衔土助焉，而乌口皆伤，故名。'"③ 其说即本诸《元和郡县图志》，只是误作《异苑》而已。到了明代，欧大任在其所撰《百越先贤志》"颜乌"条中也采用了类似说法："颜乌，会稽人，事亲孝。父亡，负土成坟，群乌衔土助之，其吻皆伤，因以名县。"④ 但他所据的是晋孔晔的《会稽记》。若此说属实，倒是比《异苑》更早的一个出处。但孔晔《会稽记》一书早已散佚，无从查证。其后，清嘉庆《义乌县志》又踵事增华，以所谓《说苑》为据，讲述了一个群乌两度安葬颜乌亲人及颜乌的神异故事："颜乌，事亲孝。父亡（父名凤），负土成冢，群乌衔土助之，乌吻皆伤，因名县曰乌伤。"《说苑》记载："颜乌，乌伤人。亲亡，负土为大冢。群鸦数千，衔土以助焉。乌既死，群鸦又衔土葬之。"⑤ 《说苑》本西汉刘向所纂，若有此记载，则当为最初文献。但今本《说苑》⑥ 为宋人曾巩辑录集成，加上后人的辑佚，书中并无一语道及乌伤、义乌或颜乌，不知嘉庆《义乌县志》撰者所据者为何。依笔者之见，当为其杜撰。因《说苑》成书最早，若有相关记载，后人见之，当有所征引，又何待清人发现？若清代另有佚文发现，又怎么可能只有这一处于书无证的记载？不过，因为这套离奇的说法迎合了人们神化地方历史的心理，与传统的主流说法也比较吻合，所以，直到今天也还比较流行，甚至被写入某些地方史志之中，当作历史记载。这就需要我们加以辨别。

---

① 刘敬叔.异苑［M］.范宁，校点.北京：中华书局，1996：95.

② 李吉甫.元和郡县图志［M］.北京：中华书局，1983：621.此处称"义乌县，本秦乌伤县也"，但其上下文中又有"金华县，本汉乌伤县地""永康县，本汉乌伤县地"的说法，可见其并不确定。

③ 叶廷珪.海录碎事［M］.李之亮，校点.北京：中华书局，2002：119.

④ 欧大任.百越先贤志校注［M］.刘汉东，校注.广西人民出版社，1992：80.

⑤ 程瑜，等.义乌县志［M］.清嘉庆七年刊本.［出版地不详：出版者不详：出版时间不详］：37.

⑥ 刘向.说苑校证［M］.向宗鲁，注解.北京：中华书局，2009.

依笔者之见，乌孝传说是从群乌衔土的现象中生发出来的。从生物学的角度来看，乌鸦本来就是一种群居性的杂食类的食腐动物，对动物尸体腐烂气息尤其敏感，甚至能嗅到埋在地下的尸体。若在荒郊野外发现尸体，定会成群结队飞下来啄食，其鸟喙自然也会沾上泥土甚至污血。况且，乌鸦本来就会衔土筑巢，群乌衔土也不罕见。对此，生活在大自然中的古人其实应该比今人熟悉，那么，为什么他们中的一些人会牵强附会地将乌鸦成群结队啄食暴露在野外的尸体一事美化为群乌衔土助人安葬的传说呢？我认为，这是因为古人缺衣少食，缺医少药，贫病之人，死后往往不能得到体面的安葬。若尸体暴露于荒野，有可能会引发瘟疫。乌鸦食腐，虽然看起来不洁不祥，客观上却有利于环境卫生。所以古人对乌鸦一直有着一种矛盾的心态，既将乌鸦看作不祥之鸟，从乌鸦群集的景象中感知到死亡的气息，对鸟喙尤其忌讳，① 又能了解乌鸦食腐对环境卫生的意义，并给予正面的理解。而且，古人本来就比较注重丧葬。若因主观条件限制，不能让死者入土为安，活人难免也不能心安。乌鸦啄食尸体，过程虽然惨烈，但能比较快速干净地清理死亡的迹象，这个结果对人来说反而比较容易接受，所以能被人们经过意识形态化的心理转换，视为一种灵异现象。这种转换从思想意识的层面来看，是以万物有灵、天人感应的观念为基础的，它为处境艰难、心理脆弱的人们提供了某种安慰，也是宗教信仰产生的心理根源。

而从文化背景来看，乌孝传说则与中国早期文化中对乌鸦形象的特殊认知有关。相关研究表明，在中国早期文献和相关出土资料中，乌鸦常常被当作一种神异的动物。② 在《山海经》中，它是载日的神鸟，也是西王母的使者；在《淮南子》中，它是日中的神鸟，常常以三足乌的形象出现；而在《春秋元命苞》和《说文解字》中，乌鸦则直接被定义为"孝鸟"③。对此，《春秋元命苞》给出的解释是："火流为乌，乌孝鸟，何知孝鸟？阳精，阳天之意，乌在日中，从天，以昭孝也。"《春秋运斗枢》则曰："飞翔羽翮为阳，阳气仁，故乌反哺。"④ 可见在汉人的认知中，乌鸦的反哺习性是从阳气中来的，本质上基于它作为日中之鸟的超自然属性，并不只是一种自然属性。这也是乌伤县名在新莽时期被径直改为"乌孝"的大的文化背景。从这个背景来看，颜乌故事很有可能是在乌伤改名乌孝之后才被人们有意无意地编造出来并流行开来的，因为

---

① 据《史记·苏秦列传》："臣闻饥人所以饥而不食乌喙者，为其愈充腹而与饿死同患也。"

② 陈彬彬. 早期中国的乌鸦形象［J］. 国学学刊，2018（3）.

③ "乌，孝鸟也。"见许慎. 说文解字［M］. 北京：中华书局，1963：62.

④ 见《太平御览》卷九百二十"羽族部"七"乌"，四库全书本.

乌为孝鸟是汉人跨地域的普遍认知，本有其文献依据，并不系于一个直到晋宋时期才有所记载的地域民间故事（颜乌的故事）。

不过，颜乌与乌孝的故事能在越地传说并流传开来，恐怕也有一个地域原因，这就是越地的鸟图腾崇拜。河姆渡文化遗址出土的文物中有不少以鸟类为题材的器具，如圆雕象牙鸟形匕、连体双鸟纹骨匕、木雕鸟形蝶形器等，其图案大多为勾喙鸷鸟，其中最引人瞩目的一件"双鸟朝阳"纹象牙蝶形器，

正面中间阴刻5个大小不等的同心圆，外圆上端刻有熊熊的火焰纹，象征太阳的光芒，两侧各有一只勾喙鸷鸟拥载太阳，器物边缘还刻着羽状纹，这种鸷鸟很有可能就是河姆渡人崇拜的图腾。而从良渚文化遗址出土的众多陶器和玉器上的鸟纹图案中，则可推断鸟是良渚先民崇拜的图腾。① 另东晋干宝《搜神记》记载："越地深山中有鸟，大如鸠，青色，名曰冶鸟。穿大树，作巢，如五六升器，户口径数寸，周饰以土垩，赤白相分，状如射侯。伐木者见此树，即避之去……此鸟，白日见其形，是鸟也；夜听其鸣，亦鸟也；时有观乐者，便作人形，长三尺，至涧中取石蟹，就火炙之，人不可犯也。越人谓此鸟是越祝之祖也。"② 由此可见，越人对鸟的图腾崇拜直到晋代仍在延续。颜乌故事在晋宋时期的杂史笔记《异苑》中出现，与越地的这种鸟图腾崇拜想必也有一定的关系。

二、方士法术与民间祭祀

杨庆堃认为，宗教作为一种"信仰系统、仪式活动和组织性关系"的结合体，"其目的是处理人生面对的终极关怀的问题，比如那些可能会破坏人类社会关系的现实威胁：死亡的悲剧、不公正的遭遇、难以计数的挫折、无法控制的战争等；而教义的证明就是用以应付来自实际经验的矛盾现象。这些问题超越了有条件的、有限的经验和理性的知识世界，要将这些问题作为人类生活的内在问题予以解决，人们不得不从信仰那里寻找力量支持；这种信仰来自非经验性的领域（诸如神灵性），而神灵性则源于人们关于超自然的观念"③。"在中国人现实的宗教生活中，宗教是建立在对神明、灵魂信仰和源于这种信仰的仪式行为、组织的基础上"，是以超自然的信仰为中心的。包括人们认为迷信的现

---

① 林华东. 浙江通史：第 1 卷：史前卷 [M]. 杭州：浙江人民出版社，2005；蒋卫东. 神异灵鸟：神异灵鸟良渚文化玉器别裁 [M]. 收藏家，2009（4）：57-62.
② 干宝. 搜神记：第 12 卷 [M]. 呼和浩特：远方出版社，2005.
③ 杨庆堃. 中国社会中的宗教：宗教的现代社会功能与其历史因素之研究 [M]. 范丽珠，译. 成都：四川人民出版社，2016：1-3.

象，也是如此，客观上都反映了"人类企图通过主动的控制和被动的逃避来操纵超自然力量的愿望"。在这个意义上，迷信也是巫术的一部分。"由于巫术在中国宗教生活中的普遍性，很难将巫术从宗教中区分出来。"①

虽说巫术文化在整个中国宗教中都普遍存在，但相比中原地区，楚、越、闽等地的好巫尚鬼风气的确更加浓厚。这也突出体现在越地包括乌伤等地的方士巫术文化中。《后汉书·方术列传》记载，东汉后期，"时遭兵乱，疾疫大起"。闽中人徐登"本女子，化为丈夫，善为巫术"，与能为越地方术的东阳人赵炳（字公阿）在乌伤溪上相遇。两人各试其术，"登乃禁溪水，水为不流；炳复次禁枯树，树即生荑"，于是相约共以禁术为民众疗病，"所疗皆除"。后来徐登亡故，赵炳东入章安（今属台州）。当地百姓不知其术，赵炳就故意登上借住的茅屋，在屋顶"梧鼎而爨"（架锅煮饭）。"主人见之惊愕，炳笑不应。既而爨熟，屋无损异。又尝临水求度，船人不和之，炳乃张盖坐其中，长啸呼风，乱流而济，于是百姓神服，从者如归。"不过，这样一来，却触怒了地方官。"章安令恶其惑众，收杀之。"② 可见，赵炳之术并不足以自保其身，作为方士，他其实是个失败者。但在他死后，仍有人为其"立祠室于永康"，而《后汉书》撰者范晔也仍相信他的法术，认为其祠室"至今蚊蚋不能入也"③。在范晔看来，"汉世异术之士甚众，虽云不经，而亦有不可诬"④，因此他要将其中一些人的事迹载入《方术列传》中，这一方面固然是由于方术作为一种历史现象，本来就需要被载入史籍，另一方面也是着眼于其社会功能，如方士为民疗病的事迹就有值得肯定之处，但这些"不可诬"的事迹与其"不经"的手段往往是分不开的，而范晔本人作为南朝时期的知识精英，对汉儒谶纬之学、数术之学的偏颇不经虽有所认识，但在学理上，仍将数术与诗书之学相提并论，认为精通数术者，可以"极数知变而不诡俗"。他说："夫物之所偏，未能无蔽，虽云大道，其硋或同。若乃《诗》之失愚，《书》之失诬，然则数术之失，至于诡俗乎？如令温柔敦厚而不愚，斯深于《诗》者也；疏通知远而不诬，斯深于《书》者也；极数知变而不诡俗，斯深于数术者也。"⑤ 这表明他在深层意识上，与数术之学者是相通的，对荒诞不经的方士故事，还缺乏充分的理性化的分析，

---

① 杨庆堃. 中国社会中的宗教：宗教的现代社会功能与其历史因素之研究 [M]. 范丽珠，译. 成都：四川人民出版社，2016：1-3.

② 范晔. 后汉书 [M]. 北京：中华书局，2000：2741-2742.

③ 范晔. 后汉书 [M]. 北京：中华书局，2000：2742，2740.

④ 范晔. 后汉书 [M]. 北京：中华书局，2000：2742，2740.

⑤ 范晔. 后汉书 [M]. 北京：中华书局，2000：2607，2742.

故而仍相信方士之术在其死后仍能发挥一定效能，如禁制蚊蚋。而乡野之民，相比知识精英，理性化程度本来就较低，也更容易接受神异传说。赵炳在乌伤时，与徐登一起施展法术为民众疗病，"贵尚清俭，礼神唯以东流水为酌，削桑皮为脯"①，并不扰民，在民众心目中是一个有法术的行善的方士，所以，虽然他在外地以妖术惑众之类的罪名被官府诛杀，乌伤一带的民众仍对其表示尊崇，不但当时就有信徒为其建立祠室加以祭拜，而且后来还给他加上"乌伤侯"的封号，这也说明古代的民间神明祭祀体系带有明显的地域色彩，在很大程度上体现了地域民众信仰，并不以国家政权的裁决为其尺度。

据宋人徐无党分析，赵炳是一位道士，其祠立于东汉时期，其"乌伤侯"称号则不知起于何时，推测应在隋唐之前。他在嘉祐五年（1060年）八月所撰的《汉乌伤侯赵君庙碑》中称：

> 乌伤侯赵君祠者，自后汉立焉，载于祀典久矣。按其传，云侯讳炳，字公阿，东阳人，能为越方，疗人疾病。《抱朴子》云侯能拘执虎豹，召至鱼龙，乃道士也。范晔谓立祠于永康，至今蚊蚋不能入。吴分乌伤县，始为永康，晔本宋人，在其后。然则立庙之初，乃在乌伤之县，其俗相传，号为乌伤侯者。予按其始封之时，而问诸故老，皆曰不知也；又无碑碣可考，而图经亦缺焉。独庙门有古隶书数大字，甚奇古，亦曰乌伤侯，不知为何时人也。乌伤县碑云：汉孝子乌伤颜乌所居之乡，有群乌衔土而来，其口皆伤，因即其所立县而名焉。唐武德中始改为义乌。然风俗所传为乌伤侯者，岂在隋唐之前乎？章怀太子贤谓俗呼为赵侯祠，亦尚矣。又云祠在其县东，今乃在斗牛山之下，西距县五十余里，岂其故时之遗址欤？每岁炎旱，吏民奔走，祷祈之不暇，虽国家亦往往致祭焉。每至朔望，乡之耄耋咸相率拜祭。邑之乡所谓太平者，皆能造纸凿钱，以售衣食于庙者，数十家多由此富者。其地无风雹之灾，他乡虽隔车辙，而时或有焉。若祭不洁与黩慢者，竟祸以震动之，故民事之如严吏也。予尝求先人蓂地，驰走县境月余，而卜之不从，乃阴祷于侯。是月自庙之后，行约五里，渡水之北，得地而卜之，曰吉。以问其人，则曰：吾夕梦侯告我。于是葬焉。乃为纪其事，使刻于石，立之庑下，所以报神之贶也②。

① 范晔. 后汉书 [M]. 北京：中华书局，2000：2607，2742.
② 徐无党. 义乌伤侯赵君庙碑 [M] //曾枣庄，曾涛. 宋代史论分类全编：第1册. 成都：巴蜀书社，2018；吴师道. 敬乡录：卷2 [M]. [出版地不详：出版者不详]；顾志兴. 文澜阁四库全书 [M]. 杭州：杭州出版社，2018.

徐无党系永康人，皇祐间进士，曾为欧阳修《新五代史》作注，其身份当属儒士无疑。当他得知乡俗相传的"乌伤侯"身份及其神迹后，不但没有质疑，而且加以膜拜，并现身说法，以其为先人营葬，向乌伤侯祠占卜一事证明其灵验。而地方官员对其举动亦予以赞助。就在徐无党为乌伤侯祠撰写庙碑的五年之后，亦即治平二年（1065 年）六月，永康县县尉徐涤将其碑文抄录书写，并题写匾额，知县颜复为其立石，以官方身份表示了对乌伤侯祠的认可。可见宋代一些儒士在信仰问题上也并没有多么坚定的立场，而是抱着实用主义的态度来对待鬼神的。而对官方来说，民间宗教可畏惧的是其现实影响力，而非鬼神崇拜。只要宗教力量在现实中没有形成与官方抗衡的政治势力，官府是乐于将其作为主流意识形态的补充，为其统治服务的。这也正是乌伤侯祠这种民间祠堂既有可能被当作体制外的"淫祀"受到打击，① 也有可能被体制有限吸纳的原因。

金衢一带历史上巫风颇盛，与此相关的神异传说也比较多。后世相传的黄大仙故事便出自此处。② 刘敬叔的《异苑》一书，除了乌孝传说外，还记载了两个以乌伤人士为主角的神异故事：

> 乌伤黄蔡，义熙初于查溪岸照射，见水际有物，其间相去三尺许，形大如斗。引弩射之，应弦而中，便闻从流奔惊，波浪砰磕，不知所向。经年，与伴共至一处。名为竹落冈，去先所二十许里，有骨可长三丈馀，见昔射箭贯在其中。因语伴云："此是我往年所射，物乃死于斯。"拔矢而归。其夕梦见一长人，责诮之曰："我在洲渚之间，无关人事，而横见杀害，怨苦莫伸，连时觅汝，今始相得。"眠寤乃患腹疾而殒。③

> 晋义熙中，乌伤葛辉夫在女家宿，至三更竟，有两人把火至阶前，疑是凶人，往之，欲下杖，悉变为蝴蝶，缤纷飞散。忽有一物冲辉夫腋下，便倒地，少时死④。

这两个神异故事都以东晋义熙年间（405—418 年）的乌伤人士为主角，可见东晋时期，乌伤一带的原始宗教和民间巫术氛围还是相当浓厚的，这也是乌

---

① 另据东晋虞预《会稽典录》记载："朱朗，字恭明。父为道士，淫祠不法，游在诸县，为乌伤长陈颓所杀。朗阴图报怨而未有便，会颓以病亡，朗乃刺杀颓子。事发，亡命奔魏，魏闻其孝勇，擢以为将。"可见道士淫祠不法并非个案，而官府对于道士淫祠不法的制裁也是相对严厉的。

② 见葛洪《神仙传》卷二"皇初平"条。

③ 刘敬叔. 异苑 [M]. 范宁，校点. 北京：中华书局，1996：55，70.

④ 刘敬叔. 异苑 [M]. 范宁，校点. 北京：中华书局，1996：55，70.

孝传说得以流行的文化土壤。

三、讲经说法与神巫设教

从义乌早期出现的并载于典籍的神异传说中，我们可以从微观层面相当明显地看出灵异现象和巫术因素对于民间信仰的特殊意义，那么，在道教和佛教这两大正式宗教的早期传播过程中，灵异现象和巫术因素究竟有什么影响呢？

这里，我们不妨先从宏观层面了解一下道教在浙江早期的传播过程。众所周知，道教作为中国的本土宗教，是道家学说和原始巫术的混合体。就其思想渊源而论，道教可以追溯到先秦时期的老、庄学说，但比较系统的道教理论和有组织的道教团体则是在东汉后期形成的。在理论上，道教早期可以分为两大派系：一派以炼金丹求仙为主要修炼方法，被后人称为"丹鼎派"；另一派以学道为修仙之法，兼以符咒等方术治病驱鬼为济世良方，被后世称为"符箓派"。浙江是道教丹鼎派的发源地之一，早在东汉顺帝、桓帝之时，会稽上虞魏伯阳就以其个人撰述的《周易参同契》一书为丹鼎派奠定了理论基础，丹鼎派大师丹阳葛玄及其侄孙葛洪等人也都曾在浙江天台等地炼丹修道，使浙江成为丹鼎派的一大重镇。但在发展势头上，丹鼎派却远不及后起的符箓派。因为丹鼎派需要道士隐居深山，炼丹修道，虽然炼丹成功以后，可以进奉朝廷，以应帝王，但毕竟见效者少，参与者寡，而符箓派自称能以符咒作法，降魔伏妖，驱使超自然力量为人所用，效果立竿见影，能以心理暗示的方式影响群众，且亦易于速成，故修习者众。符箓派最早的经典《太平经》（又号"太平清领书"），相传为琅琊道士于吉所著。汉顺帝时，琅琊道士宫崇曾将此书进献于帝，因"其言以阴阳五行为家，而多巫觋杂语"，有司奏称其"妖妄不经"，故未能得到朝廷赏识。① 但在民间，此书得到广泛传播，并被钜鹿张角等人利用作为创立太平道的理论基础，最终发动了声势浩大的黄巾军暴动。暴动失败后，太平道一蹶不振，但《太平经》的影响仍在延续，其信徒由民间扩展到上层贵族与士大夫阶级。西晋时期，北方的五斗米道开始向江东传播。其后，随着晋室南渡，北方的豪门士族大量迁徙南移，更促成了天师道在南方的发展，使得符箓派不但取代了丹鼎派在浙江早期道教发展过程中的优先地位，更对社会产生了巨大的影响。

据沈约《宋书》记载："初，钱塘人杜子恭通灵有道术，东土豪家及京邑贵望，并事之为弟子，执在三之敬……子恭死，门徒孙泰、泰弟子恩传其业……

---

① 范晔. 后汉书 [M]. 北京：中华书局，2000：1084.

隆安三年，恩于会稽作乱，自称征东将军，三吴皆响应。"① 可见天师道不但在上层有很高地位，对下层民众也有很大影响，是激发社会动乱的一股强大力量。虽然孙恩、卢循暴动在东晋晚期被镇压，但是，天师道的影响仍未减弱。到了刘宋时期，还出现了吴兴陆修静这样的一代宗师。他在综合前代道教立论的基础上，创立了更为丰富且完备的三洞经书，使得他所领导的南天师道成为与寇谦之创立的北天师道相抗衡的重要道派。其后，陆修静的再传弟子陶弘景又在上清教和南天师道的基础上，创建了道教茅山宗，成为唐代最重要的道教流派之一。在这个过程中，作为陆修静门下高足和陶弘景的师长，东阳道士孙游岳发挥了承上启下的作用，也对金衢一带道教的兴盛产生了很大的影响。

与道教一样，佛教在浙江的早期传播，也有着两种不同的路数。其中一种以讲经说法为主，另一种则更注重以灵异现象感化信众。佛教是中国最大的外来宗教，自汉代始即已传入中国。东汉灵帝末年，安息国名僧安世高从洛阳辗转至会稽传教，陈慧等人从其受教，是浙江传入佛教的开始。东吴时期，浙江一些地方（包括金衢一带）开始兴建佛寺。如衢州祥符禅寺，即为吴将军郑平舍宅所置，东阳法兴寺亦相传建于东吴赤乌元年。晋代佛教大兴，佛寺倍增，阿育王寺、天童寺、灵隐寺、雪窦寺等中外闻名的古刹都始建于这个时期，其中大多在浙东沿海一带。东阳郡的武义、浦江等地据说也建有寺院，但与会稽一带显然不能相比，故至南朝时期，仍多有邑人赴外地礼佛。如义乌有史以来的第一个名僧慧约（452—535，俗名娄灵璨，字德素），少年时就因"所居僻左，不尝见寺"，于刘宋大明七年（463年）到佛事甚盛的剡中"遍礼塔庙"。② 刘宋泰始四年（468年），十七岁的娄灵璨在上虞东山寺剃度出家，后随其师南林寺沙门慧静在剡之梵居寺修道。南齐建元元年（479年），萧子良任会稽太守，"闻约风德，雅相叹属"，尊其为"释门领袖"③。慧静圆寂后，慧约在山中结庐修道，颇负时望。剡令周颙返京任中书郎后，于钟山雷次宗旧馆造草堂寺

---

① 沈约. 宋书 [M]. 北京：中华书局，1974：2445.
② 中华电子佛典协会.《神僧传·慧约》［EB/OL］. 中华电子佛典协会 CBETA 电子版，2002-11-04. 资料底本：大正新修大正藏经 Vol. 50, No. 2064：35. 标点有改动.
③ 中华电子佛典协会.《梁国师草堂寺智者释慧约传》［EB/OL］. 中华电子佛典协会 CBETA 电子版，2002-11-04. 资料底本：大正新修大正藏经 Vol. 50, No. 2060：57.

（亦号山茨），请慧约担任住持，时讲净名、胜鬘、法华、大品般若诸经。① 朝贵野贤如褚渊、王俭等，皆交请开法，族祖给事中娄幼瑜亦对其礼敬有加。南朝齐隆昌年间（494—502 年），太子少傅沈约外放出任东阳太守，慧约随之还乡传教。其后梁武帝以梁代齐，即位三年之后，又舍道归佛，以佛化治国，上行下效，佛教进入全盛时期。天监十一年（512 年），慧约应召入觐，被敕封为"智者"。天监十八年（519 年），梁武帝发宏誓心受菩萨戒，尊慧约为师，自皇储以下，道俗士庶亦争请其为师，门下弟子著录者居然达到 48000 人之众。这在整个中国历史上，也是绝无仅有的。于是，慧约利用他在朝廷的影响力，在家乡发展佛教事业。中大通四年（532 年），释慧约梦见家乡旧宅白壁朱门赫然壮丽，于是发愿造寺。大同元年（535 年）梁武帝敕改其所居竹山里为智者里。是年 9 月 16 日慧约法师圆寂，终年 84 岁，梁武帝下敕为其营葬立碑，又诏王筠为文，可谓备极哀荣。

如果说，慧约是因熟习佛典而在上层社会获得巨大成功的佛教大法师的典范，那么，人称"傅大士"的乌伤傅翕（497—569）则是另一种典型。南朝梁天监年间（502—519 年），西域僧人嵩头陀到东阳郡游方，以苦行、神异获得民众供养，在汤溪、吴宁、乌伤等地分别建立了九峰寺、天宫寺、香山寺。其中香山寺是在乌伤人楼偃的支持下建成的，它是义乌最早的佛寺。梁武帝普通元年（520 年），嵩头陀在云黄山下传道，遇到以捕鱼为业的傅翕，见其颇有慧根，就指点他在松山双祷木结庵修道。此后，傅翕苦修七年，自谓得首楞严三昧，以弥勒化身为号召，在当地产生了广泛的影响。中大通三年（531 年），洋川贾氏五世孙贾昙颖，辞官归里，在傅翕的影响下，开始信奉佛教。中大通六年（534 年），贾昙颖将傅翕结庵之地捐出，并资助傅翕建双林佛殿。傅翕因自号双林善慧大士，并遣弟子傅往进京上书，称梁武帝为国主救世菩萨，希其受持。梁武帝因召其入宫，询其师承来历。傅翕答曰："从无所从，来无所来，师事亦尔。"翌日，武帝请讲《金刚经》，傅翕刚刚升座，以尺挥案一下，便下座。帝愕然，傅曰："陛下会否？"答曰："不会"。一日，傅讲经次，帝至。众皆起，傅端坐不动。众曰："圣驾临此，何不起？"傅曰："此地若动，一切不

---

① 中华电子佛典协会．《续高僧传》：齐中书郎汝南周颙为剡令，钦服道素侧席加礼，于钟山雷次宗旧馆造草堂寺，亦号山茨，屈知寺任［EB/OL］．中华电子佛典协会 CBETA 电子版，2002-11-04．资料底本：大正新修大正藏经 Vol.50，No.2060：58．按周颙元徽初（473 年）出为剡令，其时慧约随师在剡中，声名未显，周颙不可能为他在建康建寺，故建寺应为周颙返京后之事。

安。"① 因其倨傲无礼，梁武帝并未从其受戒，亦未给予傅翕所期待的礼遇。因此，过了不久，他又回乡传教，频繁举行法会，授徒立教，并以双林禅寺为中心，借助乡里社会的血缘和地缘关系，建立起颇具规模的乡邑宗教团体，在地方上造成了很大的声势。②

南梁时，佛教盛行，佛经繁多。时人笃信"诵经千遍，消灾免祸"之说，但信众大多并不识字，为了解决这个问题，傅大士"乃就山中建大层龛，一柱八面，实以诸经运行不碍，谓之轮藏"③。又劝喻世人，只要有心信佛，即使不能读经，只要"能推轮藏不计转数，是人即与持诵诸经功德无异"④，为世人大开方便法门，果然引来信众无数。为了借助神异事件吸引信众，傅大士还以教主身份示范引导信众以不食、毁伤身体、烧身等方式实施苦行，以致不少成员灭度。其影响不但并不因此减弱，反而越传越广。而傅大士在佛教团体中的影响，也渐渐凌驾于慧约之上，成了自立门派的教主典型。因转轮藏为傅大士所创，对佛教的便捷转播亦颇有裨益，故后世天下各地所建转轮藏内，皆设道冠儒履释袈裟的傅大士像。时至今日，傅大士成为义乌宗教史上最有名的人物，得到广泛的宣传和深入的研究，而慧约则少有人提起，两人的不同遭遇，也说明了宗教的社会影响更多地建立在对民众心理的把握上，而不是对佛理的精湛研究上，而要对民众产生影响，以巫术的方式显示灵异，显然是一种最有效的手段。

作为一种源远流长的文化现象，宗教在人类社会生活中历来有着相当大的影响。中国虽然是个比较世俗化的国家，"多数时间没有强大的高度组织性的宗教，也没有教会与国家之间无休止的斗争"⑤，但宗教的影响仍然渗透到社会生活的许多层面，以国家祭祀、民间信仰和职业性的宗教活动等各种形式表现出来。而在各种形式的宗教信仰的发展过程中，国家权力与民间社会之间的互动也是一个非常值得注意的现象。作为一种现实的社会力量，宗教的发展离不开两条基本的途径：一是与国家权力结合，成为统治阶级维护社会秩序的一种主流意识形态，进而向民间社会推广；二是向民间社会渗透，成为一种具有广泛群众基础的民间信仰，并由此获得其社会影响力。其间情形十分复杂，非可一

① 楼颖撰.《善慧大士语录》卷二 ［EB/OL］. 中华电子佛典协会 CBETA 电子版，2016.

② 魏斌. 南朝佛教与乌伤地方：从四通梁陈碑刻谈起 ［J］. 文史，2015（3）：79-116.

③ 楼颖撰.《善慧大士语录》卷二 ［EB/OL］. 中华电子佛典协会 CBETA 电子版，2016.

④ 楼颖撰.《善慧大士语录》卷一 ［EB/OL］. 中华电子佛典协会 CBETA 电子版，2016.

⑤ 杨庆堃. 中国社会中的宗教：宗教的现代社会功能与其历史因素之研究 ［M］. 范丽珠，译. 成都：四川人民出版社，2016：1-3.

概而论。

当今社会宗教日益世俗化、建制化，宗教研究日益学院化、精致化，但若论对民间社会的实际影响，却往往不如那些扎根民间的边缘化的宗教组织，个中原因值得深思。宗教社会学大师涂尔干指出："所有宗教都以其特有的方式表达了人性，能够帮助我们更好地理解人性的一个方面。"① 而理解宗教中的灵异现象和巫术因素，对于把握人性在宗教中的表现，以及宗教产生社会影响力的原因，显然也是至关重要的，值得我们更进一步的探索。

---

① 涂尔干. 宗教生活的基本形式 [M]. 渠东，汲喆，译. 上海：上海人民出版社，1999：19.

族裔经济的跨国建构与族群
聚居的地方空间生产

——基于对浙江省义乌市外籍商人的访谈*

赵晔琴**

随着全球化的推进和社会流动的加快，移民这一全球化的议题和跨学科的研究领域已经成为当代国际学术界研究的热点话题。2006 年 3 月联合国发表报告称，至 2050 年，全球将出现史无前例的持续大规模移民潮。从西方国家的经验和现状来看，移民问题正在从一个社会边缘问题逐渐转变为一个主流的政治、经济和社会问题。跨国移民研究也因此受到西方主流学术界的关注。① 与西方移民国家相比，我国一直被视为国际移民比例较少的国家。因此，长期以来我国的移民研究一直将本国作为输出国，而非输入国。已有的移民研究大都关注本国人口的跨境迁移如海外华侨华人以及国内的城乡人口流动。然而，经过改革开放四十年的发展，中国已经成为世界第二大经济体和第一大出口国。随着中国与世界各国的交流合作不断增加，进入中国的境外人员数量也在持续增长。2010 年第六次全国人口普查数据显示，我国共有常住境外人口（含港澳台居民和外籍人员）102 万人，其中，外国人为 59.38 万人，占境外人口的 58.21%。

---

* 原文发表于《浙江学刊》2018 年第 3 期。本研究由上海市教育委员会和上海市教育发展基金会"曙光计划"资助（编号：17SG29）。同时也感谢华东师范大学中法联合研究计划 JORISS 项目的支持。参与此次调查的有华东师范大学人口研究所古苍欢、吴潇、社会学系汤佳丽、朱思怡，以及里昂高师社会学教授 Laurence Roulleau-Berger（罗兰）、社会学博士生 Mare Astrid, Zani Beatrice 等。特别感谢朱思怡同学，作为义乌本地人，她充当了部分访谈对象的联络人，也是我们在义乌调查的重要向导。同时，感谢义乌市外事与侨务办公室、义乌市出入境管理处、义乌市人力资源和社会保障局等地方部门在调查中给予的帮助。本文写作过程中得益于与华东师范大学吴瑞君教授、法国里昂高师 Laurence Roulleau-Berger（罗兰）教授、香港大学钱江教授的讨论，文责自负。

** 赵晔琴，华东师范大学中国现代城市研究中心暨社会发展学院教授、博士生导师，上海市"中国特色的转型社会学研究"社会科学创新研究基地研究员。

① 吴前进. 跨国主义的移民研究：欧美学者的观点和贡献 [J]. 华侨华人历史研究，2007（4）：64-72.

从地理分布上来看，广东省境外人口最多，超过 30 万人，其次是上海，超过 20 万人，再次为北京，超过 10 万人。① 跨国移民作为未来我国移民研究的重要组成部分，亟待展开相关研究，进行深入研究。

一、理论溯源与既有研究

移民研究是西方学术界的重要研究领域。20 世纪至今，西方学术界已经形成了丰富的国际移民研究的理论体系。② 经典的移民理论大致围绕"为什么要迁移？"这个问题来讨论移民背后的迁移机制。莱文斯坦（E. G. Ravenstein）是公认的对人口迁移规律进行研究的第一人。他认为人口迁移并非完全盲目无序流动，而是遵循一定的规律。左右人口迁移的动力是推拉因素作用的结果。此后，作为推拉理论的主要代表人物，李（E. S. Lee）在他的《迁移理论》一书中系统阐述了推拉理论。20 世纪初期，推拉模型一度成为学者们解释国际迁移的一个重要理论框架。社会学、经济学、地理学在内的诸多学科相继为国际移民研究的深入和发展提供了丰富的经验研究和理论范式。

"族群聚集区"是波特斯（A. Portes）等人在二元劳动力市场分割理论基础上提出的第三种要素。1971 年，美国经济学家多林格尔（P. Doeringer）和皮奥雷（M. Piore）立足于从移入国的市场结构来分析国际移民的起源问题。他们认为，现代发达国家已形成了双重劳动力需求市场，即第一劳动力市场和第二劳动力市场。第一劳动力市场提供的是高收益、高保障、环境舒适的工作，而第二劳动力市场则相反，工作条件差、就业不稳定、工资水平较低。由于发达国家本地劳力不愿意进入第二劳动力市场，故而需要外国移民填补其空缺。③ 在此基础上，波特斯等人进一步提出了"三重市场需求理论"，即再加上一个"族群聚集区"④。他们认为，这一在移民族群自身发展基础上形成的经济圈对其原居地人群有特殊的吸引力：一方面，该经济圈的运作需要引进新的低廉劳动力以增强其产品的市场竞争力；另一方面，由于族群经济圈的形成，移民企业家的

---

① 杨菊华. 中国大陆境外人口的最新状况和特征分析 [J]. 统计与决策，2015（18）：90-94.

② 李明欢. 20 世纪西方国际移民理论 [J]. 厦门大学学报（哲学社会科学版），2000（4）：12-18.

③ DOERINGER P B, PIORE M J. Internal Labor Market and Manpower Analysis [M]. Lexington：Health，1971.

④ PORTES A. Social Capital：Its Origins and Application in Modern Sociology [J]. Annual Review of Sociology，1998，24：1-24.

地位更显突出，原居地人群往往从这些成功者身上汲取移民的动力。① 萨森（S. Sassen）通过检视美国 1960 年至 1985 年的国际移民，提出了生产的国际化对移民迁移的影响。她认为，人口的跨境迁移与全球化态势之间有着密切的联系，诸如商品、资本和信息等经济要素的流动推动了人口的迁移。②

波特斯的族群聚居区分析和萨森的全球流动为本研究提供了重要的理论支持。义乌的跨国移民是全球化的产物，同时这种跨国流动下内生的移民族群经济圈又为持续不断的流动提供了可能。我们试图从经济、社会等多元路径入手，寻求解释义乌跨国商人集聚的重要机制，以及这种机制得以生成、延续的内在机理。

2000 年以来，浙江省义乌市因其小商品市场的发展吸引着越来越多的跨国贸易商前来"淘金"。相比而言，广州地区的非洲黑人问题已引起部分学者的关注。③ 然而，关于义乌的跨国商人却鲜有研究，大量的研究围绕的是义乌小商品市场的经济发展模式。④ 近些年，一些法国学者对义乌小商品市场吸引而来的跨国商人表现了浓厚的兴趣。布丽奇特（B. Brigitte）等认为，20 世纪 90 年代以来因纺织业的发展和各类消费品的规模生产，义乌已经成为全中国最重要的专业批发市场。⑤ 普列兹（O. Pliez）指出，义乌作为一个全球性的市场，有着大量的穆斯林商人和移民。成千上万的非洲、阿拉伯和亚洲其他国家的贸易商来

---

① 李明欢 . 20 世纪西方国际移民理论［J］. 厦门大学学报（哲学社会科学版），2000（4）：12-18.

② SASSEN S. The Mobility of and Capital，A Study in International Investment and Labor Flow［M］. Cambridge：Cambridge University Press，1990.

③ 关于广州黑人的相关研究包括：李志刚，薛德升，杜枫，等 . 全球化下"跨国移民社会空间"的地方响应：以广州小北黑人区为例［J］. 地理研究，2009，28（4）：920-923；许涛 . 广州地区非洲人的社会交往关系及其行动逻辑［J］. 青年研究，2009（5）：71-86；梁玉成 . 在广州的非洲裔移民行为的因果机制：累积因果视野下的移民行为研究［J］. 社会学研究，2013，28（1）：134-159；周大鸣，许多天 . 结构洞视角下在穗非洲导购中介商社会网络研究［J］. 民族研究，2017（3）：41-49；王亮，张庆鹏 . 非洲人在广州：跨境迁移者的口述史［M］. 北京：知识产权出版社，2017.

④ 关于义乌经济发展模式的相关研究包括：程炳卿，赖存理 . 义乌小商品市场发展研究［J］. 浙江学刊，1997（2）：16-22；杨丽青 . 制度变迁中的制度构建失灵及其解决模式：义乌小商品市场变迁的案例研究［J］. 当代经济科学，2004（4）：36-42；白小虎，史晋川 . 义乌小商品市场的传统与变迁的历史制度分析：分工、产权与市场［J］. 中国经济史研究，2008（3）：132-139；罗晓芳 . 义乌小商品市场的发展及动力分析［J］. 当代经济，2008（3）：108-110；吴意云，朱希伟 . 制度变迁中的商业传统：关于义乌小商品市场兴起的一种解释［J］. 浙江学刊，2008（2）：32-29.

⑤ BERTONCELLO B，BREDELOUP S，PLIEZ O. Hong Kong，Guangzhou，Yiwu：de Nouveaux Comptoirs Africains en Chine［J］. Critique internationale，2009，3 - 44.

到这个世界上最大的批发市场寻找机会。① 义乌在跨国贸易中的地位已经成为其市场全球化的基础。纪野（G. Guiheux）教授从 2006 年开始深入义乌进行田野调查，他认为，义乌作为世界小商品的集散中心，其发达的纺织业已成为吸引外来者的一个重要支柱。②

纵观既有研究，我们发现西方关于移民的研究已经形成成熟且丰富的理论体系，为我们开展本土的跨国移民研究提供了具有解释力的分析范式。相比之下，国内的跨国移民研究仍然处于起步阶段。当然，这与我国长期以来较低的国际移民比例有关。因此，国际移民在我国移民研究中没有得到足够的重视。从现有的部分研究来看，一方面我们对在华外国移民的经验研究尚显不足，另一方面，诸如义乌这样的跨国外商集中的地区，也没有成为跨国移民研究的田野点而受到关注。在对义乌的既有研究中，更多的是从经济学视角切入围绕其小商品市场的发展逻辑，而作为参与市场全球化运作的主体之一的跨国商人并没有得到应有的关注。

二、研究对象及研究方法

义乌是我国 381 个县级市之一，位于浙江省中部，南通广东、福建，西接长江腹地，东靠中国最大的城市——上海。义乌到底聚集着多少外国人？已有的统计很难给出一个明确的数值。根据义乌市出入境管理处相关人员的介绍，2016 年在义乌的外国人有三四万人，租住在宾馆的有 40 多万。③ 平均每年在义乌入境的外国人有 45 万人次，长居于义乌的外国人大概有 1.5 万人。④ 义乌市侨办的数据显示，2016 年全年在义乌登记管理的境外人员分别来自 195 个国家和地区，达 487235 人次，比 2015 年全年上升 11.22%。⑤ 这个数目占到了当年

---

① PLIEZ O. Toutes les Routes de la Soie Mènent à Yiwu（Chine）Entrepreneurs et Migrants Musulmans Dans un Comptoir éConomique Chinois［J］. L'Espace géographique，2010，39（2）：132-145.

② PLIEZ O. Toutes les Routes de La Soie MèNent à Yiwu（Chine）Entrepreneurs et Migrants Musulmans Dans un Comptoir éConomique Chinois［J］. L'Espace géographique，2010，39（2）：132-145；GUIHEUX G. Travailleurs Migrants du Prêt-À-Porter en Chine. Flexibilités et Opportunités［J］. Revue Européenne des Migrations Internationales，2012，28（4）：27-42.

③ 根据义乌出入境管理处的要求，外国人入境 24 小时内要到当地派出所登记。

④ 常住统计口径：在义乌居留时间 180 天以上。

⑤ 义乌市外事工作领导小组办公室. 义乌市 2016 全年涉外数据统计信息［R/OL］. 2017-2.

度义乌户籍人口的 50.1%。这些境外人口所在国家和地区中来义乌人数排名前三位的分别是印度、韩国、伊朗。如此大规模的外国人聚集义乌，使得义乌市1105 平方公里的土地上弥漫着浓重的国际化气息。义乌无疑已经成为一个巨大的跨国移民聚居空间。

我们的田野点主要在义乌市江东街道的 Q 小区和 Y 小区。① Q 小区原是江东街道的一个村落，经旧村改造后，分成了 Q 小区和 H 小区。Q 小区背靠南山，前面是一所小学，左右分别与其他社区相邻。该小区的业主大都是旧村改造的村民。改造后的小区楼房均为四层楼高。通常，房东住在顶层，楼下几层用于出租。我们抵达 Q 小区时正值八月的午后，炙热的阳光让人有些昏昏欲睡，但小区内并没有丝毫夏日午后的慵懒之感，来来往往的货车络绎不绝。小区的底楼大部分用作商铺，有几家东北饭店和韩式料理，也有水果店和美发店。因为没有生意，这些店铺大都关着门。但有些门面却敞开着，从门外窥视可以看到一些女工在手工缝制草帽、布袋等小商品。这些似乎就是义乌传统的手工作坊。与 Q 小区相似，Y 小区也是旧村改造后的小区。小区与梅湖会展中心相对，离国际商贸城等商业区较近。整个小区呈现一片红色外墙，格外醒目。每栋楼高为四层半，格局也与 Q 小区极为相似。因为小区临近商贸城，地理位置优越，因此成为外贸公司、托运站以及仓库的主要选址处之一。

我们另一个田野点选在了 C 大街。C 大街位于稠城街道的商贸功能区，这里也是义乌的商业中心和第三产业的集聚地。C 大街紧邻着异国风情街和夜市，入夜之后热闹非凡。街道两边店铺林立，沿街是各类批发零售小店和带有异国风味的露天咖啡厅、餐厅、酒吧和宾馆。来此的客人大都是异国客商。

2017 年 6 月、8 月和 11 月，我们分别在义乌进行社区观察，并对居住在义乌的跨国移民进行半结构访谈。所谓半结构访谈（Semi-structured Interviews）是指按照一个粗线条式的访谈提纲而进行的非正式的访谈。该方法对访谈对象的条件、所要询问的问题等只有一个粗略的基本要求。至于提问的方式和顺序、访谈对象回答的方式、访谈记录的方式和访谈的时间、地点等没有具体的要求，访谈者可以根据访谈时的实际情况灵活处理。一般情况下，我们会根据熟人提供的联系方式提前一天致电被访者，约定第二天访谈的时间和地点。由于大部分受访者只会"多少钱？便宜点？"这类生意交谈方面的简单汉语对话，因此，我们的访谈主要采用英语。但大部分跨国移民是来自英语非母语的国家，口音浓重，有时同一个问题我们需要反复解释，直到对方理解为止，而我们在听懂

---

① 此处作匿名处理。

图1 义乌调查点的地理位置示意图

对方回答之前也需要反复和他确认，以免理解偏差。语言上的障碍给我们的访谈带来很多始料未及的困难。因此，通常访谈之前，我们会事先征询受访者是否可以录音。庆幸的是，在我们询问是否可以全程录音的时候，他们都欣然同意。我们的访谈地点大部分在被访者的公司或是家里完成，这样的访谈环境可以免受外部干扰，也有利于访谈的现场录音。也有部分约在餐厅进行，午后的餐厅一般较为清净，顾客很少。我们会为受访者点上一杯咖啡，然后开始访谈。由于我们先后两次光顾土耳其餐厅，热情的餐厅主管欣然同意在一个生意清闲的午后接受了我们的访谈。巴基斯坦的布店门可罗雀，我们的光顾为他解决了一天的生意量。访谈当日晚上，我们会根据记忆和录音整理访谈内容，以此作为我们研究的第一手资料。

最终，我们通过熟人介绍、偶遇等不同方式对26位来自不同国家的男性跨国商人进行了半结构访谈。他们分别来自苏丹、印度、巴基斯坦、韩国、毛里塔尼亚、伊拉克等国家和地区。他们中年龄最小的只有22岁，年龄最大的72岁。他们的受教育程度参差不齐，有获得MBA学位的，有大学本科毕业的，也有才中学毕业的。他们大都从事外贸生意，或在义乌注册了外贸公司，或是多次来往义乌采购小商品。他们在义乌停留的时间长短不一，最短的才几个月，最长的已经超过十年。他们持有的签证类型也不同，有持一年长期居留签证的，也有持短期旅游签证的。

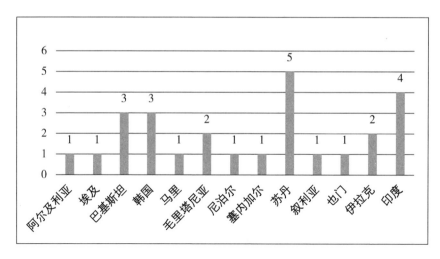

图2 被访者国家分布图

三、族裔经济的跨国建构

刘云刚等研究指出，20 世纪 90 年代以来的在华跨国移民以高端移民为主，男性居多，大部分来源于发达国家，具有单身赴任、滞留时间短、受教育程度高、任职于外企或跨国机构等特征。① 而我们的调查则发现，义乌的跨国移民与广州的非洲商人更为相似。具体来看，在义乌的外国人大致可以分为三类：从事商贸的商人、外商代表处的职员、外籍教师和留学生群体。其中，80%～90%的外国人都是以经商和贸易为目的，在义乌的企业或服务机构工作的外国人相对较少，即使有也基本上集中在服务于对外贸易的贸易中介、翻译、物流、餐饮等行业。②

就经商和贸易的外国人来说，大致上可以分为两类，一类是在义乌注册了贸易公司，拥有进出口权限。他们一般根据海外订单在义乌国际商贸城进行各类小商品的贸易采购③，然后由运输服务公司打包运回给本国或其他国家的销售

---

① 刘云刚，陈跃. 1990 年代以来在华跨国移民动态特征 [J]. 世界地理研究，2014，23（4）：1-13.

② 对义乌市出入境管理处相关人员的访谈，2017 年 8 月 13 日。

③ 国际商贸城是义乌国际性的小商品流通、信息、展示中心，也是中国最大的小商品出口基地之一。整个商贸城分五大区域，营业面积 400 余万平方米，商位 7 万个，从业人员达 20 多万，日客流量 20 多万人次，产品外向度超过 70%。经营商品类目繁多，涵盖工艺小商品、日用百货、服装鞋袜、汽车配件等各种类目。2005 年，国际商贸城被联合国、世界银行与摩根士丹利等权威机构称为"全球最大的小商品批发市场"。

商。这些贸易公司不仅采购商品回本国销售，有的时候还作为中间批发商，向本国或他国的小型跨国贸易商提供贸易中介服务，比如给新来的贸易商提供中介翻译服务等。

在义乌，外国人注册贸易公司的手续并不复杂。只要具备工作居留许可，就可以根据相关规定提交申请材料，完成工商登记、注册、备案等一系列手续，同时缴纳一定的费用。在义乌，有些专门的中介机构，协助刚来的外国人申请注册外贸公司。一般来说，他们会先注册公司，再申请进出口备案。这样就名正言顺成为有进出口权限的外贸公司了。据统计，截至2016年12月底，在义乌设立的外资合伙企业共2643家，代表机构2311家，其中，印度人设立的外资合伙企业占比达12.03%。① 义乌市出入境管理处的工作人员给我们算了一笔账：一个外国人在义乌注册外贸公司，一年最基础的开销至少要10万元左右，包括办公室和住房的租金、员工的工资、日常开销等。所以一般来说，付得起这些钱的外国人在义乌的生活不会太差。② 我们在调研中也发现，义乌的外商大都以贸易公司或进出口公司的名义从事订单采购工作。这些贸易公司一般由3~4人组成，多数集中在居民小区或外贸大厦内。这些所谓的外贸公司，其布局极为简单，一般一间数十平方米的办公室里简单摆放几张办公桌椅，配上几台电脑，即可进行生意往来。

来自印度的安蒂是2010年来到义乌的。他和几个伙伴在Q小区租了三室一厅作为"公司驻地"。

> 我们公司一共有四个人，包括我在内有两个巴基斯坦人、两个印度人。我来中国是为了拓展中国市场，中国商品在印度非常有名。我在义乌的生意做得很成功。我主要接收印度来的订单，然后通过义乌的供应商拿货。我能够拿到比较好的价格。这些货的生产商来自中国各地，如广州、安徽等。拿到货之后，我根据订单再发往印度和其他各地。我在印度有很多老客户，老客户又会带新客户，所以印度的订单非常多。（2017年8月访谈于Q小区；11月回访）

23岁的穆罕默德大学毕业后在印度的一家贸易公司工作，从事巴基斯坦和印度之间的进出口贸易工作。因为公司与中国之间有贸易往来，所以派他来中国采购。2016年，穆罕默德第一次来到义乌。上个月他辞去印度的工作，再一

---

① 义乌市外事工作领导小组办公室. 义乌市2016全年涉外数据统计信息［R/OL］. 2017-2.

② 对义乌市出入境管理处相关人员的访谈，2017年8月13日。

次来到义乌，加入了安蒂的贸易公司。

同样来自印度，帕萨克兄弟两人在工人北路的外贸大厦租了一间办公室，从事贸易工作。他手下还雇用了两个中国女孩做员工，帮助他处理一些与中国人之间的贸易往来业务。

> 我哥哥是因为工作来中国的。当时他工作的公司和中国有合作关系，所以他了解中国。2005 年，他来到了中国，之后就一直在义乌做生意。正是因为他的原因，我才跟着来到中国。我是 2012 年来到中国的，一开始我在广州一家外贸公司做职员。一年以后（2013 年）我离开了广州来到义乌。然后我和哥哥一起开了这家贸易公司。我之所以来到中国是因为我觉得在中国做生意应该很容易，机会有很多，再加上当时我哥哥已经在中国很多年了。（2017 年 8 月访谈于外贸大厦）

来自巴基斯坦的阿米尔坦言：

> 我两个哥哥都在义乌做生意，其中有一个哥哥在中国生活了 18 年，甚至娶了一个中国妻子，他一直和我说中国是一个做生意的好地方，叫我过来。2012 年，我辞去了在巴基斯坦的工作，来到中国学习做生意。目前我主要做外贸生意，采购一些小商品，如灯泡。有的时候也会做类似于中介的工作，比如，巴基斯坦的商人来到中国，由我来带他们找工厂、找货物。（2017 年 11 月访谈于 C 大街上的土耳其餐厅）

2007 年，因为家乡伊拉克局势不稳定，生意受到影响，麦汉姆德在朋友们的帮助下来到义乌做生意。一开始的时候也就是做一些小生意，后来麦汉姆德索性办了一家外贸公司。雇了四个职员，专门从事下单、采购和销售的工作。

除了在义乌开设贸易公司的长期居留者之外，还有一类是小型的创业者，他们或者有一定的生意积累或者干脆是经验不足的小商人，他们共同的目标在于将本国需要的中国廉价小商品采购回国销售，从而赚取差价，这些商人中有些是自己在本国有零售商铺，也有些在亲戚朋友家的商铺中帮忙。其中，非洲商人占据了大多数。他们一般短期租住在宾馆或朋友家中，待采购任务完成就离开义乌。来自非洲西北部毛里塔尼亚的司迪就是其中一位。高中毕业后，司迪在毛里塔尼亚经营一家鞋店，随后，他长期往返于义乌和毛里塔尼亚进行采购和销售。通常每次来义乌采购时在义乌停留 20 天，然后回国两个月，待采购的商品销售殆尽后再来义乌进行采购。

> 我是 2007 年来到中国做生意的，然后一直在中国与毛里塔尼亚之间往

返，来中国 20 天再回国两个月。除了义乌，我还去过广州、揭阳。来到义乌是因为有人介绍我过来做生意。我是做鞋子生意的，在家乡有三个人帮我打工，替我卖鞋子。在毛里塔尼亚，鞋子的生意是比较好做的。（2017 年 8 月访谈于 Y 小区）

同样来自毛里塔尼亚，32 岁的希利也在家乡拥有一家专卖鞋袜的小商铺。

因为我们当地商品较为缺乏，于是 2013 年就来到了义乌做生意，然后一直待在这里。我父母和妻子都在非洲，我妻子没有来过中国，都是我每年回家探望，基本上也就是一年回一趟老家。非洲那边有很多东西需要从中国这边进口，我来这边做生意基本上每个月能运回去 3～5 个集装箱柜子。我感觉来这边能对我家里的生意更有好处，我觉得在中国做生意很容易，我家那边的店生意很好，主要经营各种百货，如鞋子、袜子等。（2017 年 8 月访谈于 Y 小区）

57 岁的美籍韩国人金先生在中国做生意已经有近二十年，在义乌也有近十年的生意经验。金先生出生在韩国首尔，小时候随父母迁往芝加哥定居。大学毕业之后进入芝加哥的外贸公司，后来自己开始独立做外贸生意。

1998 年我来到中国青岛做生意。每个月在中国和芝加哥之间往返。2008 年开始我来到义乌做生意，也是这样每月往返。来中国做生意就是为了赚钱。我在芝加哥开了一家进出口贸易公司，在义乌也设立了一个办公室。我来这里采购，然后运回芝加哥销售。（2017 年 8 月访谈于 Q 小区的韩国街咖啡馆）

无论是定居型还是候鸟型，义乌的外国商人都以族裔经济为纽带建构起了跨国的社会空间网络。已有研究显示，移民对族裔经济依赖性高，族裔经济在维持移民与母国联系中起到了重要的纽带作用。李志刚等使用"跨国社会空间"①"跨国商贸主义"② 等概念，从城市地理学的角度分析了广州小北路非洲族裔经济区的形成机制。他们观察到非洲族裔在广州采购货物，回本国销售，其经济活动均在自己的种族中。因此提出，广东的外向型经济是其外部条件，内部族裔网络是其运作的主要形式，小北路的非洲族裔经济区是一种特殊的移植

---

① 李志刚，薛德升，杜枫，等. 全球化下"跨国移民社会空间"的地方响应：以广州小北黑人区为例［J］. 地理研究，2009，28（4）：920-932.

② 李志刚，杜枫. "跨国商贸主义"下的城市新社会空间生产：对广州非裔经济区的实证［J］. 城市规划，2012，8：25-31.

性社区。刘云刚等也在对广州日本移民的族裔经济的研究中指出，广州的日本移民对族裔经济依赖度高，族裔经济不仅是其生活的支撑，同时也是保持族裔身份认同的工具。① 与广州类似，义乌作为全球小商品生产批发基地，吸引着大量外籍商人到此采购、下单后转而在母国销售。他们通过经济纽带在族裔中建立起了一个跨国经济网络空间，同时也加强了族裔身份的认同。这种族裔经济空间维系并强化了原籍地与定居地之间的社会关系进程。

四、族群聚居的地方空间生产

西方移民聚居区的研究最早可以追溯到 20 世纪初期的芝加哥学派，如托马斯和兹纳涅茨基对波兰移民社区的研究、怀特对意大利裔移民社区的研究以及同心圆、扇形、多核心等居住空间结构的研究。芝加哥学派将移民聚居区作为一个实体空间加以考察，他们主要关注的是物质空间的特点和分布。20 世纪 70 年代，法国社会学家列斐伏尔（Lefebvre）提出了"空间的生产"②，标志着空间研究的重要转向。在列斐伏尔这里，空间不再是一个简单的物质形态，而是具有政治性和社会性的一种社会属性。受列斐伏尔的影响，卡斯特尔和戴维·哈维都关注空间的社会性。这里，我们试图从居住与宗教两方面来解读义乌跨国移民空间的地方生产与社会联结。

（一）居住空间的地方生产

我们的调查发现，大部分长期居住在义乌的外国人会租住在居民小区内。从义乌外国人的居住分布来看，在某种程度上已经形成一定的族群聚居空间。我们所到的 Q 小区和 Y 小区就是典型的外国人聚居区。

韩国人是义乌外国人群体中的一个显群。近几年，韩国人的数量在义乌的外国人中一直位列第二，仅次于印度人。2015 年，在义乌入境的韩国人达到25644 人次，2016 年上升至 30312 人次。③ Q 小区内有一条宽阔的大街，约 500米长，沿街布满了各种韩文标识的商店，有韩国服装店、韩式烤肉店、咖啡厅、韩国超市，几乎所有的店名都用中韩双语标注。当地人把这条街称作"韩国街"。当我们在韩国街试图寻找韩国人访谈的时候，杂货店的本地老板娘告诉我们，这一片是韩国人在义乌最主要的聚居区，来来往往消费的韩国人很多，但

---

① 刘云刚，陈跃．广州日本移民族裔经济的形成及其社会空间特征［J］．地理学报，2014，69（10）：1533-1546.

② 列斐伏尔．空间与政治［M］．2 版．李春，译．上海：上海人民出版社，2015.

③ 义乌市外事工作领导小组办公室．义乌市 2016 全年涉外数据统计信息［R/OL］．2017-2.

是真正的韩国店主并不多。而经营这些所谓的韩式店铺的店主大都是东北人，甚至是义乌当地人。这些店铺中仅有几个店主是"正宗的"韩国人，申先生就是其中一个。

现年 72 岁的申先生出生于韩国首尔，2012 年，他和妻子两人来到义乌，至今已经居住了五年。在义乌的五年中，他们从经营一家床上用品商店开始，如今已经发展到了三家分店，六名员工。其中一家分店就坐落在韩国街。

> 我来自韩国首尔，1968 年我大学毕业，本科读的是行政学专业。毕业后我在一家培训机构做了两年的英语教师。但我觉得教师这个职业太枯燥，我不太喜欢当老师。所以两年以后我就开始做纺织业生意。一直到前些年，韩国的经济发生转型，韩国国内产业主要转向电子和 IT 行业，像纺织这样的传统行业开始走下坡路，不景气了。所以，我和妻子决定来中国继续我的生意。2008 年，我们到了杭州。2012 年我们来到义乌。现在，我在义乌有三家分店，共有六个员工。我店里的纺织用品，是从南通等地进的棉布，然后由我的员工自己手工缝制的。我有一对儿女，女儿已经成婚，有一个外孙。儿子还没结婚。他们都在韩国。（2017 年 8 月访谈于 Q 小区的韩国街）

除了像韩国街这样较为明显的族群聚居空间之外，更多的外国人则散居于不同的居住小区中。Y 小区就是一个典型的混居社区。盛夏的一个午后，我们来到 Y 小区。形形色色的外国人在小区内闲庭信步。穿着长袍的阿拉伯男子在和搬运工交谈；裹着头巾的穆斯林女人带着长得像洋娃娃似的有着卷发的小女孩在散步；几个健壮的伊朗男子聚在洗车店门口闲聊，等候着正在清洗中的座驾……整个小区就像一个迷你联合国，而各种标着不同文字的外贸公司牌匾就像是联合国上空飘扬的旗帜一样。Y 小区所属的社区警务处相关人员告诉我们，小区内租住的外国人大概有 500 人，以非洲和中东人为主。杭州召开 G20 峰会的时候达到了 608 人。这些外国客商大都办理了贸易签证，短则二十天，长则二个月。一般有居留许可的客商经常会携家眷一起过来长住。租住在小区内的外贸公司也很多，但是因为流动性大，没有专门统计过，据保守估计至少也有六七十家。①

在移民聚居区的研究中一直存在两种观点：同化论和多元论。同化论认为，由于语言、教育、资本等因素，移民刚开始难以直接融入迁入地的主流社会，

---

① 对社区警务处相关人员的访谈，2017 年 8 月 23 日。

因此只能聚居在一起形成一个移民社区，如唐人街就是海外华人慢慢聚集之后在当地形成的典型的族群聚居空间。但随着移民社会经济地位的提高，部分移民会通过各种途径融入主流社会，并带动和帮助其他移民离开移民社区，所以移民社区最终会消亡。而多元论认为，移民社区独特的社会经济和文化习俗是迁入地社会不可或缺的组成部分，他们的存在有助于维持迁入地的文化多样性。从对义乌跨国移民的调查来看，既有同化论显示的移民散居于本地社区的现象，如本地居民与跨国客商混居的 Y 小区，也不乏一些移民特征明显的族群聚居区。义乌的跨国移民居住空间充分彰显了族群聚居的多元化特点。

（二）宗教空间的双重建构

宗教生活不仅是义乌跨国移民共同体建构的一种空间想象，也是构成他们日常生活的一个重要组成部分。我们试图用"宗教空间"这个概念来理解义乌跨国移民的宗教生活图景。约翰·厄里（John Urry）研究指出，移民共同体既生活在这些场所（locales），也就是特定的地方，如街区，在这里产生他们生活经验的方方面面，而同时，他们又生活在一个民族的跨国的空间里，即非场所（nonplaces）。[①] 在我们看来，"宗教空间"具有"场所"与"非场所"的双重性，一方面是作为"场所"的宗教建筑空间，这是宗教仪式的在地化表现，象征着特定的宗教意义，另一方面是作为"非场所"的宗教关系联结，通过宗教信仰和仪式维系并强化族群间的认同与关联。

义乌清真大寺是义乌伊斯兰教最大的宗教仪式场所。随着义乌市的穆斯林商人越来越多，为了满足他们的宗教生活所需，2002 年，义乌市成立了伊斯兰教临时活动场所管理委员会，全面负责义乌市的伊斯兰宗教事务。2004 年，根据义乌市政府的规划选址，在江滨西路建造了清真大寺，占地 20 亩，活动场所达 3000 平方米，可供约 6000 人同时礼拜。[②]

2016 年，义乌入境外国人最多的十个国家中，来自中东、非洲等地区的有七个国家，分别是印度、伊朗、巴基斯坦、埃及、伊拉克、约旦等。[③] 这些国家

---

① URRY J. Sociology Beyond Societies: Mobilities for the Twenty‐First Century [M]. New York: Routledge, 2000.

② 相关资料显示，2005 年至 2006 年，来义乌的中外穆斯林增长速度更快，每逢周五主麻日，大约有 5000 人参加聚礼。截至 2007 年 4 月，聚礼日人数已接近 7000 人，其中国内穆斯林占 40%，国外穆斯林商人分别来自也门、沙特、阿联酋、伊拉克、科威特、马来西亚等国家。数据来源：中国伊斯兰教协会网站，网址：http://www.chinaislam.net.cn/cms/news/xhxw/201208/31-4639.html。

③ 义乌市外事工作领导小组办公室. 义乌市 2016 全年涉外数据统计信息 [R/OL]. 2017-2.

公民大都信奉伊斯兰教。在我们的访谈中，问及平日的宗教生活时，受访者们无一例外地提到了义乌清真大寺在他们日常宗教生活中的重要性。来自印度的安蒂就是一个虔诚的伊斯兰教信徒。他表示，尽管在义乌忙于做生意，但仍然会坚持做宗教仪式，一般每天都会找一块干净的地方完成五次仪式。每周五都会去清真寺。在义乌，宗教信仰不会受到任何影响。来自塞内加尔的科比也坦言，每周都会去清真寺做礼拜。毛里塔尼亚的希利从 2013 年来到义乌后一直从事外贸生意。他说在义乌有三十多个同乡人，平时因为生意繁忙，来往不多，一旦有宗教活动肯定就会聚到一起。在我们调查期间，正逢穆斯林一年一度的斋月节。来自巴基斯坦的阿米尔表示，访谈次日要与大哥一起返回巴基斯坦过斋月节，两个月后再回义乌。

宗教空间不仅具有在地化的象征意义，更是建构和维系精神共同体的重要依托。除了具有外在象征意义的实体空间具象外，宗教空间还可以表现为一定的宗教社会关系联结和共同体的维系。它不仅有助于建立社会关系网络，同时也可以维持一定的社会交往秩序。通过宗教仪式可以加强参与者之间的认同感，从而形成一个虚拟的精神共同体。

结语

随着我国国际形象的逐步提升和经济实力的进一步增强，我国开始成为有吸引力的移民目的国。2013 年，居住在中国境内的外籍人士为 84.85 万人，近十多年的年均增长率为 3.9%。① 在华外籍人士的增长，不仅给我国的社会服务和社会治理带来了新的机遇与挑战，同时也给学术界提出了新的研究领域和课题。

外国商人集聚义乌是伴随着义乌作为国际小商品之都的成长而越发显现的。如今，除了每年近 50 万出入境人次之外，还有几万外商及其家人居住、生活在义乌。这个显的的跨国移民群体已经构成义乌常住人口的重要组成部分。我们把义乌的跨国商人放在国际移民理论研究的背景下，通过经验调查发现，义乌的跨国商人普遍采用两种经济运作行为。一种方式是直接定居义乌，以外贸公司的名义接受来自母国或他国的贸易订单，在义乌采购相应的商品，然后由运输公司打包送回订单地。另一种方式是候鸟式迁移，定期抵达义乌为家族生意采购小商品，打包托运回母国销售，然后视母国销售情况再重返义乌采购。按

---

① 中国与全球化智库. 中国国际移民报告（2015）[M]. 北京：社会科学文献出版社，2016.

照波特斯①的研究，移民在移入地已形成的族群经济圈对原居住地的成员有着重要的吸引力。一方面，会源源不断吸引新成员的到来，在移入地扩大族群经济圈；另一方面，又会保持着与原居住地的紧密联系。义乌的跨国商人大都从属于类似的跨国族裔经济圈，这是义乌跨国外商不断发展、壮大的重要原因。义乌的跨国商人通过与母国之间的经济往来维持着族群内部的社会空间网络。这种社会空间网络又具有普遍的时空抽离性，一方面，他们通过网络接单、销售，实现了虚拟的跨国经济网络空间；另一方面，他们利用全球化时代的高度流动性和便于联系性，建构着跨越国界的社会网络和生活世界。因此，跨国流动性和联系能力成为他们的重要特征。

此外，在移入地，义乌的跨国商人已逐渐形成一定边界的族群聚居空间，通过族群空间聚居和相应的宗教活动的开展，强化族群的身份认同以及族群内部的社会联结，从而建构在移入地的生活空间。由族裔经济圈编织的跨国社会网络和以空间聚居、宗教联系等形成的在地化生活世界，这种双重的社会空间建构正是义乌跨国商人实现源源不断的迁移、落地、定居的重要内在机制。

---

① PORTES A. Social Capital: Its Origins and Application in Modern Sociology [J]. Annual Review of Sociology, 1998, 24: 1-24.

全球化背景下家庭的传续与再造

——基于义乌跨国家庭的实证分析*

马　艳**

　　在跨国主义、家庭策略等理论产生影响之前，跨国家庭研究多涉及家庭在居留地社会结构下的单向被动的变化。在移民家庭问题上，人们将目光更多地集中在家庭对异质社会的适应过程中所起到的消极作用而非积极作用。① 20世纪80年代初，有关"新移民"的研究才渐渐开始关注家庭所起到的积极作用，其代表如 F. 科布林的"移民共同体"研究分析了与移民经济相关的家庭伦理和亲属纽带的各种因素；② K. C. 金在对美国韩裔的家族企业研究中发现了传统家庭文化在跨国适应过程中发挥的能动作用；③ C. E. 斯卢茨基则关注了移民家庭每个成员的心理动态，进而提出移民适应过程的几个阶段性特征。④ 21世纪前后，相关研究进一步延伸到跨国家庭内部，如 Rouse 关于美国加州墨西哥移民家庭、日本学者长坂格对意大利的菲律宾劳务者跨国家庭和亲属网络、韩国学者姜有珍有关美国韩裔移民家庭教育等的研究。上述成果都建立在深入的田野调查基础上，并间接或直接地涉及家庭策略的理念。

　　家庭策略即指移民家庭的适应策略，其强调家庭本身的主体性、能动性和其在复杂多元化社会中的调整与适应，并对家庭的运行和发展做出合理的安排。

---

　　* 本文原刊登于《中南民族大学学报》（人文社会科学版）2022年第12期，本研究系国家社会科学基金项目"当下我国东南沿海跨国穆斯林群体的本土性和全球化"（编号：14BMZ106）研究成果。

** 马艳，中国社会科学院副研究员。

① 广田康生. 移民和城市 [M]. 马铭，译. 北京：商务印书馆，2005：73.

② KOBRIN F. Out-Migration and Ethnic communities [J]. International Migration Review，1983（17）：427.

③ KIM K C，HHRH W M. Adhesive Sociocultural Adaptation of Korean Immigrants in the U. S.：An Alternative Strategy of Minority Adaptation [J]. I. M. R.，1984（18）：191-192.

④ SLUZJI C E. Migration and Family Conflict，Family [J]. Process，1979（18）：379-382.

通过这一视角来解释和探讨跨国家庭形成的原因与模式、家庭成员的迁移策略、在海外的适应与发展过程中家庭的跨界网络所扮演的重要角色与作用、家庭的结构与功能的跨界分化等问题。①

一、案例追踪

穆赛（化名）47 岁，2020 年他基本因疫情被困在哈萨克斯坦。本来他想通过投资获得哈萨克斯坦的永久居留权，但最后他被骗了钱，并因此滞留当地。30 年前他第一次来到中国，作为上海同济大学的留学生学习土木工程，5 年后，学成回到也门国家建设部设计局工作，工作 5 年后，又重新来到中国，在义乌开了一家外贸公司。穆赛曾经和一位中国姑娘有过一段短暂的婚姻，后来还是回也门结了婚，并把家安在了义乌。穆赛的三个孩子都在中国长大，大儿子在上海财经大学读大二，女儿在华东师范大学学中文，小儿子准备去加拿大读书，目前，手续还在办理中。他说："我们全家在中国已生活了 25 年。我的孩子们已经完全不能适应也门的生活。我的大儿子还很小的时候，有一次我们坐飞机回也门，快降落时他就哭闹着要回中国。"

穆赛是笔者追踪了 10 年的调查对象，30 年前的留学生活注定了他及整个家庭跨国生活的命运。30 年间，他的生活所发生的变化是他自己也始料未及的。对他和家人来说，生活在这样一个"全球贸易链"中并不轻松。他说："虽然国际贸易的回报很高，但你所要承受的风险是别人难以想象的。"除了市场的波动，更重要的是家庭无法一直安定下来。

全球化对其所触及的任何事物都有影响。事实上，在全球化背景下，卷入各种全球化链条的家庭在结构和功能上都发生了很大变化。穆赛的妻子虽然在中国生活多年，但是她几乎不会说汉语，其社交圈基本上局限在丈夫朋友的家眷们，还包括个别懂阿拉伯语的中国女商人。一旦出了这个范围，穆赛的妻子常常需要丈夫或孩子们帮她处理外部世界的诸多事物。孩子们却不同，虽然他们的朋友圈也主要以父亲朋友的孩子们为主，但在学校里可以继续扩大朋友圈，还因为有一定的汉语水平，他们可以随时接触到中国的孩子们。穆赛的三个孩子在上大学之前，辗转在中国本地学校、阿拉伯语学校和国际学校之间，这无疑增加了他们的选择机会，给他们未来的移民生活带来了更多的可能性。

通过长期追踪，可以看到跨国家庭性别政治与代际政治的内部轮廓，即在

① 李华. 家庭策略视域下的中韩跨国家庭研究：以延边朝鲜族为例 [J]. 延边大学学报（社会科学版），2017，50（3）：92-99.

家庭迁徙过程中，家庭内部已经成为一个竞争场域。在全球化背景下，跨国家庭的适应策略是多方位的，家庭结构、家庭文化以及家庭模式都在适应过程中面临着再造与重构。与此同时，跨国家庭作为跨国社会最小的社会组织，对其所处的区域社会和全球化文化不断地进行构建，并对全球化发展产生影响。

二、贸易全球化与义乌的跨国商人

"贸易全球化"在麦高登看来是"全球多数人经历着的全球化"①。无论是在他对中国广州特定的非洲贸易商的全球化研究中，还是相关 20 世纪末至 21 世纪初的全球贸易网络的研究，义乌的跨国贸易都会被提及。在一定意义上讲，除了广州的非洲人，义乌也是贸易全球化的典型代表。

义乌跨国商人群体正是全球贸易链中草根跨国商人的典型代表，其主要来源地集中在西亚、中亚、东南亚和北非等国家和地区。2018 年，中国放宽了对专业人士和高技能工人的签证要求，并首次设立了国家移民管理局，以管理越来越多的国际移民。不过，对草根跨国贸易商人来说，获得中国长期或永久居留权的可能性还是小之甚小。在田野中，笔者接触到义乌一个大概有 270 人左右的"跨国媳妇"微信群，群里集中了当地大多数跨国族际通婚家庭的中国主妇，这种跨国族际通婚的模式基本是跨国商人最主要的获取中国长期居留权的途径。而大多数的跨国家庭是一种流动或漂浮的状态。它们最终会演化出多重的跨国家庭形态，如家庭中的母亲和子女选择可以移民的第三国定居，父亲留在义乌做生意，而大多数亲属生活在母国。父亲则每年奔波在母国、中国和第三国之间。穆赛在中国生活的 30 年间，他的家从未搬离过义乌，但他最终还是需要一个可以安身的定居国。他选择了哈萨克斯坦，但这一投资移民计划的失败，让我们看到，想要在一个陌生的第三国定居是很不容易的。

总的来说，多重跨国的选择并不是义乌跨国商人们的一个普遍选择，更多的人可能还是会如当初所预期的最终回到母国。像穆赛的家庭一样，义乌跨国家庭大多经历了 30 年左右中国改革开放和全球化发展速度最快、变化最大的阶段，家庭成员中的第二代已经适应了跨国生活，而第一代也正在谋求一种更为稳定和现实的全球化生存方式，他们的家庭模式已经具有典型的全球化特征，是非常成熟的研究全球化背景下跨国家庭的代表性样本。

---

① 麦高登，林丹，杨玚. 南中国的世界城：广州的非洲人与低端全球化［M］. 杨玚，译. 香港：香港中文大学出版社，2019：2.

三、婚姻策略与跨国家庭类型

跨国家庭的婚姻类型总体上可分为"内婚"和"外婚"两类，内婚家庭的婚配双方是在同一国家或同一族群内进行的"同族"婚姻，外婚家庭主要包括跨国族际通婚、临时婚姻和两头家。从传统意义上的亲属和婚姻研究的角度来看，跨国婚姻家庭的结构形式在现实情境中已经超出了特定的单一文化系统的婚姻"规则"，而成为一种面对多重的复合的带有不确定性的生存空间和生活方式时的适应性"策略"。

（一）婚姻策略：一个分析的框架

关于婚姻策略，布迪厄认为，亲属和婚姻发生关系的重要场域，其实质都是进行着各种经济交换的经济场域。因此，婚姻恰恰"提供了进行货币交换和象征交换的一个重要机会，在这种情况下，婚姻由于能决定物质和象征资本的增加、保存或耗费，故无疑是任何社会结构的动力学和静力学的原动力"[①]。因此，布迪厄的"婚姻策略"所指的是一种受经济因素支配、门当户对、符合家族利益、捍卫或增加家族物质或象征资本的系统。

尽管时代背景不同，但"婚姻策略"所蕴含的作为一种婚姻行为的选择性安排的实践意义具有超越时代的理论价值。它既强调婚姻主体策略实施的主观性，又强调客观结构的建构性，将婚姻生活紧紧嵌入在社会结构当中。[②] 基于此，跨国婚姻即是跨国行为者婚姻实践过程中的一种选择性安排。

首先，跨国行为所涉及的跨国空间，表明跨国是一种跨越或穿越了多重社会空间的模棱两可的特殊空间状态，可以将其看作一种特定的"场域"。对跨国行动者来说，跨国场域就是其实践空间，只要行动者踏入这一空间，他就带着策略投入到了这个场域当中。

其次，场域并非一个实体的物质空间，而是"由各种客观位置组成的关系网络"[③]，整个社会就是多个场域的构成。相应的策略在关系空间运作的过程中，将行动者与场域的客观结构，以及将行动者之间关联起来，婚姻正是在跨国这个特定的关系网络中实践着，并不断地调和、构建以致重构诸多空间之间具有不同社会文化习惯差异的关系网络。

---

① 布迪厄. 实践感 [M]. 蒋梓骅，译. 南京：译林出版社，2003：47.
② 徐佳. 布迪厄"婚姻策略"概念评析：一种新的社会理论视角 [J]. 长春理工大学学报（社会科学版），2015，28（10）：61-66.
③ 徐佳. 布迪厄"婚姻策略"概念评析：一种新的社会理论视角 [J]. 长春理工大学学报（社会科学版），2015，28（10）：61-66.

最后，婚姻一方面使得生物学意义上的家族成员得以延续，另一方面又是婚姻双方及其家族运用一切可能的文化资本和社会资本来影响家族未来的有效途径。跨国婚姻所要考量的是如何在不确定的境地，最大限度地保证家族的延续和家族未来的发展。可见，跨国婚姻所处的多重且不确定的特殊空间场域使之成为突破某种特定社会系统和文化规则的一种策略选择。"流动""漂浮"和"不确定"构成了跨国婚姻的特殊意涵。

（二）"内婚"跨国家庭的策略实践

"内婚"跨国家庭，主要指举家迁移到他国来工作生活的核心家庭。它保证了家庭内在传统文化的完整性和延续性，但也将家庭生活的重心集中在了对外的日常实践和适应策略。然而，文化适应并非一种单线性的行为活动，而是在不同家庭成员文化适应的过程中又反过来对家庭内部文化和结构产生反作用。

1. 家庭成员责任分担与适应策略

理论上，举家迁徙要求所有家庭成员都要逐渐适应跨国生活。但实际上，每个家庭成员适应跨国社会环境所需要的时间、方式以及最终能够达到的适应程度都有显著的差别。这些差异导致跨国家庭需要采取特定的适应策略，也由此使得跨国家庭形成一种独特的家庭文化和空间形态。在这个空间中所强调的文化要素不仅是跨界的、是双重的或是多重的，而且还具有明显的分层，即对内的文化空间和对外的文化空间。在跨界状态下，对内文化空间是以母文化为主导的，表现为家庭内部成员的常用语言、饮食习惯、礼仪风俗、着装打扮等；对外的文化空间是通过家庭成员相互协调和帮助下对外界的适应与接纳，表现为使用居留地当地的语言、与当地人的交往模式和方法、适应当地的饮食习惯、穿当地人的服饰装扮等。跨国家庭一方面希望家庭成员保有母国的文化习俗，加强与母国的各种联系；另一方面又不得不鼓励家庭成员们接纳外界环境，克服各种生活中的实际困难、适应跨国社会的生活方式。

通常情况下，家庭作为一个"团队"，主内与主外有着不同的团队分工。但是，举家跨国的家庭中，家庭责任和义务总是由最先适应居留地社会生活的一方来承担。义乌的跨国人群多来自西亚、中亚、东南亚和北非等地区且以中青年男性商人为主体，他们是家庭的主要经济支柱，通常也是最先适应居留地生活的男性家长。由跨国造成的语言和社会文化的障碍，给大多数跨国商人的妻子和未成年子女带来了诸多适应困难，使得跨国家庭内外事务的处理主要由男性家长来承担。

　　最初我一个人来中国做生意，不得不一边学汉语，一边做贸易，那时候年轻，学东西很快，也有用不完的精力，并没有觉得自己很辛苦。等到结了婚，妻子跟我待在中国，她不懂中文，也对学习汉语不感兴趣，生活却变得复杂起来，各种需求都在增多，我不得不忙里忙外。后来孩子们陆续出生，我们需要请小时工，孩子上幼儿园、上学，每天都要和当地人打交道，这些基本需要我去解决。（巴基斯坦人，男，43岁，外贸商人）

我妻子大多数时间待在家里。在家其实很无聊，她因为不懂汉语也很难自己出门，日常事务我都得自己做。（叙利亚人，男，41岁，外贸商人）

在我们国家，女人是不出去工作的，甚至不能独自出门。但是，来到中国就不一样了，我们允许她们自己去超市，接送孩子，或者做一些日常事务。但是去医院、短途旅行等复杂一些的涉外事务，还是需要丈夫或家庭中成年男性的陪同。（约旦人，男，37岁，外贸商人）

上述案例中的家庭生活模式并非个案，大部分举家迁移的跨国商人家庭由于原生文化本身就是"父系家长制"，加之女性家长受到外在条件的限制，使她们的生活圈仅限于十分狭窄的母语文化圈。这些家庭一旦处于"异文化"中，男性家长便不得不主导整个家庭的内外生活，从而使得父系家长制得到了进一步加强。"家长制"被勒·普莱定义为家庭内的权力集中在父亲身上的家庭形态。① 而韦伯则强调，家长制是具有家长权的男子统治和支配其家庭成员的家庭形态。②

在跨国家庭中，多数家庭中的母亲对跨国生活难以适应，不仅面对与社会生活脱节的境况，在很大程度上，她们也与自己家庭成员的生活产生了脱节，她们的母文化和现实的文化境遇都迫使她们的生活局限在了家庭内部，这不仅使她们难以跨越家庭与外在的世界相处，而且使她们难以理解丈夫与子女们所接触的外在世界。这是跨国家庭的一种独特的现实状况，它不仅深化了父系家长制的家庭形态，也对家庭其他关系产生了微妙的影响。

2. 家庭结构变化与母子位移

在具体的家庭中，从属式地置身于跨国家庭各种状态的未成年子女和各位母亲所面临的形势可能比作为家庭主导的父亲更为严峻。在占有较大比例的举家迁移的跨国家庭中，家庭的结构都发生了微妙的变化，而这些改变几乎都是

---

① 上野千鹤子. 近代家庭的形成与终结 [M]. 吴咏梅，译. 北京：商务印书馆，2004：96.

② 费孝通. 生育制度 [M]. 北京：商务印书馆，2008：197.

从处于家庭从属地位的母亲和子女的空间位置的变化开始的。

笔者在关注家庭结构夫妇与子女的三角关系的过程中，不仅需要认识母亲及子女存在的意义，还要探讨她们在家庭中的结构性意义，因为家庭中三角关系的结构性变化是体现跨国家庭特殊性和变异性的一个重要因素，是我们认识跨国家庭全貌的一个途径。传统的父、母、子的三角结构揭示了家庭中夫妇关系和亲子关系这两种最重要的关系模式，夫妇关系以亲子关系为前提，亲子关系也以夫妇关系为必要条件。[①] 而举家迁徙的跨国家庭通常以父、母、子的核心家庭为主，与母国和传统家族社会在空间上的隔离导致核心家庭与其他亲属关系的疏离，使得夫妇之间的结合与合作关系最为优先，夫妻关系在跨国家庭迁徙过程中成为家庭中的主导和核心。然而，随着在居留地生活的渐趋稳定，家庭功能的重心转移为应付各种对居留地社会的文化适应，家庭结构随即也随着家庭成员的适应程度的不同而产生新的变化。作为家庭经济支柱的父亲在家庭决策中仍旧具有主要的支配权和决策权，家庭中文化适应最快的未成年子女重新构建了家庭的中心，他们成为连接家庭与外界社会沟通的一个主要渠道。与此同时，母亲角色在迅速地弱化，在经济上完全依附于丈夫，在与外界的沟通方面需要丈夫与未成年子女的帮助。

> 刚来时，孩子们小，我整天照顾家里很忙，现在他们长大了，我又变得没事情可做。我老公鼓励我去学一点儿汉语，开始我去学习班学习，但是很难坚持，后来他给我请了一位老师，每周来我家三次，这些可以帮我解决很多现实问题。我有时可以自己出去办理一些事务，不过孩子在的话，通常是他们陪我去，这样比较方便（沟通）。（乌兹别克人，女，32岁，外贸商人的妻子）

上述个案并没有着重从跨国家庭未成年子女的角度去了解家庭成员的个人处境，而是呈现了夫妇双方对跨国生活的主要感受。仍旧不难看出，孩子们作为移民的第二代，他们通过学习生活，比其父母亲更直接地与居留地当地社会发生联系，他们适应得更快，适应性也相对更强。其结果是他们成长为家庭中的一种对外的媒介，并以一种自我意识创造出一个属于自己的生活空间，而他们的这种自我意识有别于由父母亲所代表的过去一贯的那种族群认识。与此同时，家庭中母亲的处境最为艰难，大多数跨国移民家庭的母亲在子女没有上学之前，忙于照顾家庭而失去了自我独立适应居留地社会的机会。等孩子上学后，

---

① 费孝通. 生育制度［M］. 北京：商务印书馆，2008：197.

随着子女社会关系的扩大和生活的自立，家庭中的母亲逐渐发现自己处于家庭和外部社会的夹缝中，出现了对家庭生活和社会生活的双重不适应，她们既难以找到自我的生活圈子，又难以融入丈夫和孩子们的生活。而这种与现实生活脱节的现象，也导致了子女与母亲关系的表面化。

> 我放学回家会帮助妈妈做一些事情，比如，跟移动公司联系、帮她买东西、跟理发店预约等。其实我上学回来挺累的，学校的事情讲了妈妈也不懂，所以我就看电视，最喜欢去朋友家玩儿。（叙利亚人，男，14岁，外贸商人的儿子）

> 我们可能明年就要回国了，我们跟妈妈回，爸爸留下工作。我不能想象回国的生活，那儿没法跟这里比，可是妈妈坚持要回去。（伊拉克人，男，16岁，外贸商人的儿子）

从未成年子女角度看，母亲的生活已经和自己的生活没有太多的重合。这本来是子女渐渐长大后每个家庭都要面对的问题。实际上，跨国家庭中的未成年子女已经感受到了母亲对居留地的不适应。可见，跨国家庭中母亲处境的变化，母亲与家庭其他成员之间的关系，随着子女的成长、跨国文化的不适应、与母国文化的脱离等问题的出现，母亲成为引起家庭中焦虑与冲突的中心。随着子女的成长和母亲与双重文化的脱节，其在家庭中已经越来越处于从属地位。举家跨国的核心家庭多是一种暂时性的家庭策略，其中包含了家庭成员各自发展轨迹的多变性和多面相。家庭成员对居留地社会适应的过程也大相径庭。家庭结构中最重要的两个层面，一是家庭经济，二是家庭与外在社会的各种联系，加之家庭教育随着子女学校教育的介入而不断弱化，这些都不同程度上决定了跨国家庭结构的改变。在大多数跨国家庭的母文化中，夫妇的横向轴是家庭的主轴，父亲、母亲和未成年子女构成了家庭结构的次序。而跨国的现实情境是，由经济所决定的父亲的位置没有改变，未成年子女所承载的家庭义务不断增大，同时也强化了他们在家庭中的权利，而家庭中母亲角色的弱势越来越凸显。由此，在诸多跨国家庭中，可以看到母与子发生了空间结构上的位移，承担了传统家庭中不同的义务和权利。

（三）"外婚"跨国家庭的构建与策略实践

"外婚"跨国家庭的构建与策略包含了对婚姻的选择和对婚后生活的预期与相容两个部分。婚姻选择本身就体现了跨国的策略实践。跨国族际通婚是适应居留地社会和规避制度性限制的优质策略，但是真正合法的跨国族际通婚家庭是很有限的，因为它增加了家庭成员间文化适应的成本，并且离婚率偏高。实际上，由于举家迁徙的成本过高、不确定性很大，构成跨国人口的主体以中青年单身男性为主，这造成了跨国人口比例的严重不平衡，因此"临时婚姻"和"两头家"成为一种较高比例的"外婚"跨国家庭模式。

1. 跨国族际通婚家庭

跨国族际通婚有利于跨国个体解决居留地的各种社会关系问题和制度性困境，更是跨国生存获取有利的身份及社会位置的途径，亦是融入当地社会的路径。

跨国族际通婚家庭的构建包括了婚前选择策略和婚后适应策略。在择偶时，婚姻选择多是建立在婚姻所要达成的现实需求的基础之上，在这个过程中，潜在的文化差异和文化冲突往往被有意识地过滤掉，这就给后期的婚姻家庭内部调适带来诸多挑战。在多数跨国族际通婚家庭的案例中可以看到，夫妇双方在相互适应过程中充满了对文化相容性和角色一致性的期待。一般来说，人们倾向于按照一定的社会、文化或亚文化和家庭的规范来对角色提出期待。① 而实际上，在跨国族际通婚家庭中，角色的不一致和角色的不相容性在不同阶段不断发生变化，比如，在子女出生前后，相容性会发生戏剧性的变化。子女出生前，家庭内部文化的不相容更显著，而在子女出生后，相容性会明显增强。人们更愿意包容彼此的文化习惯，以维持家庭的稳定。

> 在婚姻中，最有保障的是我的财产和孩子们，我们的财产基本在我和孩子名下，但是我还是希望丈夫给我稳定感。孩子出生之前，我是不太顾及信仰的，但是等到孩子们出生，我突然觉得一个稳定的家是多么重要，我开始自愿戴头巾，做礼拜，我希望我的丈夫更信任我。（宁夏人，女，34岁，外贸商人的妻子）

> 我和丈夫是一见钟情，在一次谈生意时认识，很快就结婚了。婚后仍旧一起做生意。开始几年相处得很好。但是，过了几年，随着我在公司决策权的增大，他变得越来越消极，这影响到我们的家庭生活。还有对孩子教育的问题，我觉得中国的教育比较好，但他认为孩子一定要回沙特受教育。（浙江人，女，29岁，外贸商人）

> 我已经离婚了，我的公司、房子，还有女儿都归她了，我几乎一无所有。但是，最痛心的是我的女儿，在她妈妈的教育下，不但讲究吃穿，而

---

① 张文宏. 西方家庭社会学关于择偶的主要理论［J］. 世界经济与政治论坛，1990（4）：25-29.

且不喜欢学习，整天玩游戏。我常批评她，她就渐渐不愿意跟我见面了。现在我们见面的次数越来越少。我最后悔的事情，是跟她生了一个孩子。（土耳其人，男，47岁，外贸商人）

跨国族际通婚的比例总体上并不是很大，而且离婚率也偏高。其中原因，除了夫妇双方母文化的差异之外，还因为婚姻也是两个家族的结合，夫妇双方需要在一定程度上接受双方的家族和亲属，还要接受相互的母国社会和文化传统。结婚时间越久，双方对家庭各方面相容性的要求也就越高，家庭文化的再造也将面临更多困境。但是，作为一种全球化的生活方式，跨国族际通婚能够很好地规避各种不利的制度性因素，如若能如期实现角色相容和文化相容，是适应全球化生活方式的一种不错的策略选择。

2. "临时婚姻"与"两头家"

"临时婚姻"与"两头家"，在中国法律框架下是一种"非法"模式，但这种婚姻家庭在数量上大大超过合法的跨国族际通婚。临时婚姻在一小部分跨国商人的母文化中是合法的，被称为"穆塔尔"。此外，"两头家"是早期华南侨乡移民在"文化传统"与"社会结构"的框架下一种集体选择的家庭策略。"两头家"是中国学界关于侨居于南洋的华侨群体的特殊婚姻家庭形态的一种指称。但暂时不能作为家庭结构的一种特殊类型来看待，其只是侨民应对家庭生活、家庭养老的权宜之计，是儒家文化和家观念与华南侨乡的社会背景相结合所孕育出的婚姻家庭形式。① 在很大程度上，"临时婚姻"已然成为部分跨国群体处理特殊境遇时的一种家庭策略。跨国个体随着个人境遇的不断改变，一边尽可能地维持传统婚姻家庭形态，一边对现实的家庭形态不断地进行改造。

> 我们在我老家安徽领的结婚证。结婚5年，有两个儿子，我是在老二出生3个月时知道他在沙特又娶了个老婆，还生了一个孩子。当时，我真的很崩溃。但他给我讲他们国家是允许的，我也没有别的办法！（安徽人，女，34岁，外贸商人的妻子）

> 结婚时，我就知道他在索马里有妻子，并且有5个孩子。他结婚前就坦白了，我觉得他是一个诚实的人，所以我还是决定和他结婚。去年，我带着我们的儿子和女儿去看望他的妻子以及孩子们的兄弟姐妹。没想到我的孩子们很开心，跟他们相处得很好。这种情况在这儿不止我一个，我还是比较幸运的，因为我们夫妻间的感情很好。（新疆人，女，45岁，外贸商

---

① 麻国庆. 社会转型与家庭策略［M］. 北京：世界图书出版公司，2016：156.

人的妻子）

在跨国婚姻家庭的构建中，特殊的空间场域使得"临时婚姻"和"两头家"的出现都存在极大的可能性。虽然在一些国家是非法的，但在特定的跨国文化圈内，不仅被群体中的大多数所认同，而且成为一种特定的家庭文化模式。尽管对家庭和个体而言具有不确定性和特殊性，但在很大程度上，它已经超越了传统意义上"临时婚姻"和"两头家"存在的特定文化环境，成为具有某种合理性的广泛存在的跨国家庭策略。这里的"临时婚姻"和"两头家"所要表明的，正是通过对传统概念的引用来阐释一种新的跨国家庭模式。

结语

跨国家庭表现为其对传统母国社会文化与居留地区域社会文化的再造与重构。贸易经济本身的诸多不确定性、跨国人口的比例不平衡、居留地社会的制度性困境等都直接或间接影响了"跨国家庭"的适应策略。一方面，它使得家庭成员将外在的文化适应不断内化为家庭内在的各种变化，如跨国家庭在代际分层中主轴关系的位移，家庭成员中权力关系的结构性改变，都深刻影响了跨国家庭及跨国家族的未来发展；另一方面，婚姻模式从跨国行为者各自的传统文化中结合了居留地特定的社会背景而不断演变，并因此产生出使之合法化的特定"婚姻文化圈"。

全球化生活对家庭结构、家庭关系和家庭模式的改变不言而喻。反之，跨国家庭不断演化出来的适应模式也构建了全球化生存方式的多样性。如草根跨国贸易商在跨国过程中身份的突然改变从商人变成难民、为满足家庭中第二代教育而选择多重跨国、为养老而重新投资移民等，都反映了跨国家庭在各种困境中适应全球化生存的努力。但其本质是针对特定跨国空间场域的一种策略性实践，目的在于实现家庭的社会功能，即维系家族的繁衍与传续。

选择性融入：义乌中外伴侣
社会适应研究[*]

周　阳[**]

一、引言

"金华市统计局公布的义乌市第六次人口普查主要数据显示，2010 年义乌实有人口已突破 200 多万，其中本市人口 74 万，外来人口达到 143.3 万人，常住外商 1.3 万人"[①]。义乌稠州路林立各国人士经营的各具特色的餐厅，如史瓦帝餐厅、南大门餐厅等，形成扬名国际的"民族风情街"，招揽五湖四海的客人到此享用美食。中外餐厅选择聘请国内和国外服务人员，依靠其语言优势吸引中外用餐者。义乌拥有数量庞大的国内外移民，"不论是短暂停留还是自愿移民，他们都不得不对新环境有某种程度的适应，以方便他们在新社会中生存。他们可能会携带某些认同，同时在新环境中形成新的认同，这些认同对他们认知社会并指导其行为都有重要意义"[②]。

关于国际移民的社会融合问题，西方的研究主要围绕外来移民与主流社会的关系问题展开，尤其在移民研究中，将"异族通婚"视为外来族群融入主流社会的象征，并将其作为外来族裔与主体民族之间消除隔阂、实现和谐共生的最终标志。[③] 本文"社会适应"这一概念，意指个体与群体之间的相互协调，以及他们对特定的物理和社会环境的适应，并强调移民群体作为主体的积极行

---

　*　本文原刊登于《北方民族大学学报》（哲学社会科学版）2018 年第 3 期。
**　周阳，南京农业大学人文与社会发展学院社会学系副教授。
　①　义乌市人民政府 . 人口结构 ［EB/OL］. 义乌政府网，2011-05-31.
　②　雷开春 . 城市新移民的社会认同：感性依恋与理性策略 ［M］. 上海：上海社会科学院出版社，2011.
　③　雷开春 . 城市新移民的社会认同：感性依恋与理性策略 ［M］. 上海：上海社会科学院出版社，2011.

动过程。移民能采取特定的行动策略来实现对新的社会生活与文化环境的适应，个体或者群体（在进入新的社会文化环境后）进行持续的联系与互动过程中，其原有的文化模式发生变化的过程。① 影响人们适应方式的因素有很多，包括家庭结构与功能、习惯、忠诚度、性别、人格特征，以及参与群体交往的年龄等。②

随着经济发展，大量外国人在义乌长期工作并与中国人组建家庭。这一新现象对外国人在义乌的日常生活，以及外国人与当地社会的协调发展都有着重要的影响。调查研究发现，在义乌发展的国内外移民，特别是长期生活在义乌并且与中国人喜结连理的外国人，社会资源、文化背景与个人经历等因素会影响其适应义乌社会生活、拓展良性社会关系并获得发展机遇的方方面面。本文试图通过案例展示外国人的社会适应程度，特别是中外家庭亲属关系、社会关系、文化习俗、日常生活等，不仅展现义乌对外来文化的接纳程度，以及应对新生事物的管理能力，同时揭示中外家庭成员在义乌积极适应的方法，或逐渐融入的过程，或消极应对的不良结果。

二、文献回顾与调查方法

现阶段对义乌社会发展的研究，包括城市发展的地理条件以及城市规划。③ 义乌独特的土壤质地难以种植作物，使得农业发展受限，迫使当地人通过"鸡毛换糖"以物换物的方式，一步步发展到小商品买卖。④ 义乌政府发挥管理调控作用，引导当地经济由自发发展过渡到遵循市场规律发展，⑤ 并且走出了独具特色的"义乌模式"⑥，这一经济模式的影响力辐射至周边地区。⑦ "义乌模式"

---

① 梁波，王海英．外国移民社会融入研究综述［J］．甘肃行政学院学报，2010（2）：18-27.

② 雷开春．城市新移民的社会认同：感性依恋与理性策略［M］．上海：上海社会科学院出版社，2011.

③ 陈玉龙．义乌城市空间形态演变及优化研究［D］．杭州：浙江大学，2008.

④ 陆立军，白小虎．从"鸡毛换糖"到企业集群：再论"义乌模式"［J］．财贸经济，2000（11）：64-70.

⑤ 司宇宁，米飙．义乌：颠覆人格化交易［N］．21世纪经济报道，2004-02-19.

⑥ 包伟民，王一胜．义乌模式：从市镇经济到市场经济的历史考察［J］．浙江社会科学，2002（5）：149-153；鲍洪俊．义乌模式：已有研究和新的解释框架［J］．浙江学刊，2008（5）：189-193.

⑦ 陆立军．"义乌模式"的成因及其与"浙江模式"的关系［J］．财经论丛，2008（4）：1-7.

同"温州模式"等其他发展模式成为"浙江模式"的重要缩影。① 由于经济飞速发展，义乌迅速从乡村转变为城市，当地人虽然不可避免地经受文化转变的阵痛，但也只能通过各种方式保留自身文化，学习兼容不同地域文化。②

义乌得以快速发展，不仅依靠政府政策，而且依赖个人和民营经济的活跃推动；义乌民营企业不仅积极发展国内市场，还努力通过各种渠道拓展海外贸易市场。③ 但是在拓展海外市场的过程中，有经营者将焦点转向资产海外转移，对义乌发展造成负面影响。④ 为吸引海内外投资者和购买者到义乌发展，义乌政府为其提供各类社会服务保障。同时，大量国内流动人口因与外国人商贸合作而生活在义乌，在为外国人提供服务的过程中解决自身的就业问题。由此，义乌外地人口逐渐超过本地人口，社会人口结构发生了变化。特别是不同国家的商人来到义乌工作和生活，促使当地政府加大基础设施建设，理清日常事务管理，满足外来人口的诉求。⑤ 各类新闻对义乌外来人口的日常生活和工作有所报道，但是义乌中外跨国婚姻家庭的相关研究极少。

2014 年 5 月至 7 月，基于义乌、金华的田野调查，本文对中外伴侣在义乌的生活、学习和工作发展等情况进行了调研。民政部门相关人员介绍，现在登记的中外跨国婚姻近 20 对，笔者对 12 对中外伴侣进行了访谈，中国伴侣皆为外地人口。田野调查主要采用参与观察、半结构式访谈、深度访谈。首先，为了便于调查，笔者选择住宿在义乌风情街，前往中外夫妇开设的餐厅、店铺、学校、民政部门、法院等处，通过参与观察，了解中外夫妇的日常生活、交往方式、文化传统。其次，依靠半结构式访谈，了解中外家庭成员与当地人之间的关系；参观中外婚姻家庭子女就读的学校，了解其子女社会适应的能力；在中外伴侣开设的餐厅就餐，与其他客人进行互动，了解餐厅情况。最后，通过深度访谈，了解中外跨国婚姻家庭成员及其亲友之间的互动，揭示这些家庭联谊活动等对中外伴侣社会适应的帮助和社会支持。文中涉及对 25 位外国人的访谈，因被访女性的要求，访谈主要在被访者的工作地点、家中或者比较安静的咖啡厅进行。

---

① 赵伟. 浙江模式：一个区域经济多重转型范式：多视野的三十年转型 [J]. 浙江社会科学，2009 (2)：22-31.
② 王明华. 义乌精神的现代阵痛 [J]. 资料通讯，2006 (9)：28-31.
③ 蒋中意，贾振伟. 义乌民营企业为何移民海外 [N]. 金华日报，2011-10-31.
④ 索寒雪. 义乌老板曝光海外转移资产链条 [N]. 中国经营报，2011-10-24 (9).
⑤ 柯兆银. 义乌：外国商人何以纷纷来赶集：访浙江市场发展战略研究所研究员齐东先生 [J]. 国际市场，2004 (12)：34-36.

三、社会环境与伴侣概况

（一）中外伴侣的社会环境

义乌位于浙江中部，面积 1102.8 平方公里，隶属金华管辖。义乌从小商品生意开始，逐渐发展为"华夏第一市"，并于 1982 年建成"中国小商品城"。义乌的商品销往东南亚、中东、欧美等 180 多个国家和地区。据义乌市政府相关信息，30 年来，义乌本地居民的人口结构没有发生太大的变化，而外来人口却飞速增长。"其中来自江西、河南、安徽的外来人口分别达到 25.2 万人、16.7 万、15 万人；来自浙江省内其他县市的外来人口达到 12.6 万人，并以金华、温州市人口为主。除汉族外，少数民族人口达到 6 万多人，在义乌这个城市里就有 48 个民族的人员在创业谋生。少数民族同胞来自全国各省、自治区、直辖市，相对集中的为湖南、云南、贵州、广西、新疆、河南、内蒙古等地，他们以务工经商为主。"①

义乌的外商多以宾王市场和国际商贸城等小商品市场为中心居住，还有的分散居住在东洲花园、永胜小区、江南四区、江东四区等地，可依靠便捷的交通工具进行商贸往来。被访的外国人 KS1 表示，外商在义乌逗留的时间长短不一，有的外商选择为期两周的采购；有的则居留不超过 3 个月，主要进行采买运输；有的选择在国外与义乌本地的外贸公司开展电子商务合作，雇用相关人士验货；有的在义乌设立办事处，指派雇员或亲自在义乌选购商品，运输到世界各地，从中赚取利润；有的在义乌设立公司，经营服装辅料、建材辅料、装潢辅料、家用电器、农产品、木雕等商品，因此举家长期生活在义乌；有的外商不仅在义乌拥有私人公司、商铺、办事处，还与中国人合资办厂。

在义乌的外国人，绝大多数从事与对外贸易和餐饮相关的行业，尽管有些在义乌、金华、杭州、厦门等地求学，但到义乌的主要目的是在亲友设立的公司、商铺或饭店帮工，或者购买商品销售。实际上，义乌持有学生签证的外国人，常常依靠此长期签证经商。外国人意识到学习汉语对于工作和生活的重要性，一般选择在附近学校或培训机构学习汉语。如果时间不允许，会督促为其打工的亲友学习汉语，以方便业务的发展。被访的外商拥有丰富的外贸经验，经济实力不容小觑。他们在中国的发展稳定后，即考虑招募亲友到义乌一起经营业务，家族企业在义乌的外国商人中并不少见。从浙江某高校毕业的硕士 HN，就凭借流利的汉语全权帮叔叔管理在义乌的分公司，公司有 10 多名中国员

---

① 义乌市人民政府. 人口结构［EB/OL］. 义乌政府网，2018-12-06.

工，其家人也陆续来义乌打工，生意遍及亚非欧。

随着国内外流动人口汇聚义乌寻求长期发展，外国人与中国人的商贸合作与日常交流越发频繁，为中外跨国婚姻的发生提供了必要前提。现阶段外国人在中国进行婚姻登记，需要前往涉外婚姻登记处或者使领馆办理。据被访夫妇提供的信息，金华地区只有金华市民政局社会事务处可以办理外国人婚姻登记，所以中外伴侣需前往金华市办理婚姻登记。中国伴侣表示，义乌市政府的户籍管理政策较宽松，对非户籍人员本地就学的限制较少，并且灵活多样。某些公立学校会收取借读费、赞助费、学费或其他费用，收费后即允许非户籍人口就学；某些公立学校则根据外国人的营业执照和纳税情况，免费让非户籍中外跨国婚姻家庭子女就学；某些公立学校则根据"积分制"使得非户籍人口得以就学。此外，义乌各种民办学校、外国人开设的国际学校也为这些家庭的儿童就学提供了多样化的选择。现阶段被访儿童年龄较小，主要就读于小学和初中，户籍制度影响不明显。

（二）中外伴侣的基本情况

外国被访者包括外国伴侣和其他外国人士，主要来自埃及、巴基斯坦、尼日利亚等13个国家。其年龄在30~50岁之间，他们经营餐厅、贸易公司、代表处、商铺及合资工厂。外籍伴侣持有贸易签证、工作签证、家庭团聚签证或学生签证，随着外籍伴侣在中国生活时间的不断增长，签证有效期也逐渐加长。比如，在中国结婚并生活三年的SX，获得了一年并多次往返的家庭团聚签证。结婚年限越长，签证有效期越长，家庭团聚签证最多可至5年有效期。工作签证和学生签证多为1年有效期，贸易签证可以停留最多3个月并需进行续签。一些外国人拿到了多次往返的签证，经常往返于中国与外国进行商贸往来。被访的外国伴侣中，3位在浙江省高校学习汉语和外贸课程，毕业后在义乌发展个人或者家族事业；有的外国伴侣则在国外或者中国其他城市有较长时间的商贸经历，最后选择在义乌长期生活并适应了当地社会生活；少数外国伴侣在义乌生活时间较短，仅限于贸易往来和简单日常生活的适应，暂时未打算长居。结婚时间长并长期居留在义乌的外国人士，在事业发展、经济收入、家庭稳定和社会资源各方面，都比短期居留的外国人士更具优势。

被访的12位中国伴侣来自黑龙江、宁夏、河北、江西、安徽、湖南、广西，年龄在22~37岁。其中，2位分别有2个孩子，2位分别有1个孩子，孩子年龄皆小于15岁。12对伴侣中，只有1对是中国男性与埃及女性的结合，其他皆为外国男性与中国女性的结合。另外，访谈了2位与外国人结束婚姻关系的中国女性。因为中外伴侣和各自原生家庭有一定的空间距离，亲友到义乌探望时大多仅短期居住，很大程度上避免了家庭内文化差异、语言不畅的影响或者代际矛盾。

四、中外伴侣的社会适应过程

（一）亲属关系

QJ，安徽人，和约旦丈夫 SM 共同生活近 15 年，在义乌共同经营餐厅，并养育两个儿子。1999 年 QJ 赴广州，在 SM 的叔叔所开餐厅工作。SM 于 2000 年赴广州帮助叔叔打理餐厅，和 QJ 得以相识。QJ 认为 SM 为人诚信，做事踏实，同时 SM 也觉得中国女性独立，有主见，能吃苦，性格开朗，2001 年两人决定结婚。2002 年 SM 的叔叔在义乌开分店，2004 年夫妇两人正式前往义乌接管该餐厅。起初两人未得到双方家人的祝福，SM 的家人认为 QJ 与其文化传统和生活习惯差异较大。与此同时，QJ 父母也反对女儿的婚事，一方面因为他们对 SM 的原生家庭不了解，另一方面担心女儿和不了解中国情况的 SM 一起生活会非常辛苦。长期在中国经商的 SM 的叔叔则认为，首先，中国经济发展稳定，社会治安良好；其次，QJ 品行端正、吃苦耐劳，不仅能照顾 SM 的生活起居，还可以帮助他在中国发展事业。在叔叔的多次调解下，SM 的父母最终同意了这桩婚事。SM 按照中国的婚姻礼俗拜见了 QJ 的家人，表示将长期在义乌生活，QJ 表达与 SM 结婚的决心，家人最终让步。2008 年，两人共同经营的餐厅度过金融危机，目前已在义乌购置了房产，以确保长期稳定的生活。

NM 来自毛里塔尼亚，毕业于浙江某大学工商管理专业，汉语极其流利。求学期间在义乌一家贸易公司打工赚取生活费用，毕业后在义乌开设小型五金家电贸易公司。求学期间与在同一所学校攻读英语专业的 XM 相识。XM 帮助 NM 学习专业课程，语言互助过程中两人互生好感，NM 表达进一步发展的愿望。三年后 NM 的汉语水平快速提高并顺利获得硕士学位，同时，XM 在一家教育机构获得教职。XM 的父母开始担心 NM 在中国发展是否能自食其力，但是 NM 在中国求学的经历及其对中国文化的了解，加上流利的汉语，使他很快融入 XM 的亲属关系网络中并得到支持。NM 因早年在摩洛哥工作，丰富的社会经验使得NM 的家人对他的婚姻选择比较放心。

2010 年，在埃及工作的广西人 HS 遇到了 MLY 并建立感情。HS 被调动到坦桑尼亚，两人坚持异地交往。MLY 通过中国政府奖学金获得到浙江学习的机会，通过学习汉语进一步了解了中国文化。HS 出生于单亲家庭，为减轻家庭负担，HS 多次前往非洲工作，以期获得丰厚报酬，贴补家用。2013 年年底 HS 回国后到义乌工作，求学期间 MLY 拜访过 HS 在广西的家人，两人表达了愿意面对婚姻问题的成熟想法，所以 HS 的家人接受了 MLY。与此相反，MLY 的家人多次阻止 MLY 到中国求学，担心 MLY 出国留学返回埃及后当地人不愿迎娶她。但是，MLY 通过学校老师说服家人，得以到浙江求学。MLY 的家人认为她不可能适应中国社会，很快会与 HS 分手并回国，但 MLY 的汉语越学越好，结交了各国朋友并且打算与 HS 结婚。在 MLY 的长期坚持下，MLY 父母的态度有所松动，但是弟弟坚决反对两人的婚事，并且表示如果姐姐结婚将断绝姐弟关系。MLY 为缓和家庭关系，和 HS 协商再给她一年时间说服家人。2014 年 11 月，两人终于通过重重考验步入婚姻殿堂。

HS："我们结婚这个事情差点因为她家人黄了，我跟她说结婚的事情不是一两年了，早就希望她和家人沟通。我当时想如果还是不能说服她家人就分手，因为真的很累。我要工作赚钱养家，还要考虑她家人不太同意，等了她 3 年答复我。那个时候人真是觉得到极限了，我感觉没什么希望了。后来 MLY 的家人说在埃及给 MLY 买房子、出彩礼，我让 MLY 转告她家人，这些都能办到，现在积蓄全没了。我很想自己直接和他们联系，但是她弟弟不友好，直接挂我电话，后来她父母总算是勉强同意了。"由于长期反对，加上诸多的婚礼条件，HS 与 MLY 的家人之间较疏远。除了节假日，平日较少联系。MLY 毕业后，在义乌努力找工作，与 HS 一起打拼。综上可以看到，双方家人担心文化差异会导致家庭矛盾，所以对子女跨国婚姻持反对态度，但最终因为子女坚持结婚而妥协。如果中外伴侣妥善处理文化和价值差异，营造和谐家庭关系，外籍伴侣就能更好地适应在中国的生活并在工作中得到发展。

（二）日常生活与工作

在中国长期学习并就业的外国人，由于较高的汉语水平，广泛而长久的社会关系，容易获得大量资源，客观上为其在中国的发展奠定了良好的社会基础。再加上中国伴侣的社会资源，外国伴侣能较快适应当地生活，事业也得到良好发展。

NM 汉语极其流利，毕业后与学校的老师和同窗保持联络，广泛的社会关系使其公司业务不断扩大。婚后在义乌和金华两地工作和生活，NM 常常被中国朋友称为"中国通"，对中国社交文化与生活有深入的了解。

NM："我觉得自己混得还可以，汉语、英语都比较流利，我还会一些义乌本地话，做生意非常方便。我有几个同学留在义乌工作，有时间都会聚会，都是哥们儿，常常聊一下。这些朋友都是（打了）很多年的交道，会给不少帮助，特别是生意上有什么麻烦，他们都愿意帮忙。"

如果被访者汉语程度较低，未决定长期居住在中国，除必要的商贸往来，日常生活多依靠中国伴侣，显示出对义乌社会的浅层适应。

YW（尼日利亚人）："之前我们在广州做生意，后来到义乌批发，这里的价格不错。我在这里租了一个仓库，买的货物有地方保存，租金不高。广州的朋友比义乌多，这里就是做生意。我的汉语不好，NX（江西伴侣）会帮我处理。"

由于祖居国社会与文化环境的影响，部分外国男性不愿让妻子外出工作。当中国伴侣坚持外出工作时，两人不得不面临文化冲突。

比如，SM 认为照顾孩子是妻子的事情，不论妻子 QJ 在家族餐厅的工作多忙，她都应该照顾好孩子的生活起居。他希望 QJ 辞去工作，回家专心照顾孩子。但是 QJ 不想放弃工作，她觉得在工作中不仅可以获得成就感，而且可以了解详细的餐厅收入，掌握经济来源是生活的必要保障。另外，QJ 强调餐厅是两人白手起家的地方，在义乌提供可口的饮食且小有名气，她付出了很多心血，不想因为 SM 家族亲戚的介入而造成餐厅管理和运营的失败。随着餐饮事业的发展，SM 邀请亲友到义乌发展，他对亲友在餐厅糟糕的工作态度睁一只眼闭一只眼，导致餐厅管理出现了一些问题。最后由 QJ 出面，辞退了 SM 的一些亲友，才使得餐厅内部管理合理化，也因此致使 SM 的亲友对 QJ 颇有微词。

外籍厨师和 QJ 也发生过冲突，认为女性应该回归家庭。餐厅需要专业厨师招揽客户，同时为稳定其他员工的工作情绪，QJ 较委婉地和厨师沟通，问题始终没有得到较好的解决。后来由于相关部门的安全和卫生检查，要求餐厅整改，QJ 借此机会与厨师深入沟通，餐厅才得以整顿。

此外，SM 的朋友也劝 QJ 回归家庭，SM 或多或少受到了一些影响，两人曾为此发生争执，最后 QJ 选择让步，每天按时接送孩子上下学，辅导功课，在餐厅工作的时间只限于孩子上学的时间。一些年轻的外国女性觉得 QJ 很有手段，抢走了成功的男性。

QJ："SM 开始就没有钱，也没有今天的知名度，他比较踏实。这个店子，没有人比我付出得更多，帮助他翻译文件，还要注册营业执照，联系（食物）供应商，管理很多事情。没有人天生就是成功的，她们只看到我的现在，我付出了多少，没有人知道。"

与外国人分手后的中国女性，往往因为过往的婚姻创伤而不会再婚，即使选择再婚也不愿提及婚史。她们认为文化差异和生活习惯会导致生活中的各种矛盾，常常不能及时处理婚姻中的矛盾和堆积的各类负面情绪。这些女性，其中不乏因为经济因素选择与外国人共同生活的案例，分手时双方会相互协商，一般能得到有限的补偿。

XH："我和 QJ 是老乡，她能力比男人强，能开餐厅，只是没办法，有孩子了，不能逞强。吵架对孩子不好，所以她管理（餐厅）少了，有空和我们聚会，很会教育孩子，我从她那里学到了很多东西，她比我强多了。我和前夫（外国人）协议了一下就结束了，他对我管得很严，和工作的男同事一起出去吃饭，被他朋友看见了，有人告诉他就会吵架，为好多事情吵，后来也打架。生活习惯不一样，他想着回老家，我们就是协商了一下就结束了。那时候找 QJ 聊了很多，大家都劝我再重新选择，现在还是觉得一个人过得挺好。"

（三）子女教育

如果经济条件允许，义乌中外跨国婚姻家庭子女可以自由选择进入公立、民办或者国际学校就读。比如，FJ 认为两个儿子处在 8~13 岁的重要塑形阶段，性格顽皮，需要严格管束。而外籍丈夫 HD 因为工作繁忙，和孩子相处的时间不多，他认为男孩子调皮是勇敢和应变能力的表现。现阶段两个孩子在义乌当地小学就读，日常生活与语言能力几乎与其他中国儿童没有差异。但是 HD 多次表示希望两个孩子转学到外国人开设的学校就学，或者读中学时送回他的祖居国就读。FJ 不同意，一方面担心当地生活环境与物质条件不如义乌；另一方面两个儿子未来可能无法继续接受中国的高等教育，当他们再回到中国发展，会重新面临语言、文化等社会适应问题。FJ 表示，她可以接受孩子在义乌的外国学校就学，至少她能够照顾孩子，孩子也不会完全脱离中国的社会环境。

与 FJ 和 HD 一样，NM 与 XM 婚后不久便有了第一个孩子，两人在家和孩子主要用英语沟通，使其较早掌握了外语。2014 年还未开放二孩政策，当时 XM 怀有二胎，如果不妥善解决这个问题，可能被迫放弃教职。夫妇俩通过咨询，决定变更大儿子的国籍，第二个孩子获取中国国籍就不会成为非户籍人口。两人不得不多次走访大使馆进行协商，最后通过离境变更了大儿子的国籍。NM 认为 XM 不了解计划生育政策，也没有积极和工作单位的相关部门协商，导致事情拖延至第二个孩子马上出生时才勉强解决。实际上，XM 担心儿子获得丈夫祖居国国籍后，丈夫以后会送孩子去那里生活，因为他多次表示希望孩子回到自己的家乡了解当地的文化，但是 XM 不愿去 NM 的家乡长期居住。另外，他们在孩子日常教育方面也有不同的想法。

NM："我的家乡有安全的地方，我们可以选择一个合适的时间回去。我想等佳佳长大一点，大概上完幼儿园我们就回去几年，和父母一起生活。XM 在家里照顾孩子，或者她想去学习一点什么都可以，钱什么的不用她操心……我们谈到孩子的事情就会不开心。有时候孩子做错事情，她对孩子挺严的。男孩子没关系的，但是她不行，非要孩子按照她说的做，孩子也不是故意的，教他怎么做就好……我就一般是买什么都答应的，但是她知道了就会不高兴，说我不应该给孩子买东西，也不缺钱，喜欢就买一点。"

HN 来自黑龙江，与丈夫 KK 有一个儿子，她对 KK 让孩子去义乌的国际学校就读持支持态度。HN："KK 觉得孩子在传统学校不会沾染坏习惯。义乌的（公立）学校挺好的，借读费比国际学校便宜很多，但是 KK 觉得国际学校教外语，还能认识很多外国的孩子，以后出国留学都可以。我觉得也是不错，只要孩子觉得没什么，出国也很好。"

12 对伴侣中，有 2 位中国女性离开职场，成为全职母亲；2 位母亲边工作边照顾孩子；其余没有子女的中国伴侣继续与外国伴侣打拼事业。大部分中国女性，由于长期肩负照料子女的重任并且了解中国教育体系，对子女教育有较多的发言权。但是到了入学阶段，外籍伴侣往往坚持子女进入国际学校就学，他们认为国际学校可为子女提供留学机会。尽管不少中国伴侣认为，子女在义乌就读中国学校，有利于未来在中国的发展，但考虑到家庭关系和谐，中国伴侣通常会选择接受外国伴侣的建议。

结语

从外部社会环境看，义乌社会生活环境较为宽松便利，中外伴侣及其子女较少感受到社会排斥。第一，义乌位于浙江中部，早期相较浙江其他沿海城市，义乌经济不发达。当地人通过不断摸索发展出独具特色的"义乌模式"，推动本地经济发展。当地政府更是采取积极吸引外资的经济战略，为外国人提供便利的生活设施，吸引大批外国人在义乌进行商品采购和商贸投资。第二，为了配合当地经济发展，政府公开各类注册文书和流程，设立英语、汉语等网络专页，引导国内外商人投资注册。当地大量的签证咨询公司、代办咨询服务中心、律师事务所、房屋中介、社区咨询服务等，都为外国人的法律咨询、日常生活、工作机会及合理住宿提供了便捷服务。第三，义乌兴办了大量语言培训学校，不仅为中国就业者提供英语、法语、俄语、韩语等各类语种的学习机会，外国人也可以参加学习，从而帮助他们获得更多的商贸交易和工作机会。第四，义乌政府允许外国人在当地开设具有本国特色的学校。第五，义乌人口多样化，社会环境国际化。义乌本地人比较务实，雇用非义乌户籍人口为其打工。义乌本地人更多关注经济生活，对中国人与外国人的跨国婚姻并不关注。另外，非义乌户籍人口已远远超过义乌户籍人口，他们主要在外贸公司、翻译公司、物流公司、房地产公司、中介公司、餐饮和酒店服务或者建筑工地工作。大部分外来打工者较年轻，对新鲜事物持开放态度，他们到义乌的首要目的是满足经济需求，获得职业发展，在长期与外国人接触过程中，逐渐了解并尊重对方的社会生活和文化习俗，谈及中外跨国婚姻，被访者表示尊重个人的选择。

从家庭内部关系分析来看，不论中国还是外国亲属，都表示对跨国婚姻的担忧，家长反对越强烈越容易造成家庭关系的紧张。只有 2 位中国伴侣在外国伴侣的家乡进行婚姻登记并短期居住，大部分的中国伴侣几乎没有在外国伴侣的家乡生活过。部分外国伴侣能使用中文，有的因为曾在中国的大学就读，汉语相当流利，所以在与中国亲友及贸易伙伴交流方面阻碍相对较少，社会适应程度较高，少数人甚至成为其他外国同胞到义乌发展的向导，为家乡朋友介绍中国文化和适应策略。部分外国伴侣中文水平较低，在交友方面，主要选择同乡，希望保持自身文化传统，能够在当地社会简单的生活和工作，并不打算长期居住。

中外伴侣因为子女教育而产生分歧，不少外国男性秉持男性在外赚钱养家、女性负责子女教育的传统想法。但是中国伴侣则认为，外国伴侣也应当担负起教育子女的责任，同时会为教育方式与理念与伴侣发生争执。被访的外国伴侣倾向于将孩子送到国际学校就学，使孩子学习国外文化习俗，并掌握外语。他们认为中国的义务教育有好的方面，但是孩子学习压力大，有时会从同学身上学习不良的生活习惯。而中国伴侣则认为，中国基础教育水平优于外国伴侣家乡的教育水平，期望孩子在义乌接受义务教育，便于以后在中国发展。如果条件允许，中外伴侣都期望孩子以后可以去发达国家深造。

综上，中外跨国婚姻家庭受到文化习俗、社会关系、经济条件等因素的影响，伴侣在生活与工作中难免产生摩擦。被访者都是在相互学习、相互理解和包容的过程中努力经营家庭。中国伴侣往往付出更多的努力，帮助外国伴侣和子女适应当地的社会生活。那些长期生活在义乌的外国伴侣也通过积极学习汉语了解当地文化，结交中国朋友，拓展社会资源，发展事业。在研究过程中发现，失败的中外跨国婚姻常常涉及诸多因素，如原生家庭、社会环境、个人性格、处理问题的能力和方式等，值得深入思考。

全球义乌的生成*

高孟然　吕　鹏**

　　义乌是位于浙江省中部的县级市，2005 年被联合国等国际机构评为"全球最大的小商品批发市场"。由于市场的兴起，义乌仅用了 30 年就从中国最贫穷的农业县之一成长为富裕的商贸城市，因此被视为一个奇迹。对义乌的大量研究聚焦于"义乌模式"何以成功，这类探讨主要围绕义乌精神与商业文化积淀、有为政府的推动、企业家精神的创造性、在全球的商业辐射等。然而，对义乌的研究仍有一些关键缺失，活跃在义乌的大量国际商人作为其参与市场全球化的主体之一，迫切需要予以关注。在笔者看来，对国际商人的"包容性治理"是义乌在 21 世纪获得快速发展的重要原因，也理应成为所谓义乌模式的一部分。笔者结合 2019 年 9 月到 2020 年 12 月以义乌国际商人为研究对象的共计 3 次、时长累积 1 年的民族志调查，期望从新的角度重新考察义乌模式。

一、"丝绸之路"的当代继承者

　　义乌是"一带一路"建设的桥头堡，其通过周边港口和"义新欧"铁路成为一带一路海陆通道的交会点。2020 年，义乌实现"一带一路"沿线国家进出口总额 1361.4 亿元，其中出口 1328.6 亿元，占全市出口额 44.2%。① 对既非良港又非传统国际贸易城市的义乌来说，这些成就源于大量国际商人在此买货、发货的日常实践。英国人类学家 Magnus Marsden 认为，相对于聚集在国际酒店的精英政治家对新丝绸之路的设计和浪漫愿景，在义乌的国际商人已经成功地

　　* 本文原刊登于《文化纵横》2024 年第 5 期。本文系国家社会科学基金青年项目"跨文化信任视角下来华外国商人赊账贸易的运行机制研究"（23CSH019）阶段性成果。

　** 高孟然，中共浙江省委党校（浙江行政学院）讲师；吕鹏，中国社会科学院大学社会与民族学院、中国社会科学院社会学研究所教授。

　① 义乌市统计局．义乌市国民经济和社会发展统计公报［EB/OL］．义乌政府门户网站，2022-04-21.

用自己富有适应性和灵活性的商业技巧将欧亚大陆上的不同地区串联在一起，构建了一个已经事实存在的丝绸之路。①

义乌不只是一个现代商业中心，还是历史上多重贸易网络的交汇。事实上，义乌已经成为一系列世界地区（world regions）相联系的重要节点。其政府通过积极干预引导跨国贸易的有序发展，使义乌模式彰显出普惠式全球化的精神。② 义乌与非洲各类商贸节点的关联带来的这种地方性和草根性的交换模式，极大丰富了中非关系的内容，惠及双方人民。③ 其开放性为所有人提供了新的发展机会，乃至在叙利亚促成了一个没有商业传统的新商人群体的出现。④ 在政府和中外商人的合力下，义乌形成了独特的"上下联动的全球化"模式，⑤ 使其成为"自下而上的全球化"的中心之一和亚洲悠久商贸线路在当代的继承者。

义乌对国际商人的吸引力不仅来自市场，还包括饮食文化和宗教活动在内的日常生活。既有研究常将市场置于其中心，乃至唯一的位置，忽略了从社会和文化视角探讨城市的全球化程度对市场发展起到的基础性作用，以及这一作用机制的重要价值。对国际商人而言，义乌不仅是一个巨型超市，也是承载文化和情感的地点。在阿富汗人的贸易网络中，义乌不仅是商业中心，也是情感中心。⑥ 他们的人生、历史和品位与这座城市的发展交织在一起，并与场所营造（place-making）的实践和政治密不可分，正如他们认为这座城市的发展归功于自己的存在和活动。这些穿梭商人的行动不仅有特定的社区和网络，且在历史上的不同时间段联结了亚洲的不同地区，远比新自由主义更为悠久。⑦

---

① MARSDEN M. Actually Existing Silk Roads [J]. Journal of Eurasian Studies, 2017, 8 (1): 22-30.

② 温美珍. 国际小商品贸易中的信用体系建设：义乌的实践 [J]. 文化纵横, 2019 (6): 131-139.

③ MA E. Yiwu Mode and Sino-African Relations [J]. Journal of Cambridge Studies, 2012, 7 (3): 93-108; ANDERSON P. Aleppo in Asia: Mercantile Networks Between Syria, China, and Post-Soviet Eurasia Since 1970 [J]. History and Anthropology, 2018, 29 (sup1): S67-S83.

④ PAUL A. Aleppo in Asia: Mercantile Networks Between Syria, Chinaandpost-Soviet Eurasiasince 1970 [J]. History and Anthropology, 2018, 29 (sup1): S67-S83.

⑤ 钱霖亮. 上下联动：全球化的"义乌模式"[J]. 文化纵横, 2020 (4): 78-84.

⑥ ARSAN A. Interlopers of Empire: the Lebanese Diaspora in Colonial French West Africa [M]. Oxford: Oxford University Press, 2014.

⑦ MARSDEN M, SKVIRSKAJA V. Merchant Identities, Trading Nodes, and Globalization: Introduction to the Special Issue [J]. History and Anthropology, 2018, 29 (sup1): S1-S13.

新时代，义乌"买全球、卖全球"的依托已不限于人的迁移，还有数据的流动，二者互促互进，不断丰富"全球义乌"的内涵。据官方资料，义乌约100万户市场经营主体中电商达55.69万户，半数从事跨境电商，主要销往欧美和东盟地区。同时还有8836户外资经营主体，且数量在2023年显著增长，来源排名前五的国家（地区）分别为中国香港、也门、伊拉克、巴基斯坦、印度。可以看到，义乌传统外贸与跨境电商并行发展，二者面向的群体、区域颇为不同，但发展优势均是集聚210万种高性价比商品的巨型市场。人与数据的双重流动，使义乌在全球商贸体系中的位置更为稳固。

二、中国国际移民治理的"特区"

在义乌流行着这样一句俗语："客人是条龙，不来就受穷"。许多义乌人还对曾经穷困的生活记忆犹新，又亲眼见证外地商人们从各地涌入，对本地繁荣的贡献。1978—2008年，义乌人均GDP从低于全国平均水平到成为全国水平的3倍，其发展的前半程得益于20世纪80年代率先开放市场，后半场则受惠于20世纪末开启的国际化战略。

20世纪90年代中期，伴随中国市场走向全面开放，义乌的先发优势也开始受到挑战。激烈竞争之下，走向国际成为义乌新的出路。1998年，义乌提出建设"国际商贸城"。1999年3月19日，义乌出台《关于进一步繁荣商品市场的若干政策意见》，指出今后市场发展要着重开拓国际市场。到2003年，市场的国际化策略已非常成功，当年就有5000余名外国商人常住义乌，60%以上的市场经营户从事外贸经营，商品出口到188个国家和地区。

历史上，义乌极少有外国人出现。1989年，入境义乌的外籍人员仅27人次。[①] 2001年12月，中国加入世界贸易组织后，来到义乌的外商人数开始快速增加，2003—2010年是义乌国际贸易增速最快的时间段。8年间，义乌进出口总额增长了4倍，从7.9亿美元增至31.7亿美元，入境义乌外国人人次更是增长了10倍，从4.1万人次增至42.2万人次。伴随外商的大量进入，义乌国际贸易几乎从零开始迎来巨大的发展（主要通过进出口总额的指标体现）。从1998年开始，义乌经济的发展曲线的上扬明显变得陡峭，这与国际商人的到来在时间上重合。2020年，义乌全年小商品市场实现交易额4875.8亿元、进出口总额3129.5亿元，其中出口3006.2亿元，当年外商出入境53万余人次，区内常住

---

①　义乌市志编纂委员会.义乌市志［M］.上海：上海人民出版社，2011：528-561.

外商约 1.5 万人，形成了十余个外商聚居的国际社区。可以看出，义乌在 21 世纪的快速发展与国际商人的大量涌入密切相关。

由于此前中国缺乏接待国际移民的经验，相关的制度、法规和基础设施很不健全，因此接待如此巨量的外国商人并非易事，尤其对义乌这样一个缺乏开放经验的内陆小城而言。这个挑战不亚于 1982 年县领导处理农民自发市场时进退两难的处境。J 社区的一位警官告诉笔者："10 年前街道上只有 6 个老外，当时（街道）主任跟我抱怨说这 6 个老外烦都烦死了，想赶走又不能赶走。有外国人在自己的辖区内，就会多出很多工作，当时也不知道怎么去管理他们。"如今这个"想把老外赶走"的街道有一千多名外商长期居住，是义乌主要的外国人聚居区之一，服务外商已成为其域内社区治理的突出特色，广受关注。J 社区的故事是义乌国际移民接待发展历程的缩影，同发起市场的历程相似，政府以果断的制度创新应对国家政策与飞快发展的基层现实之间的裂隙。

频繁成为政策试点为义乌走向全球打通了道路。近年来，义乌先后承接了 20 项"国字号"改革试点和 28 项省级改革试点，在反复试点的过程中，义乌政府的治理权限极大扩张，为其接待外国商人的一系列成功探索提供了可能。2011 年 5 月，经国务院批准，义乌国际贸易综合改革试点全面启动，影响深远，不仅产生了如"市场采购"贸易等为外贸量身定制的政策包，还赋予义乌更多超越城市级别的涉外权限，其成为全国首个拥有邀请外国人来华审批权限的县级市、全国首个开展个人跨境人民币业务的试点城市、全省首个拥有对外贸易经营者备案登记管理权限的县等。①

在与利比亚外商伊萨姆的交流中，他不断重复一句话："Yiwu is not China（义乌在中国很不同）"，并进一步解释道："我听人说中国想要颁布法律法规的时候有时会选一些试点城市，义乌是其中一个。但其实对中国来说，义乌特别小，但是他们还是选义乌，为什么？因为人员的复杂性（cock tail of people），全世界、中国各个省份的人都汇聚到这儿，是个好的样本。"如他所言，义乌的复杂性提供了一个政策实验的优秀样本，并进一步转化为外商独特的经商与生活体验。

通过密集、持续的政策改革，义乌逐渐形成了富有生命力的包容性治理模式，经由在治理过程中吸纳各类主体、鼓励外商参与，营造了友善、高效、包容的城市氛围，这源于义乌自 1985 年起便延续至今的城市战略——"兴商建县

---

① 义乌市市场发展委．义乌概况［EB/OL］．义乌政府门户网站，2020-08-21.

（市）"，其核心意涵是将城市所有部门的力量聚焦于促进市场繁荣这一主要目标上。

具体而言，在治理主体上，虽然对国际商人予以接待的各类制度、机构、群体和设施常由政府引导，但在实际运作中多呈现出"民众发起—政府介入—合作共建—政府指导、民间运营"的进程，许多民间力量在外商的社会融入中发挥着重要作用。而在治理过程中，"以外管外""以外调外"成为义乌外商治理的特色机制，不仅社区、派出所等基层单位在日常管理中引入外商参与议事，且2003年起每年有外商作为特邀代表列席市人大会议并提建议，而更多促进民间交流的组织都邀请外商担任主任和CEO，以合作促发展。最后，外商及多元主体在治理进程中的深度参与实质上转化为他们便利的工作生活环境。2012年，义乌成立国际贸易服务中心，整合了所有与外商相关的政府职能，建立一站式柜台服务，并且推行"最多跑一次""无证明城市"等整体制度改革，在结汇、工商登记、签证、公共服务等外商最为关切的领域进行了大量便利化的设计。

义乌人性化的管理和便利的基础设施成为其吸引外商的重要原因。在此过程中，政府的主导作用非常显著。通过由保守管理向开放服务转变，单一管理向多元治理转变，社会管控向社会融入转变，义乌形成了一套特有的外籍人士管理模式。[①] 这一模式赋予来义外商以多样化的社会资本生产权利的通道，进而扭转了他们在中国社会边缘化的、权利匮乏的局面。[②] 在制度、资本和"草根"三方面力量的综合作用下，形成了跨国移民治理的"义乌模式"[③]。有非洲学者进一步认为，义乌公平、高效的政府行为有助于在这里生活的非洲商人积累更积极的经验，也成为政府行为能够在移民关系中发挥积极作用的有力证据。[④]

---

① 许涛. 外籍人士管理的创新与实践：基于义乌的经验 [J]. 浙江师范大学学报（社会科学版），2018，43（4）：33-40.

② WEN M. Arab Traders Pursuing Chinese Dream in East China [D]. PhD thesis：The Australian National University，2020.

③ 吴瑞君，吴潇，薛琪薪. 跨国移民的社会空间机制及移民治理启示：以浙江义乌的外国移民为考察对象 [J]. 华东师范大学学报（哲学社会科学版），2022，54（3）：132-139.

④ 博艾敦. 非洲人在中国：社会文化研究及其对非洲：中国关系的影响 [M]. 李安山，田开芳，李丽莎，译. 北京：社会科学文献出版社，2018：45-73.

当前，义乌民众与外国商人平等开放的社会交往①以及义乌针对外商所探索的融合型治理模式，②都在某种程度上预示着中国未来应对国际移民的政策走向。③义乌在国际移民治理领域的"亮点"工作如国际老娘舅、外国志愿者、世界商人之家等都获得了大量的媒体报道。2015年，义乌4次被中国官方最重要的新闻节目《新闻联播》报道，被分别指称为"新丝路"上的新起点、小商品的"中国梦"工厂。同年，新华社也发布了针对义乌"亮点"的8篇系列报道。④笔者在义乌的调查发现，许多部门和人员均有极丰富的受访经历，繁重的受访任务成为许多"亮点"单位的重要工作，包括人民调解委员会、国际贸易服务中心、鸡鸣山社区等。

这些"亮点"已然成为义乌城市形象的重要构件，也在政府各部门的述职报告和年终总结中占据重要位置，是各部门工作的加分项。义乌鸡鸣山社区的社区书记由于在外国人和少数民族服务上的出色工作，在许多报道中被称作"联合国社区的大管家"。2019年，鸡鸣山社区获得了中国族群治理领域的最高级别官方嘉奖——中国国务院颁发的"全国民族团结进步模范集体"称号，该社区书记也成为浙江省极少数受邀参加"庆祝中华人民共和国成立70周年大会"的观礼嘉宾之一。在中国的政治体制下，"亮点"以其较好的传播性具有穿透科层的能力，能够直抵决策者案前，对基层创新发挥认可和保护作用。有学者注意到，2000年以来，义乌已成为中国和来义乌外籍人士的国家和地区之间具有丰厚历史底蕴的各类丝绸之路的交汇点，更被中国政府当作榜样反复宣传。⑤

义乌在政策上的特殊性赋予其吸引外商的便利性，并在长期发展中培养了相关的政府能力，这是中国其他地区罕有的。而义乌政府也竭力利用这一特殊性建设更多的"亮点"，进而获得更大的政策空间，这更强化了它的特殊性。在中国，义乌俨然已经成为外国人生活的"特区"。几乎所有外籍访谈对象都向笔

---

① 许涛．"文明交流互鉴"对中外民间交往实践的指导意义：基于义乌民众与外籍商人社会交往的调查与思考［J］．福建论坛（人文社会科学版），2019（10）：170-178.

② 陈建胜．来华外国人"居民化"融入：社区组织的角色担当及行动策略：以义乌市L社区为例［J］．浙江社会科学，2022（6）：91-98.

③ PIEKE F N. Immigrant China［J］. Modern China，2012，38（1）：40-77.

④ 义乌市志编纂委员会，《义乌年鉴》编辑部．义乌年鉴［M］．上海：上海人民出版社，2000.

⑤ BELGUIDOUM S，PLIEZ O. Yiwu：The Creation of a Global Market Town in China［J］. Articulo-Journal of Urban Research，2015（12）.

者表达过义乌的特殊性。而这种特殊性赋予了义乌对外国人更强的吸引力和黏性，不断增多的外商和节节增高的外贸交易额成为义乌的名片，并在内部机制上互促互进。在许多层面上，义乌对外国人的包容性治理已被视为这座城市成功的重要原因，也是造就其成为"另类"全球城市的主要推力。

三、全球城市新样板

"全球城市"被认为是在全球化进程中具有代表性或突出贡献的城市。一直以来，对"全球城市"的评定均以如跨国企业、国际组织等"高端"机构的数量为主要依据。这种做法使城市的全球化标准单一化，拉大了城市与本地居民的距离，引发各类城市盲目复制不适合自身的全球化模式，进而损害城市活力，激起民众对全球化的反感。在全球化已备受考验的当下，更具包容性、多样性且更"接地气"的义乌模式值得提倡。

"全球城市"（Global City）的概念由美国学者丝奇雅·沙森（Saskia Sassen）提出，意指最高等级的专业商务服务如会计、中介、咨询等和金融产品的生产基地和集中市场。① 该概念批判性地承继于约翰·弗里德曼（John Friedmann）、彼得·霍尔（Peter Hall）等学者关于"世界城市"的研究中，后者认为，世界城市位于全球城市等级体系的顶端，因集聚跨国公司总部和全球资本而成为全球经济的"命令高地"。

此类研究突出特点是以量化因素对城市的重要性予以排名，包括但不限于资本、跨国公司、科技企业、国际组织的集中度以及政治力量的多寡，等级化的城市关系在相关讨论中居于主导地位。② 近年来，相关城市排名如由全球化与世界城市研究网络（Ga WC）编制的全球城市分级排名——《世界城市名册》（以下简称《名册》）备受追捧，各大城市因其在所谓榜单中的位次变化常有"喜大普奔"的模样。③ 然而，值得反思的是，虽然《名册》声称其不重规模，而意在表明城市在全球化经济中的位置及融入度，但相关指标显然是以资本和西方的城市标准为取向的。

实际上，当前多数对全球城市的研究都高估了经济的力量，忽略了政治的、环境的和社会文化的全球化。学者们很早就意识到移民带来的剧烈变化扩大了

---

① 沙森. 全球城市：纽约、伦敦、东京［M］. 上海：上海社会科学院出版社，2005.

② 泰勒，德鲁德. 世界城市网络：一项全球层面的城市分析［M］. 江苏：江苏教育出版社，2018：30-38.

③ 当然，义乌作为一个规模上的小城市，从未进入此类榜单的视野。

城市"全球性"（globalness）的范围，数百万流动个体个人选择的影响往往胜于全球经济力量，移民与母国的跨国联系是城市全球化程度的重要因素，对移民的研究促使人们将全球化视作自下而上的进程。① 因此，全球化已经表现为多样化的形式，我们不能再以一个城市的跨国公司总部或国际组织的数量来作为衡量其全球化程度的指标。而是关注城市的居民和他们的历史，通过关注族群多样性来定义一种不同的全球化。②

　　当前的全球城市等级排名是片面且不公平的，暗示着以西方发达国家大都市为蓝本的单一发展路线。丝奇雅·沙森在后来的研究中，强调"驱逐"作为全球城市的特质已越发显著，认为"全球城市不是一个容纳不同背景和文化的空间，而是在驱逐人们和多样性"，其繁荣的表象背后，是地价上涨和空间士绅化（Gentrification）带来的日益增长的不平等。③ 以经济指标和城市规模衡量全球城市的做法很大程度上是一种"排除"机制，而非"合作"机制，其目标是将缺乏资本和试错空间的"弱者"排出全球市场。眼下，全球"南北差距"加速拉大，我们应更多着眼于营造大多数人负担得起的全球化，使全球化的增益为更多人分享，义乌是这一行动的关键节点。

　　对全球城市蓝图的反思已迫在眉睫，从多样性的角度进入将有助于我们思考建构一种"更有益的"全球城市的可能性。国际商人的到来极大地丰富了义乌社会的多样性，使这座城市呈现出一种"超级多样性"（Super-diversity）的样态。"超级多样性"的概念被用来关注当代移民来源极具多样性的全球城市，以应对传统移民接待中以族裔分类为前提的多元文化主义在现实中捉襟见肘的局面。④ 义乌的超级多样性展现了来自世界上各个角落的个体在此共存共生的世界主义（Cosmopolitanism）情境。这座城市容纳了大量的差异，并为基于此产生的各类互动提供了场所。对超级多样性的描绘显示，个体被赋予并且可以选择相互分离并孤立的、源自不同地方的身份。这为突破规范与标准的创造性提供

① BENTON-SHORT L, PRICE M D, FRIEDMAN S. Globalization from Below: The Ranking of Global Immigrant Cities [J]. International Journal of Urban and Regional Research, 2005, 29 (4): 945-959.

② HENRY N, MCEWAN C, POLLARD J. Globalization from Below: Birmingham-Postcolonial Workshop of the World? [J]. Area, 2002, 34 (2): 117-127.

③ SASSEN S. The Global City: Enabling Economic Intermediation and Bearing Its Costs [J]. City & Community, 2016, 15 (2): 97-108.

④ VERTOVEC S. Super-Diversity and its Implications [J]. Ethnic and Racial Studies, 2007, 30 (6): 1024-1054..

了契机。它颂扬新移民带来的文化、生活方式、宗教和语言的多样性，并将此作为国际宽容与合作的集体资源。① 对义乌的研究引导我们通过一种草根全球化的实践剥开规范世界主义狭隘的西方精英色彩，并在一种对世界的多样化想象中构建全球城市的新样板。

与丝奇雅·沙森强调的全球城市的驱逐性特质不同，义乌在各个方面表现出了令人瞩目的包容性。这不仅体现为义乌友善的移民接待为多样性的共存提供了宽松的环境，同时，一种正式与非正式制度相混合的商业机制为低资本甚至"白手起家"的国际商人提供了进入市场的机会。此外，义乌多样化的语言空间也为沟通和交流提供了富有弹性的渠道。

作为全球小商人的目的地，义乌的成功促使我们发掘多样化的全球城市模式，突出全球化进程中本地接触的重要性。这种密布在少数族裔企业家之间的复杂网络形成了一个城市，乃至国家与世界其他地区相连接的基层通道。② 过往相关研究多集中于伦敦、纽约等极少数西方都市，对义乌的相关考察将揭示一种新的研究趋势，即突破西方全球城市的固有模式，发掘全球化实践中的多样性，揭示个体在全球化进程中的命运和努力。

中国正在成长为一个全球化大国，从 2013 年 9 月"一带一路"的提出至今，这一政策已对相关国家产生了巨大影响，也成为中国对外战略的名片。正如我们所知，"一带一路"沿线多为发展中国家，他们同时是自下而上的全球化的主要参与者。义乌的实践进一步提醒我们需要重新思考与世界其他国家的联结方式，基于此发展出区别于西方传统模式的新型全球化。

本文以对国际商人的接待为入口，尝试将义乌的发展奇迹置于自下而上的全球化进程中予以重新理解。众多国际商人以义乌为基地，穿梭在世界各地尤其是全球南方的商贸路线，成为推动义乌成为全球贸易关键节点的重要力量。义乌对国际商人的"包容性治理"不仅使其经济腾飞，也因对世界多样性的容纳成为全球城市的新样板。

在关于底层群体和小城镇的全球化叙事中，边缘化似乎是通常的主题。本文试图呈现一个不同的故事：在义乌，来自全球南方的草根商人与地方政府合作将一座内陆小城建设成世界贸易体系的中心之一。从贫穷的过去走来，义乌

① 帕金 . 身处当代世界的人类学［M］. 王铭铭，译 . 北京：北京大学出版社，2017：38-40.

② 高孟然 . 南南移民如何承载新型全球化［J］. 中国图书评论，2021（2）：72-84.

与国际商人始终保持密切的合作，并共同成长。对来自全球南方的商人们来说，义乌是他们的机会之地、圆梦之地。五湖四海的人们汇聚义乌，携手并立在全球化时代的最前沿。这一成功实践，不仅应成为"义乌模式"的重要组成部分，也为我们思考"南南合作"的前景提供了新路径。

参考文献

一、中文文献

著作

［1］许茨. 社会世界的意义建构：理解的社会学引论［M］. 霍桂恒，译. 北京：北京师范大学出版社，2017.

［2］涂尔干. 社会分工论［M］. 渠东，译. 北京：生活·读书·新知三联书店，2000.

［3］安德森. 想象的共同体：民族主义的起源与散布［M］. 吴叡人，译. 上海：上海人民出版社，2016.

［4］博艾敦. 非洲人在中国：社会文化研究及其对非洲-中国关系的影响［M］. 李安山，田开芳，李丽莎，译. 北京：社会科学文献出版社，2018.

［5］布洛赫. 国王神迹：英法王权所谓超自然性研究［M］. 张绪山，译. 北京：商务印书馆，2018.

［6］帕金. 身处当代世界的人类学［M］.. 北京：北京大学出版社，2017.

［7］费孝通. 生育制度［M］. 北京：商务印书馆，2008.

［8］广田康生. 移民和城市［M］. 马铭，译. 北京：商务印书馆，2005.

［9］哈耶克. 致命的自负［M］. 冯克利，胡晋华，等译. 北京：中国社会科学出版社，2000.

［10］卡斯特. 网络星河：对互联网、商业和社会的反思［M］. 郑波，武炜，译. 北京：社会科学文献出版社，2007.

［11］柯文. 历史三调：作为事件、经历和神话的义和团［M］. 杜继东，译. 南京：江苏人民出版社，2005.

［12］帕克，伯吉斯，等. 城市：有关城市环境中人类行为研究的建议［M］. 杭苏红，译. 北京：商务印书馆，2016.

［13］韦伯. 经济通史［M］. 姚曾廙，译. 上海：上海三联书店，2006.

[14] 中共中央马克思恩格斯列宁斯大林著作编译局. 马克思恩格斯选集：第1卷 [M]. 北京：人民出版社，1995.

[15] 马强. 流动的精神社区：人类学视野下的广州穆斯林哲玛提研究 [M]. 北京：中国社会科学出版社，2006.

[16] 舒尔茨. 改造传统农业 [M]. 梁小民，译. 北京：商务印书馆，2006.

[17] 斯科特. 弱者的武器 [M]. 郑广怀，张敏，何江穗，译. 南京：译林出版社，2007.

[18] 上野千鹤子. 近代家庭的形成和终结 [M]. 吴咏梅，译. 北京：商务印书馆，2004.

[19] 韦伯. 经济与社会 [M]. 阎克文，译. 上海：上海人民出版社，2010.

[20] 吴晓林. 理解中国社区治理：国家、社会与家庭的关联 [M]. 北京：中国社会科学出版社，2020.

[21] 周谠. 二十世纪中国政治：从宏观历史与微观行动的角度看 [M]. 香港：牛津大学出版社，1994.

（二）期刊论文

[1] 蔡拓. 全球治理与国家治理：当代中国两大战略考量 [J]. 中国社会科学，2016（6）.

[2] 陈秀山，徐瑛. 中国区域差距影响因素的实证研究 [J]. 中国社会科学，2004，（5）.

[3] 陈天祥. 中国地方政府制度创新的角色及方式 [J]. 中山大学学报（社会科学版），2002（3）.

[4] 郝亚明. 民族互嵌与民族交往交流交融的内在逻辑 [J]. 中南民族大学学报（人文社会科学版），2019，39（3）.

[5] 何显明. 政府与市场：互动中国的地方政府角色变迁：基于浙江现象的个案分析 [J]. 浙江社会科学，2008，（6）.

[6] 黄金辉，魏倩. 改革开放以来党对民营企业家的政治吸纳与整合研究 [J]. 社会科学，2020（12）.

[7] 梁玉成. 在广州的非洲裔移民行为的因果机制：累积因果视野下的移民行为研究 [J]. 社会学研究，2013，28（1）.

[8] 邱泽奇，张树沁，刘世定，等. 从数字鸿沟到红利差异：互联网资本的视角 [J]. 中国社会科学，2016（10）.

［9］周大鸣，许多天．结构洞视角下在穗非洲导购中介商社会网络研究 ［J］．民族研究，2017（3）．

（三）报纸

［1］人民日报评论员．义乌经验的启示［N］．人民日报，2006-07-11 （1）．

［2］王新生．命运共同体：人类共存之道的中国方案［N］．中国社会科学 报，2016-02-26（3）．

［3］习近平．决胜全面建成小康社会夺取新时代中国特色社会主义伟大胜 利：在中国共产党第十九次全国代表大会上的报告［N］．人民日报，2017-10- 28（1）．

［4］习近平．携手推进"一带一路"建设：在"一带一路"国际合作高峰 论坛开幕式上的演讲［N］．人民日报，2017-05-15（3）．

［5］杨洁篪．推动构建人类命运共同体［N］．人民日报，2017-11-19 （6）．

二、英文文献

（一）著作

［1］ABOLAFIA M. Making Markets：Opportunism and Restraint on Wall Street ［M］. Cambridge：Harvard University Press，1997.

［2］ BAUBÖCK R， FAIST T. Diaspora and Transnationalism：Concepts， Theories and Methods［M］. Amsterdam：Amsterdam University Press，2010.

［3］ CHAYANOV A V. The Theory of Peasant Economy ［M］. Madison： University of Wisconsin Press，1987.

［4］ HONG Y. Networking China：The Digital Transformation of the Chinese Economy［M］. Urbana：University of Illinois Press，2017.

［5］JOHNSON C. MITI and the Japanese Miracle：The Growth of Industrial Policy［M］. Stanford：Stanford University Press，1982.

［6］LEVEBVRE H. The Production of Space［M］. Oxford：Blackwell，1992.

［7］ KIM Y Y， GUDYKUNST W B. Cross－Cultural Adaptation：Current Approaches［M］. Thousand Oaks：Sage，1988.

［8］POPKIN S L. The Rational Peasant：The Political Economy of Rural Society in Vietnam［M］. Berkeley：University of California Press，1979.

［9］SCOTT W R ， MEYER J. Institutional Environments and Organizations：

Structural Complexity and Individualism ［M］. Thousand Oaks：Sage，1994.

［10］WILSON W J. When Work Disappears：The World of the New Urban Poor ［M］. New York：Knopf，1996.

（二）期刊论文

［1］ALLPORT R H. Theories of Perception and the Concept of Structure：A Review and Critical Analysis with an Introduction to a Dynamic－Structural Theory of Behavior ［J］. Optometry and Vision Science，1956，33（4）.

［2］CEOBANU A M，ESCANDELL X. Comparative analyses of public attitudes towards immigrants and immigration using multinational survey data：A review of theories and research ［J］. Annual Review of Sociology，2010（36）.

［3］COX O C. Race Prejudice and Intolerance：A Distinction ［J］. Social Forces，1945，24（2）.